Thomas Kniesche

Einführung in den Kriminalroman

Einführungen Germanistik

Herausgegeben von
Gunter E. Grimm und Klaus-Michael Bogdal

Thomas Kniesche

Einführung in den Kriminalroman

WBG
Wissen *verbindet*

Die Deutsche Nationalbibliothek verzeichnet diese Publikation
in der Deutschen Nationalbibliografie;
detaillierte bibliografische Daten sind im Internet über
http://dnb.de abrufbar.

Die Herausgabe dieses Werkes wurde durch
die Vereinsmitglieder der WBG ermöglicht.
Satz: Lichtsatz Michael Glaese GmbH, Hemsbach
Einbandgestaltung: schreiberVIS, Bickenbach
Gedruckt auf säurefreiem und alterungsbeständigem Papier
Printed in Germany

Besuchen Sie uns im Internet: www.wbg-wissenverbindet.de

ISBN 978-3-534-26711-8

Elektronisch sind folgende Ausgaben erhältlich:
eBook (PDF): 978-3-534-74050-5
eBook (epub): 978-3-534-74051-2

Inhalt

I. Definitionen und Begriffsbestimmungen des „Kriminalromans"

1. Schwierigkeiten der Definition

„Verbrechen" als Kriterium?

„Was zum Teufel ist ein Kriminalroman?" (Schmidt 2009, 27). So beginnt eine über elfhundert Seiten lange Übersicht zum Thema. Es werden dann verschiedene einschlägige Definitionsversuche betrachtet (Wilpert, Alewyn, Bloch, Heißenbüttel, Nusser, Gerber) und allesamt als ungenügend verworfen. Diese Antwort ist wenig ermutigend und spiegelt wider, worüber Kritiker und Literaturwissenschaftler mit schöner Regelmäßigkeit lamentieren: Der Kriminalroman sei ein zu vielfältiges, schillerndes, chamälionartiges Phänomen, ein zu weites Feld, als dass er sich einer Defintion zugänglich erweisen würde, oder kurz und knapp: „Einen konsensfähigen Begriff des Kriminalromans gibt es nicht" (Wörtche 2007, 343). Ginge man bloß davon aus, in wie vielen Romanen der Weltliteratur Verbrechen der einen oder anderen Art vorkommen, wäre man fast versucht zu fragen: Was zum Teufel ist eigentlich *kein* Kriminalroman? Das bloße Vorkommen eines Verbrechens (lat. *crimen* = Anklage, Beschuldigung, auch: Schuld, Verbrechen) reicht offenbar nicht aus, um aus einem Roman einen „Kriminalroman" zu machen. Wäre das der Fall, dann gehörte fast die ganze epische Weltliteratur zu dieser Untergattung des Romans, von den antiken Abenteuer- und Liebesromanen (für die Entführungen und Raubüberfälle obligatorisch sind) über die im 18. Jahrhundert populären Räuberromane (*Rinaldo Rinaldini*) bis zu modernen Texten, bei denen kaum jemand auf den Gedanken käme, sie als Kriminalromane zu bezeichnen, wie Thomas Manns *Buddenbrooks* (wo zahlreiche Fälle von Betrug, Fälschung, Veruntreuung und andere Wirtschaftsverbrechen vorkommen) oder Günter Grass' *Die Blechtrommel*, wo die Spannweite der kriminellen Betätigungen von der Brandstiftung bis zum Massenmord reicht. Es ergibt sich also scheinbar „die Schwierigkeit [...], daß der Kriminalroman sich überhaupt nicht abgrenzen läßt. Denn welches epische Werk der Weltliteratur bis an die Schwelle der modernen Zeit käme ohne heldische oder schurkische Bluttat aus?" (Alewyn 1998 [1968], 52).

Intuitives Wissen darüber, was ein Kriminalroman ist

Nun gibt es aber zweifellos ein intuitives oder vorwissenschaftliches Wissen darüber, ob ein Roman als Kriminalroman einzuordnen ist oder nicht. Die meisten Leser und Leserinnen verfügen über „eine vollständige Gattungskompetenz" (Suerbaum 2009, 438). Zahllose Entscheidungen über den Kauf und die tatsächliche Lektüre von Romanen basieren auf dieser Art von Wissen. Es mag dabei manche Überraschungen geben, aber im Allgemeinen funktioniert diese Art von Einordnung, nicht zuletzt dadurch, dass sich die Vermarktung und der Verkauf dieser Art von Literatur durch Kategorien wie „Spannung", „Krimi" oder „Thriller" an ein Lesepublikum richtet, das weiß, was mit solchen Bezeichnungen gemeint ist. Unterteilungen wie „Historischer Krimi" oder „Stadt-Krimi" sowie die Informationen auf Klappentexten und Umschlagseiten dienen der weiteren Orientierung, die nötig ist, weil der Kriminalroman heute eine überaus differenzierte literarische Gattung ist, die sich in zahlreiche Untergattungen aufgespalten hat. Solche an der Werbung und der Animierung zum Kauf orientierten Benennungen und ein solches an der erhofften Unterhaltung interessiertes Wissen haben ihre Berechtigung und ihre Funktion. Ein auf wissenschaftlichen Kriterien aufbauendes Literaturverständnis muss freilich darüber hinausgehen und versuchen, trotz der angesprochenen Schwierigkeiten eine solchen Kriterien angemessene Begrifflichkeit zu entwickeln.

2. Gattungsfragen und Definitionsversuche

Der Kriminalroman als literarische Gattung

Dies ist natürlich auch versucht worden, allerdings mit unterschiedlichen und sich oft widersprechenden Ergebnissen. Das hängt einmal damit zusammen, dass der Kriminalroman sich erst relativ spät aus verschiedenen Vorformen entwickelt hat, die aber in seinen späteren Ausformungen Spuren hinterlassen haben. Zum anderen hat der Kriminalroman eine erstaunliche Fähigkeit gezeigt, mit anderen Gattungen Kombinationen oder „Hybridformen" (Thielking 2014, 7) einzugehen und auch medienübergreifend realisiert zu werden, was in der Kürzel „Krimi" zum Ausdruck kommt. Abgesehen von seiner weiteren Bedeutung als Kennzeichnung eines spannenden Ereignisses („Das war wieder ein Fußball-Krimi heute") bezeichnet das Kurzwort „Krimi" Texte, die als Roman, Erzählung, Hörspiel, Fernsehserie, Kinofilm oder Internet-Spiel auftreten können.

Terminologie

Ein weiteres Problem der Begriffsbestimmung für den Kriminalroman und seine Untergattungen besteht darin, dass es keine Einigkeit über die verwendete Terminologie gibt. *In dieser Einführung wird der Terminus „Kriminalroman" als Oberbegriff verwendet. Der Kriminalroman hat die beiden Untergattungen „Detektivroman" und „Thriller"*. „Kriminalroman" als Oberbegriff zu wählen ist sinnvoll, weil es dem allgemeinen Sprachgebrauch folgt und weil so die Nähe zu der Kurzform „Krimi" gewahrt bleibt, obwohl beide Begriffe nicht identisch sind. Der Begriff „Detektivroman" ist unproblematisch, solange er nicht mit dem Kriminalroman gleichgesetzt wird. Bei der Wahl des Begriffs „Thriller" ist die Entscheidung nicht so einfach. Die Wahl fiel jedoch gegen die alternativen Begriffe „Verbrechensroman" bzw. „psychologischer Verbrechensroman" (Hühn 2008), weil „Verbrechensroman" nicht dem alltäglichen Sprachgebrauch entspricht, weil „Verbrechensroman" dem Begriff „Verbrechensliteratur" zu ähnlich ist und damit eine implizite Wertung verbunden ist und weil der „Verbrechensroman" den diffusen Grenzbereich zwischen Kriminalroman und kriminalistischen Romanen, die keine Kriminalromane sind (dazu später mehr), abdecken soll.

Definitionen des Kriminalromans

In den einschlägigen Fachlexika und Handbüchern wird der Kriminalroman thematisch und formal als längerer erzählender Text, bei dem ein Verbrechen im Mittelpunkt steht, definiert, so etwa bei Vogt: „Kriminalroman [...] ist die Genrebezeichnung für längere Erzählwerke, die thematisch auf die Ursachen u. Umstände, bes. aber die Aufdeckung von Verbrechen [...] gerichtet und mehr oder weniger eng an ein standardisiertes Erzählmuster gebunden sind" (1992, 495) oder bei Wörtche: „Thematisch definierte Form erzählender Prosa seit dem späten 19. Jh. [...] Der Kriminalroman handelt in sowohl typologisierten als auch ‚freien' Erzählmustern von Verbrechen und deren Aufklärung" (2007, 342). In beiden eben zitierten Definitionen klingt schon eine Differenzierung an, nämlich ob ein Kriminalroman sich auf das Verbrechen selbst konzentriert oder auf seine „Aufdeckung" oder „Aufklärung". Diese Frage spielt bei der Typisierung von Kriminalromanen eine entscheidende Rolle, wie wir weiter unten sehen werden. Ein weiterer Definitionsversuch zeigt, dass diese Differenzierung für eine genauere Bestimmung des Kriminalromans über das rein Inhaltliche hinaus wichtig ist: „Der Kriminalroman, insbesondere in seiner klassischen, im ersten Drittel des 20. Jahrhunderts kanonisierten Form als (kurzer) Detektivroman, hat unter den literarischen Genres eine Sonderstellung schon dadurch, dass er sowohl inhaltlich/thematisch wie auch formal/erzählstrukturell genau definiert ist" (Vogt 2008, 225). Dies impliziert, dass die Definition von Kriminalromanen, die keine Detektivromane sind, problematisch ist oder anders gesagt: Als Detektivroman ist der Kriminalroman ohne große Schwierigkeiten definierbar, in seinen anderen Spielarten oder Untergattungen ist das jedoch nicht so einfach möglich.

Abgrenzung von der Verbrechensliteratur

Dies führt auf das bereits angesprochene Problem, den Kriminalroman von der Verbrechensliteratur abzugrenzen. Zur „Verbrechensliteratur" könnte man Dramen wie Sophokles' *Oedipus Rex* oder Shakespears *Macbeth* und zahllose andere Werke der Weltliteratur zählen, zur Kriminalliteratur gehören sie eindeutig nicht. Auch wenn es sich um Texte handelt, die keine Romane sind sondern Erzählungen, wie E.T.A. Hoffmanns „Das Fräulein von Scuderi" (1819) oder Edgar Allan Poes „Die Morde in der Rue Morgue" (1841), hat man noch recht einfaches Spiel (obwohl vieles, was hier für den Kriminalroman gesagt wird, auch für solche Erzählungen gilt bzw. die Gattung des Kriminalromans wichtige Vorläufer in den gerade genannten beiden Erzählungen hat, vgl. Kap. IV). Betrachtet man jedoch Romane wie *Oliver Twist* (1838) von Charles Dickens (um nur einen Roman dieses Autors herauszugreifen), Dostojewskijs *Verbrechen und Strafe* (1866), Ricarda Huchs *Der Fall Deruga* (1917) oder Jakob Wassermanns *Der Fall Maurizius* (1928), dann sind die Zuordnungen nicht so klar. Diese Romane könnte man aufgrund ihres Inhalts zur Verbrechensliteratur zählen, ob sie Kriminalromane sind oder nicht, ist dagegen diskutierbar. Man könnte die Liste der Beispiele hier noch vielfach erweitern. Für solche Texte ist vor Kurzem die Bezeichnung „Beinahekrimis" geprägt worden (Thielking/Vogt 2014) und Überlegungen solcher Art belegen, dass die Übergänge zwischen dem Kriminalroman und der Verbrechensliteratur fließend sind. Die Matrix in Abb. 1 soll diese Tatsache verdeutlichen:

Abb. 1 Kriminalromane und Verbrechensromane

Die beiden Achsen der Matrix sollen anzeigen, wie wichtig das Verbrechen für den jeweiligen Roman ist bzw. wie ausgeprägt die Bedeutung von Elementen ist, die man üblicherweise mit „literarischen" Texten in Verbindung bringt, wobei von Fragen der Wertung zunächst noch abgesehen werden soll. Die gepunktete Linie, die die Schwelle zum Kriminalroman anzeigt, ist als Grauzone zu verstehen, hier bewegt man sich in dem Bereich, wo die Übergänge zwischen Kriminalroman und Beinahekrimi(nalroman) fließend sind.

Probleme der Wertung

Fragen und Probleme der literarischen Wertung sind komplex und können hier nicht im Einzelnen entwickelt werden (siehe dazu Heydebrand/Winko 1996; Rippl/Winko 2013, zum Kriminalroman insbesondere 335–349; Hoffmann 2012). Bei der Begriffsbestimmung von Kriminalromanen kann man von diesen Fragen aber nicht absehen. Es gehört zur deutschen kulturellen Tradition, „hohe" (künstlerische, wahre, richtige) Literatur von dem, was seit dem Anfang des 20. Jahrhunderts als „Schmutz" oder „Schund" bezeichnet wurde und was heute Trivialliteratur genannt wird, streng abzugrenzen. In den angelsächsischen Ländern mit ihrer „middlebrow culture", also einer gehobenen Ansprüchen entgegen kommenden Unterhaltungskultur, war diese Unterscheidung nie so trennscharf. Heute mag diese unterschiedliche Bewertung kultureller Erzeugnisse auch im deutschsprachigen Bereich nicht mehr so ausgeprägt sein, für die Zeit, in der sich der Kriminalroman als Gattung etablierte und bis zur Ablösung der Geisteswissenschaften durch die Kulturwissenschaften Ende der achtziger Jahre war sie aber enorm wichtig.

Kriminalroman vs. Verbrechensroman?

Das führte zu solchen Begriffsbestimmungen wie „Der Kriminalroman ist kastrierte Verbrechensdichtung", weil er „nicht einfach ein Roman [ist], der ein Verbrechen schildert, sondern ein Roman, der das Verbrechen auf eine ganz bestimmte Art behandelt, beschränkt behandelt. Die Beschränkung der Dimension ist das entscheidende" (Gerber 1998 [1966], 74). Das sei zwar „etwas kraß, aber unmißverständlich." (75). Es ist durch seine tendenziöse Vereinfachung aber auch schlichtweg falsch. Man bedient sich hier einer Definition, die auf dem Modell ‚Abweichung [Reduzierung] von der Norm' beruht. Eine solche Definition geht zurück auf die Vorurteile eines kulturkonservativen Bewusstseins, das dem Kriminalroman jede Zugehörigkeit zur Sphäre der Kunst („Dichtung", „Verbrechensdichtung") verweigert und ihn zur bloßen Unterhaltung (verstanden als Befriedigung niedriger Bedürfnisse) degradiert. Eine solche, auf vorhersagbare Muster beschränkte und primär der Unterhaltung dienende Produktion hat es natürlich gegeben und wird es auch weiter geben. Das ist aber kein Argument, die Gattung Kriminalroman auf solche Erzeugnisse zu reduzieren. Wertungsneutral gesehen ist der Kriminalroman neben solchen Romanarten wie Gesellschaftsroman, Entwicklungsroman, Abenteuerroman, Künstlerroman usw. eine Untergattung des Romans, die sich weiter differenzieren lässt.

Lesererwartung und Rezeptionshaltung

Bei der Frage, was ein Kriminalroman ist und was nicht, spielen auch die Erwartungen und Reaktionen der Leser und die Art der Vermarktung der Texte eine Rolle. Zugespitzt könnte man formulieren: Ein Kriminalroman ist, was als Kriminalroman gelesen wird. Das mag in seiner einseitigen Orientierung am Konsumverhalten des Lesepublikums überspitzt sein, es verweist jedoch auf den auch für die Frage nach dem Kriminalroman wichtigen Bereich des literarischen Feldes (nach Bourdieu), das bestimmt wird durch die Machtpositionen bestimmter Akteure wie Autoren, Leser, Verlage, Kritiker oder Literaturwissenschaftler, die in einem hochkomplexen Zusammenspiel wechselseitiger Einflussnahmen bestimmen, wie Texte gelesen und in literarische Gattungen eingeordnet werden. Lesererwartungen, Rezeptionshaltungen und Vermarktungsstrategien spielen eine große Rolle dafür, was eher als (bloßer) Kriminalroman gelesen wird, was als literarischer Kriminalroman gelten könnte und was eher zur (Verbrechens-)Literatur gezählt wird.

Es sollte jedoch nochmals betont werden, dass die Übergänge zwischen Kriminalroman und „Literatur“ (im Sinne eines Textes, der hohen ästhetischen Anforderungen genügt) fließend sind. Wenn in dieser Einführung für definitorische Zwecke der Kriminalroman vom Bereich der „hohen“ Literatur abgegrenzt wird, dann hat das heuristische Zwecke und impliziert kein Werturteil.

3. Typologien des Kriminalromans

Einen vielversprechenden Schritt den Begriff des Kriminalromans zu umreißen, stellen Typologien dar, die verschiedene Formen des Kriminalromans voneinander unterscheiden und vielleicht auch den Kriminalroman von anderen Formen des Romans abgrenzen können.

Nachteile und Nutzen von Typologien

Frühe Typologien und Einteilungen des Kriminalromans haben immer darunter gelitten, dass sie auf einer zu begrenzten Materialbasis aufgebaut waren. Es war deshalb immer relativ leicht, solche Einteilungsversuche zu kritisieren: man brauchte bloß darauf hinzuweisen, dass die real vorliegende Mannigfaltigkeit der Kriminalromane von der jeweiligen Typologie nicht angemessen erfasst wird und dass Typologien dem historischen Wandel der Gattung bzw. ihrer immer rascher fortlaufenden Entwicklung nicht gerecht werden. Außerdem verwenden solche Typologien oft ganz verschiedene Einteilungskriterien. Das galt schon für die Zeit, als die Ausdifferenzierung der Gattung noch überschaubar war. Es gilt umso mehr heute, da diese Ausdifferenzierung noch extremer geworden ist und zusätzlich die Gattung immer mehr Mischformen hervorbringt. Trotzdem sind solche Versuche der Kategorisierung nützlich, denn sie bringen eine gewisse Ordnung ins scheinbare Chaos, sie schlagen formale und inhaltliche Einteilungskriterien vor und schaffen so eine erste Orientierung und Übersicht. Die durchaus berechtigte Kritik an ihnen weist allerdings darauf hin, dass man sie nicht verabsolutieren darf, will man nicht der Gefahr erliegen, die Dynamik der Entwicklung der Gattung aus dem Blick zu verlieren.

Analytisches Erzählen vs. chronologisches Erzählen

Bei der Typisierung von Kriminalromanen gibt es Kategorisierungen, die von zwei unterschiedlichen Varianten ausgehen und solche, die drei oder mehr Grundtypen annehmen. Zu den erstgenannten, meist von Forschern aus dem deutschen Sprachraum vertretenen Unterscheidungen gehört Richard Alewyns einflussreiche Kontrastierung: „Der Kriminalroman [in der hier verwendeten Terminologie: der Thriller] erzählt die Geschichte eines Verbrechens, der Detektivroman die Geschichte der Aufklärung eines Verbrechens.“ (1998 [1968], 53). Alewyn nennt den Detektivroman eine Form des Erzählens, die „invertiert oder rückläufig“ vorgeht, da sie – analog zur rhetorischen Figur des Hysteron-Proteron – das Spätere (das Auffinden der Leiche) zuerst und das Frühere (der Mord und wer ihn begangen hat) zuletzt erzählt. Der Kriminalroman [Thriller] dagegen folge der normalen oder „progressiv[en]" zeitlichen Abfolge. Alewyn will seine Unterscheidung ausdrücklich als eine Frage der Form und nicht als eine des Stoffes oder des Inhalts verstanden wissen. Bereits Ernst Bloch hatte darauf hingewiesen, dass zum Detektivroman das „Aufdeckende" gehöre und dass dieses „auf Vorgänge, die aus ihrem *Unerzählten, Vor-Geschichtehaften* erst herauszubringen sind" gerichtet sei. Es sei charakteristisch für den Detektivroman und mache ihn „unverwechselbar", sogar ohne dass ein Detektiv vorkommen müsse, dass „eine Untat, meist eine mörderische, [...] vor dem Anfang [stehe]" (1998 [1965], 41). In Anlehnung an das analytische Drama, bei dem, wie in Sophokles' *Oedipus Rex,* das vor dem Einsetzen der Handlung bereits Geschehene (die Tatsache, dass Oedipus unwissentlich seinen Vater Laios getötet hat) erst zuletzt ans Tageslicht kommt, hat man diese Form des Erzählens „analytisches Erzählen" genannt (Weber 1975). Alwyn trifft also eine formale oder strukturelle Unterscheidung: Der Detektivroman ist analytisch erzählt, der Kriminalroman [Thriller] nicht. Auf die Inversion, die Umkehrung der Chronologie im Detektivroman („roman policier"), hatte Roger Caillois bereits früher hingewiesen (1998 [1941], 158). Eine weitere Differenzierung in vier „Bauformen" „achronischen" Erzählens findet sich bei Marsch (2007, 170–171). Ähnliche Unterscheidungen in zwei idealtypische Modelle wie bei Alewyn werden auch bei Nusser (2009) und Hühn (2008) postuliert.

Drei Grundtypen

Im angelsächsischen Sprachraum hat man sich im Wesentlichen auf drei Grundtypen des Kriminalromans geeinigt, weil man neben dem Detektivroman und dem Thriller die Romane der *hard-boiled* Schule als dritte Spielart ansieht. Interessanterweise sieht das auch Alewyn schon so, allerdings nennt er die „*hardboiled* oder *action novel*" abschätzig eine „Bastardform" (1998 [1968], 68). Im Anschluss an die Unterteilung von Priestman in die drei Grundtypen „(detective) whodunnit" – „detective thriller" – „thriller" (1998, 1–2) unterscheidet auch Nünning den Rätselkrimi (Detektivroman) von der „hard-boiled fiction" und dem „Thriller" (2008, 5–11). Auch Scaggs übernimmt dieses Einteilungsschema, nennt seine Typen „mystery (detective) fiction" – „the hard-boiled mode" – „the crime thriller" und fügt ihnen noch die Kategorien „Police Procedural" und „Historical Crime Fiction" hinzu (2005).

Zusammenfassung der bisherigen Argumentation

Der Kriminalroman ist eine neben anderen gleichwertige Untergattung des Romans. Die Unterscheidung zwischen Thriller und Detektivroman ist primär formaler Art. Die jeweiligen Unterarten des Thrillers basieren hauptsächlich auf thematischen bzw. inhaltlichen Kriterien. Um den Kriminalroman vom Verbrechensroman abzugrenzen, muss man neben den Kategorien Inhalt und Form auch auf Fragen der literarischen Wertung, der Vermarktung und der Rezeptionshaltung und -erwartung zurückgreifen. Die Frage, ob der Kriminalroman zur (wertmäßig: „hohen"; philosophisch: „tiefen") „Literatur" gehöre, ist ein Scheinproblem, das nur unter den Bedingungen eines elitären Literaturbegriffs diskutierbar war. Als fiktionale Texte gehören Kriminalromane *per definitionem* zur Literatur.

4. Eine Systematik des Kriminalromans

Zwei Untergattungen des Kriminalromans

Es gibt zwei Grundtypen oder Strukturmodelle (Tiefenstrukturen) des Kriminalromans, den Detektivroman und den Thriller. Wenn von „Grundtypen" oder „Strukturmodellen" gesprochen wird, dann ist die Rede von Modellen, also Abstraktionen, die allein durch bestimmte Merkmalskataloge definiert sind. Da literarische Texte keine Abstraktionen sind, kann es hundertprozentige Umsetzungen dieser Modelle nicht geben. Konkrete, real vorliegende Texte entsprechen nie ganz den beiden Strukturmodellen, obwohl die Annäherungen mitunter groß sind, was besonders für den Detektivroman als formelgeleitete Untergattung gilt.

Die Strukturmerkmale des Detektivromans

Der Detektivroman (Rätselroman, *whodun[n]it, analytic detective fiction, mystery story, clue-puzzle story, roman policier*) wird analytisch erzählt, d.h. das Verbrechen ist schon passiert, wenn die Handlung des Romans anfängt. Der Detektivroman erzählt immer zwei Geschichten, die Geschichte der Ermittlung oder der Aufklärung des Verbrechens (was tut der Detektiv) und die Vorgeschichte des Verbrechens (wer hat aus welchen Gründen und wie das Verbrechen begangen). Diese „Doppelstruktur" (Todorov 1998 [1966], 209) aus „Verbrechensgeschichte" und „Aufklärungsgeschichte" (Schulze-Witzenrath 1998 [1979] ist das definierende Strukturmerkmal der Detektivromans. Die Zeitachsen der beiden Geschichten sind gegenläufig: Die Geschichte der Ermittlung bewegt sich auf die Zukunft zu (was tut der Detektiv als Nächstes), die Geschichte des Verbrechens geht zurück in die Vergangenheit (was hat der Täter getan). Der Detektivroman folgt der Formel: Verbrechen (Rätsel) – Detektion – Lösung. Die Detektion oder Ermittlung bietet dem Detektiv die Gelegenheit, seine jeweils spezifische Methode anzuwenden und kann – mit verschiedenen Gewichtungen – aus den Elementen: genaue Beobachtung des Tatorts und/oder der Leiche, Verhör der Verdächtigen, sowie Bewertung der gesammelten Informationen und Schlussfolgerungen aus den Indizien bestehen.

Der Detektiv

Die Detektivfigur steht im Mittelpunkt des Detektivromans. Als Identifikationsfigur bietet der Detektiv den Lesern die Gelegenheit, sich in die Welt des Detektivromans hineinzuversetzen und die Rolle des positiven Helden zu übernehmen. Es hängt freilich stark von der Ausgestaltung der Figur ab, inwieweit dieses Angebot angenommen wird. Die Funktion des Detektivs ist es, als Agent oder Träger der Ermittlung zu dienen. Diese Rolle kann er auf ganz unterschiedliche Arten ausfüllen. Am einen Extrem liegt der Detektiv als reine Denkmaschine, als Instrument der Informationsverarbeitung und der logischen Schlüsse. Ein solcher Detektiv bewegt sich kaum und sammelt nur Informationen, die andere ihm zukommen lassen – oft durch die Zeitung oder andere Informationsmedien (*armchair detective*). Die meisten Detektive arbeiten jedoch aktiv mit an der Informationsbeschaffung und verwenden die oben genannten Elemente der Ermittlungsarbeit. Traditionellerweise war der Detektiv ein Exzentriker und Außenseiter, man denke nur an die prototypischen Detektivfiguren C. Auguste Dupin (bei Edgar Allan Poe) oder Sherlock Holmes (bei Arthur Conan Doyle). Gerade bei der Gestaltung der Detektivfigur haben sich in neuerer Zeit jedoch große Wandlungen vollzogen. Dieser Wandel in der Figur des Detektivs geht Hand in Hand mit einer Erweiterung des Schemas des Detektivromans und mit der Verwendung von modernen erzählerischen Verfahren, wie weiter unten noch ausgeführt wird.

Schauplätze und Personenkreis

Die Handlung ist auf einen mehr oder weniger abgeschlossenen Schauplatz (das einsame Landhaus, das College, die Insel, das Schiff, der Zug, das Flugzeug) beschränkt. Dafür wurde der Begriff des „closed room" („umgrenzten Raumes", Egloff 1974, 37) geprägt. Die Zahl der Verdächtigen ist auf einen kleinen Kreis von Personen beschränkt und der Täter gehört zu diesem Kreis. Der Detektivroman hat also eine eher „geschlossene" Struktur, da er einer festen Formel folgt und da der Ort der Handlung und die Zahl der beteiligten Personen eng begrenzt sind.

Rätselspannung und Zukunftsspannung

Der Detektivroman erzeugt zunächst einmal eine Rätselspannung (*mystery*), die sich auf das analytisch Erzählte, das Vergangene richtet: Was ist (schon) passiert und wer hat es getan? Dazu kommt jedoch auch eine „Zukunftsspannung" (Suerbaum 1971 [1967], 446), die auf die zweite, chronologisch, „progressiv" oder vorwärts laufende Zeitachse des Detektivromans gerichtet ist: Wie wird der Detektiv die Lösung finden? Werde ich (der Leser) die Lösung finden? Werde ich die Lösung vor dem Detektiv (oder zumindest vor der Auflösung am Ende) finden?

Spielcharakter

Der Detektivroman hat also Ähnlichkeiten mit einem Wettbewerb oder mit einer Denksportaufgabe, er stellt eine intellektuelle Herausforderung (was besonders von Intellektuellen immer als Rechtfertigung für die Lektüre von Detektivromanen herangezogen wurde). Oft wurde auch der Vergleich mit einem Kreuzworträtsel herangezogen. Als formelgeleitete Gattung und als literarisches Spiel folgt der Detektivroman bestimmten Regeln, deren Status allerdings diskutierbar ist (vgl. Kap. IV.3).

Die Watson-Figur

Dem Detektiv steht oft (aber nicht immer) ein Gefährte zur Seite, der ihm bei der Aufklärung seiner Fälle hilft. Dieser Gefährte, heute üblicherweise nach dem „friend and colleague" von Sherlock Holmes als „Watson-Figur" benannt, ist eine Kontrastfigur und kann verschieden Funktionen haben, die in Kapitel IV erläutert werden.

Falsche Fährten (*red herrings*)

Der Detektivroman inszeniert auch einen Wettbewerb zwischen Täter und Detektiv: Der Täter versucht, seine Identität im Geheimen zu lassen und den Detektiv auf falsche Fährten zu locken. Dazu verwendet er sogenannte „red herrings" (ein Ausdruck, der auf die Fuchsjagd zurückgeht, bei der ein Fisch über die Spur des Fuchses gezogen wurde, um die verfolgenden Bluthunde von der Fährte abzubringen). *Red herrings* sind Indizien oder Hinweise, die vom Täter absichtlich gestreut werden, um die Ermittlung in eine falsche Richtung zu lenken und vom wahren Täter abzulenken.

Wertung des Detektivromans

Interessanterweise ist mehrfach argumentiert worden, dass der Detektivroman nicht zur („hohen") Literatur gehören kann, weil er eine „Variationsgattung" bzw. Schemaliteratur ist (Suerbaum 1998 [1967], 87; Vogt 2010, 24), weil das den Lesererwartungen widersprechen würde (Sayers 1980 [1929], 77) und weil die ihm angemessene Rezeptionshaltung das nicht zulässt (Schulze-Witzenrath 1998 [1979], 231). All dies schließt freilich nicht aus, dass es sehr gute (und natürlich auch sehr schlechte) Detektivromane gibt.

Die Strukturmerkmale des Thrillers

Der Thriller (auch [psychologischer] Verbrechensroman genannt) wird hauptsächlich synthetisch (chronologisch) erzählt. Der Ablauf der Handlung erfolgt größtenteils linear von der Gegenwart in die Zukunft. Das schließt die Verwendung von Anachronien wie Rückblicke (nach Genette: Analepsen) und besonders Vorausdeutungen (Prolepsen) zur Spannungserzeugung zwar nicht aus, solche Durchbrechungen des linearen zeitlichen Ablaufs sind jedoch meist nur kurze Einschübe. Die Strukturformel des Thrillers lautet: Hinführung zum Verbrechen (Motivation des Täters, Planung) – Verbrechen – Verdunkelung des Verbrechens (oft durch weitere Verbrechen). Der Thriller beginnt nicht wie der Detektivroman mit dem Verbrechen als vollendeter Tatsache, sondern entwickelt erst die Motivation des Täters und die Planung des Mordes. In Thrillern wie *Strangers on a Train* (1950) oder *The Talented Mr. Ripley* (1955) von Patricia Highsmith wird dieses Strukturelement auf eindrucksvolle Weise entfaltet. Das Verbrechen selber geschieht dann geradezu zwangsläufig, es ist das Resultat der zuvor entwickelten Motivationen und Planungen. Die Versuche des Täters, seine Täterschaft geheim zu halten bzw. von seiner Tat abzulenken, machen einen wichtigen Teil der Struktur des Thrillers aus und führen oft zu weiteren Verbrechen, die das Geschehen zu einer Spirale der Gewalt machen können. Besonders im Spionage- oder Agentenroman (*spy thriller*, etwa bei Ian Fleming oder John Le Carré) folgt der Thriller einer Erzählstruktur, die Vladimir Propp schon als eine der Grundtypen (bzw. „Funktionen“ bei Propp 1975 [1929], 26) des Märchens festgestellt hatte: Der Held und sein Gegenspieler (in den James Bond Romanen oder Filmen z. B. also James Bond und ein Agent von „SPECTRE“) kämpfen um den Sieg (die Rettung der Welt vor einem terroristischen Anschlag). In diesem Erzählmodell geht es nicht wie im Detektivroman darum, die Wahrheit zu entdecken, sondern darum, welcher der beiden Gegner am Ende sieghaft aus ihrem Zweikampf hervorgeht. Mit einem Thriller meint man also „zumeist Handlungsverläufe, die nach dem Muster des Wettstreits aufgebaut sind“ (Schärf 2013, 112). Weil dieses Modell der Struktur der Abenteuererzählung folgt, verwendet es auch mehr *action*-Elemente, also Handlungselemente, die sich durch direktes körperliches (und gewaltsames) Eingreifen auszeichnen, wiederum im Gegensatz zum Detektivroman, der die Gedankentätigkeit des Ermittlers in den Vordergrund stellt.

Rätselspannung und Angstspannung

Während der Detektivroman vorwiegend „Geheimnis- oder Rätselspannung“ (Suerbaum 1998 [1967], 89) und jene Art von Zukunftsspannung erzeugt, die auf die Ermittlung des Täters gerichtet ist, sind im Thriller die auf die weiterführende Handlung gerichtete Zukunftsspannung (was wird [noch] passieren?) und die Angstspannung [*suspense*] primär. Der Text erzeugt Fragen wie: Wird das Verbrechen wirklich so wie geplant passieren? Hat das Opfer vielleicht noch eine Chance? Wen wird es noch treffen? Wird der Täter entdeckt und zur Rechenschaft gezogen? Im Detektivroman ist die Spannung ein intellektuelles Phänomen, im Thriller dagegen ist sie etwas, das die Leser auf einer sehr viel emotionaleren und affektbehafteten Ebene betrifft. In der Tradition der Rhetorik wurde Spannung mit dem Wechselspiel von Furcht und Hoffnung (*spes* und *metus*) gleichgesetzt (Anz 2002, 150). Dies entspricht der Erzeugung von Spannung im Thriller, nicht aber der im Detektivroman, wo man Spannung eher als Mangel an Information definieren könnte (Wer war der Täter?).

Täter oder Opfer statt Detektiv

Im Thriller stehen nicht der Detektiv und seine Fähigkeiten der Deduktion im Mittelpunkt des Interesses sondern der Täter und/oder das Opfer. Detektivfiguren spielen, wenn sie überhaupt auftreten, nur eine Nebenrolle. Der oder die Täter stehen entweder einem Gegenspieler gegenüber oder einer Umwelt, vor der sie ihr verbrecherisches Geheimnis verbergen müssen. In den geneinsam von Pierre Boileau (1906–1989) und Thomas Narcejac (1908–1998) verfassten Kriminalromanen werden auf programmatische Weise die jeweiligen Opfer in den Mittelpunkt der Handlung gerückt.

Psychologische Vertiefung der Figuren

Im Detektivroman sind die Figuren in erster Linie Verkörperungen von Funktionen (der Detektiv, die Verdächtigen, der Täter). Genauere Beschreibungen ihrer Gedanken oder Gefühle oder überhaupt Einblicke in ihr Bewusstsein sind nicht nur unerwünscht, sie gelten sogar als Fehler. Sogar die Motivationen der Täter werden nur in ganz allgemeinen Kategorien wie Geldgier, Eifersucht, Angst vor sozialem Ostrazismus und dergleichen erfasst. Im Thriller dagegen werden solche Motivationen viel stärker in den Mittelpunkt gerückt. Sie werden breiter beschrieben, im jeweiligen sozialen Kontext und eventuell auch im Vorleben der Täter, besonders ihrer Kindheit, verortet und als Ausdruck zeithistorischer Umstände (z. B. die wirtschaftliche Depression in den USA während der dreißiger Jahre) verstanden.

Offene Struktur

Insgesamt bleibt festzuhalten, dass zwar auch der Thriller einem mehr oder weniger ausgeprägten Schema folgt, dass seine Struktur aber weitaus offener ist als die des Detektivromans. Im Gegensatz zu diesem zeigt der Thriller eine Welt, die ihre Bedrohlichkeit aus der Unabgeschlossenheit seiner Strukturelemente bezieht. Die Zeitachse ist nach vorn gerichtet, in eine Zukunft, die grundsätzlich unbestimmt ist, nicht in eine Vergangenheit, die bei allem Schrecken doch schon abgeschlossen ist. Demgemäß bezieht sich die Spannung auf das, was noch passieren kann, nicht auf das, was schon passiert ist. Der Kreis der Täter ist nicht beschränkt, der Täter kann ein Jedermann, ein Mensch aus der Masse, ein ganz durchschnittlicher Mensch sein (und ist dies auch oft). Der Tatort ist zwar naturgemäß ein ganz bestimmter Ort, der Schauplatz der Handlung des Thrillers ist aber nicht beschränkt auf einen inselartigen Ausschnitt der Welt. Im Thriller bewegen sich die Figuren durch die Welt und erzeugen so eine Dynamik, die ihre Offenheit demonstriert. In Kapitel IV.5 wird näher auf die Geschichte und die Variationsbreite des Thrillers eingegangen.

5. Historische Wandlungsprozesse des Kriminalromans

Zu den zwei Grundtypen des Kriminalromans treten sechs Wandlungsprozesse hinzu, die die Gattung und ihre Strukturen verändert haben. Die Gründe für das Zustandekommen dieser Veränderungen können hier nicht im Einzelnen entwickelt werden, sie haben jedenfalls mit einem Wandel der Publikumserwartungen, ausgelöst durch den Einfluss von audiovisuellen Medien, mit sich ändernden sozialen, ökonomischen und politischen Wirklichkeiten, zu denen auch die Globalisierung gehört, und mit den Versuchen von Autoren und Autorinnen zu tun, auf diese neuen Rahmenbedingungen mit innovativen ästhetischen Verfahren zu reagieren.

Variationen des Schemas

Nach Bertolt Brecht besteht die spezifische Anziehungskraft des Detektivromans (Brecht spricht vom „Kriminalroman“, meint aber den Detektivroman) darin, dass er ein „Schema“ hat und dieses variiert (Brecht 1998 [1938/1949], 33). Diese Variationen betreffen den Typus des Detektivs und seine

Vorgehensweise, den Hergang der Tat, die Mordwaffen und die Identität des Täters. Bereits in den zwanziger Jahren zeichnete sich ab, dass die Variationsmöglichkeiten der Elemente des Kriminalromans erschöpft waren, was symptomatisch in den Verboten der Regelkatologe zum Ausdruck kam (zu diesen Regeln vgl. Kap. IV.3). Es blieb also scheinbar nur noch übrig, die Regeln zu übertreten, ohne die Leser gänzlich vor den Kopf zu stoßen. Bei alldem sollte man jedoch nicht die „Nachsicht der Leser" und „die Raffinesse der neuen Autoren im Auffindigmachen und Aufpolieren alter Tricks" (Symons 1972, 119) unterschätzen.

Realistische Erweiterung

Weitaus wichtiger für die Entwicklung des Detektivromans und seine fortlaufende Popularität als Variationen im Schema ist jedoch das, was man seine „realistische Erweiterung" genannt hat. Darunter ist die „soziale, milieuspezifische und psychologische Vertiefung und Differenzierung des *whodunit*-Schemas" (Vogt 2010, 26) zu verstehen. Als repräsentativ für diese Art von Erweiterung des detektivischen Schemas wurden die Kriminalromane von P.D. James (1920–2014) und Elizabeth George (*1949) genannt, die auch vom Umfang her den Rahmen des typischerweise um die zweihundert Seiten langen traditionellen Detektivromans sprengen. Bei diesen und anderen Autoren werden durch das Verbrechen bestimmte soziale Milieus in den Blickpunkt (des Detektivs und des Lesers) gerückt, die Detektivfigur hat ein (meist problematisches) Privatleben, dessen Anforderungen mit denen ihres Berufes in Konflikt geraten, die Detektive sind jetzt stärker in familiäre und andere gesellschaftliche Zusammenhänge eingebunden und sie werden auch gezeigt als diese Zusammenhänge reflektierende und an ihnen leidende Charaktere (als Beispiele seien hier nur genannt Tabor Süden bei Friedrich Ani, John Rebus bei Ian Rankin oder Kurt Wallander bei Henning Mankell). Die sozialen und psychologischen Hintergründe des Verbrechens werden schrittweise im Detail während der Detektion enthüllt. In Kapitel V.2 wird als frühes Beispiel für die realistische Erweiterung des Detektivromans Friedrich Glausers *Matto regiert* (1936) vorgestellt.

Thematische Ausdifferenzierung

Besonders im Bereich des Thrillers ist seit den fünfziger Jahren eine Ausdifferenzierung festzustellen, die durch jeweils aktuelle politische Ereignisse und Konstellationen (der Polit-Thriller, der Spionageroman) oder durch in den Medien hochgespielte, reale Vorkommnisse (der Serienmörder-Thriller, Gangster-Thriller) determiniert werden.

Typenkombination

Die besonders für zeitgenössische Kriminalromane wichtigste strukturelle Modifikation der Gattung Kriminalroman ist die Typenkombination. Hier werden Elemente der Untergattungen Detektivroman und Thriller in einem neuen „Standardtyp" (Vogt 2010, 26) vereint, so dass zwar am Anfang wie im traditionellen Detektivroman das Auffinden einer Leiche steht, im Laufe der Handlung jedoch weitere Verbrechen geschehen, die Ermittlung meist die Detektivfigur selbst in Gefahr bringt und sowohl Detektivfigur als auch Täterfigur im Mittelpunkt des Interesses stehen. Nur folgerichtig und auch typisch für Kriminalromane, in denen die Typenkombination angewendet wird, ist der Wechsel der Erzählperspektive zwischen Detektiv, Opfer, Täter und anderen Beteiligten im Umfeld dieser Figuren. Als frühe Form der Typenkombination, allerdings ohne Perspektivenwechesel, können die Romane der *hard-boiled* Schule gelten, die deshalb nicht als eigener Grundtyp angenommen werden sollten. Aktuellere Beispiele sind die Texte von Stieg

Larsson und Henning Mankell, dessen Roman *Die fünfte Frau* (2000, schwed. Orig. 1997) in Kapitel V.6 genauer betrachtet wird.

Hybridisierung

Die Öffnung des Kriminalromans hat besonders in neuerer Zeit eine Qualität erreicht, die nicht mehr nur als bloße Erweiterung durch neue Themen bezeichnet werden kann. In vielen Fällen findet eine Verschmelzung von Kriminalroman und Gesellschaftsroman, von Kriminalroman und historischem Roman oder von Kriminalroman und psychologischem Roman statt. Besonders die seit den frühen achtziger Jahren beliebte Hybridgattung des historischen Kriminalromans im Gefolge von Umberto Ecos *Der Name der Rose* (1982, ital. Orig. 1980) wäre hier zu nennen. Als in Kapitel V.1 und V.2 zu besprechende Beispiele für die Hybridisierung von Kriminalroman und psychologischem Roman bzw. von Kriminalroman und Gesellschaftsroman (mit starken psychologischen Komponenten) können Georges Simenons *Maigret und Pietr der Lette* (frz. Orig. 1930) und Friedrich Glausers *Matto regiert* (1936) gelten.

Moderne Erzählverfahren

Kennzeichnend für viele Kriminalromane, die seit den achtziger Jahren geschrieben wurden, ist die Verwendung moderner Erzählverfahren wie „wechselnder *point-of-view*, Auflösung des Zeit-Kontinuums, Montage, *stream-of-consciousness*, Intertextualität" (Vogt, 2010, 26). Viele neuere Kriminalromane ließen sich hier als Beispiele anführen, in Kapitel V.8 wird Andrea Maria Schenkels Roman *Tannöd* (2006) analysiert, der *alle* gerade angeführten erzählerischen Techniken verwendet, Kapitel V.5 stellt mit Patrick Süskinds *Das Parfum* (1985) einen Roman vor, bei dem insbesondere die intertextuellen Verweise die Lektüre interessant machen.

Abb. 2 zeigt noch einmal die beiden Grundtypen des Kriminalromans und die sechs Wandlungsprozesse, die sich zur Erklärung der mannigfaltigen Formen, in denen der Kriminalroman heute auftreten kann, anführen lassen:

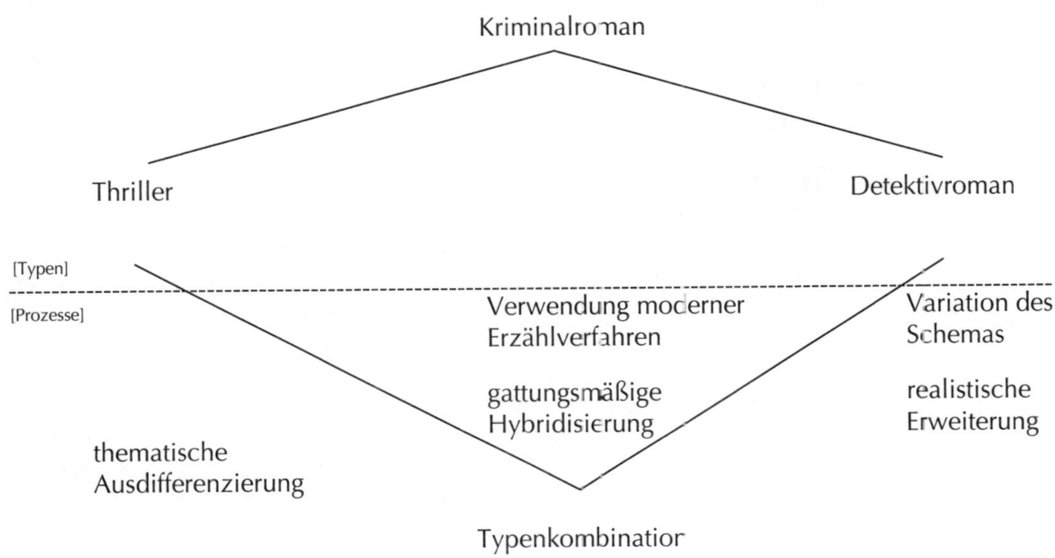

Abb. 2

II. Forschungsgeschichte

Der Kriminalroman ist eine relativ junge Gattung, die – auch wenn man ihre Frühformen miteinbezieht – erst in der zweiten Hälfte des 19. Jahrhunderts beginnt (vgl. Kap. IV.2). Konzentriert man sich auf den Kriminalroman als Teil der Massenkultur, dann existiert er erst seit dem Beginn des 20. Jahrhunderts und zwar zunächst nur in seiner Untergattung Detektivroman. Während man im englischsprachigen Bereich eine seit Jahrzehnten aktive Forschung zur Kriminalliteratur auf höchsten Niveau betreibt, beginnt die ernstzunehmende literaturwissenschaftliche Erforschung des Kriminalromans in Deutschland, von einigen Ausnahmen abgesehen, auf die weiter unten eingegangen wird, erst in den sechziger Jahren des zwanzigsten Jahrhunderts und auch diese Anfänge sind sporadisch und werden von einzelnen Forschern, Kritikern und Autoren zumeist in Form von essayistischen Arbeiten bestritten. Eine Ausnahme hierzu bildet die schon seit Langem etablierte Forschung zu den „Criminalnovellen" des 19. Jahrhunderts (Schiller: „Der Verbrecher aus verlorener Ehre", E.T.A. Hoffmann: „Das Fräulein von Scuderi", Droste-Hülshoff: „Die Judenbuche", Fontane: „Unterm Birnbaum"), die als Teil der hohen Literatur tradiert, in Schule und Universität gelesen werden und von der Germanistik als Teil des literarischen Kanons behandelt wurden (Freund 1980).

Umfänglichere Forschung zum Detektivroman

Insgesamt besteht bis heute ein eindeutiges Ungleichgewicht hinsichtlich der beiden Untergattungen des Kriminalromans: Es gibt so viele wissenschaftliche Arbeiten zur Detektiverzählung und zum Detektivroman, dass der irrtümliche Eindruck entstehen könnte, diese Untergattungen der Kriminalliteratur seien bis heute in der Gunst der Leserschaft dominant (Horsley 2010, 29; Pyrhönen 2010, 44). Erst mit der steigenden Popularität des Thrillers und seiner Mischformen (vgl. Kap. I.5) beginnt sich diese Situation zu ändern.

Phasen der Forschung

Überblicke zur Forschung im Bereich Kriminalliteratur teilen die Geschichte dieser Forschung in mehrere Phasen ein: Einer frühen Periode, die etwa von 1900 bis 1920 reicht, folgt die Zeit nach dem Zweiten Weltkrieg, in der das kritische Interesse an dieser Art von Literatur stark nachlässt. In den sechziger Jahren erfolgt die Öffnung des Literaturbegriffs und ermutigt literaturwissenschaftliches Arbeiten zum Detektivroman und zu anderen vormals als minderwertig abqualifizierten Gattungen. Der Strukturalismus entdeckt die Detektivgeschichte als Forschungsgegenstand und macht sie für die Literaturwissenschaft salonfähig. In der dritten Phase während der siebziger und achtziger Jahre wendet man sich sozialhistorischen und ideologiekritischen Interpretationen des Kriminalromans zu, die oft die Gattung verurteilenden ideologiekritischen Untersuchungen werden aber auch schon selber wieder als einseitig und tendentiös kritisiert. Während der vierten Phase in den achtziger und neunziger Jahren erscheinen vermehrt feministische Kriminalromane und solche, deren Handlung in einer multikulturellen und postkolonialen Welt angesiedelt sind. Die Forschung zum Kriminalroman wird zur gleichen Zeit diverser. Die herkömmlichen Arbeiten zur Gattungstheorie und -geschichte und zur Literatursoziologie werden ergänzt durch theoretische und methodische Ansätze, die aus den Bereichen Feminismus, *gender studies, ethnic studies* und Postkolonialismus kommen.

Die Frühphase

Die Arbeiten der frühen Periode, die etwa von 1900 bis 1920 reicht, sind zum einen apologetische Einlassungen, die das Lesen von Detektivgeschichten und -romanen rechtfertigen wollen. Man versucht, die Vorwürfe des fehlenden Realismus, der Priviligierung der Handlung vor der Charakterzeichnung, des Immoralismus und der Verderbnis vor allem jugendlicher und ungebildeter Leser und des weiblichen Lesepublikums zu entkräften. Paradigmatisch dafür stehen eine Reihe von Essays von Gilbert Keith Chesterton, in denen er u. a. Detektivgeschichten als „die früheste und einzige Form volkstümlicher Literatur [...], in der sich ein gewisser Sinn für die Poesie des modernen Lebens [in der Großstadt] geltend macht" charakterisiert (1971 [1902], 95–96). Außerdem werden seit den zwanziger Jahren auch erste Überlegungen zu den Konventionen der Detektivgeschichte von Literaturkritikern und vor allem von Autoren und Autorinnen von Detektivgeschichten und -romanen wie S. S. Van Dine und Dorothy Sayers geschrieben. Diese Arbeiten sind noch keine wissenschaftlichen Studien, es handelt sich um Essays für ein weiteres Publikum. Handlungsstrukturen und erzählerische Techniken stehen im Vordergrund und die Detektivgeschichte wird als Puzzle oder als literarisches Spiel begriffen (vgl. Kap. IV.3). Einige dieser Texte sind in Haycraft 1983 [1946] und in deutscher Übersetzung in Vogt 1971 abgedruckt. Im deutschen Sprachraum sind für diese Zeit besonders hervorzuheben die kurzen Aufsätze von Bertolt Brecht und Walter Benjamin, sowie der längere Essay *Der Detektiv-Roman* (1925) von Siegfried Kracauer. Brechts Aufsätze und Anmerkungen zum Kriminalroman sind von sehr unterschiedlicher Qualität und Aussagekraft (Vogt 2011). Am wichtigsten ist der bereits in Kapitel I.5 zitierte Aufsatz „Über die Popularität des Kriminalromans" aus den Jahren 1938/1940 (in: Vogt 1998, 33–37), in dem Brecht noch heute aufschlussreiche Aussagen zur Poetik und Ästhetik, vor allem zum Wechselspiel von „Schema" und „Variation" im Detektivroman macht. Walter Benjamins knappe und verstreue Notizen über den Kriminalroman sind Teil seines Projektes einer theoretischen Durchdringung der Moderne und einer Analyse ihrer Ästhetik. Sein kurzer Aufsatz „Kriminalromane, auf Reisen" von 1930 (in Vogt 1998, 23–24) charakterisiert das Lesen von Kriminalromanen während einer Eisenbahnfahrt als Mittel, die unheimlichen Ängste, die sich mit der Benutzung des modernen Transportmittels einstellen, zu neutralisieren. Siegfried Kracauers Studie *Der Detektiv-Roman. Ein philosophischer Traktat* (1979 [1925]) ist eine Abrechnung mit dem Detektivroman als „Zerrspiegel" (10) der bürgerlichen Gesellschaft am Anfang des zwanzigsten Jahrhunderts. Der Detektivroman verkörpere in der Verherrlichung des Detektivs „die Idee der durchrationalisierten zivilisierten Gesellschaft, die sie mit radikaler Einseitigkeit erfassen und in der ästhetischen Brechung stilisiert verkörpern" (9). Damit werde die Realität der modernen Gesellschaft vereinseitigend verfälscht, denn nach Kracauer ist es keineswegs zutreffend, dass sich die moderne Welt nur mit den Mitteln einer entfesselten Rationalität erklären lässt. Der Detektivroman verbreitet in Kracauers Einschätzung also lediglich die Illusion einer Durchdringung der Welt mit rationalen Ordnungsmustern.

Die sechziger Jahre: Befreiung vom Stigma des Trivialen

In den sechziger Jahren kommt zum ersten Mal auch der Kriminalroman in den literaturwissenschaftlichen Blick, was dazu beiträgt, die Gattung in Ansätzen von Stigma des Trivialen zu befreien und differenziertere Beurteilungen zu ermöglichen, vor allem auf literatursoziologischem und wertungsästhetischem Gebiet (Schmidt-Henkel 1962). Die Essays und Arbeiten von Ernst Bloch (1960/1965, in: Vogt 1998, 38–51) Helmut Heißenbüttel (1963/1966, in: Vogt 1998. 111–120) und Richard Alewyn (1968/1971, in Vogt 1998, 52–72) widmen sich gattungsgeschichtlichen, poetischen und ästhetischen Fragen und initiieren Forschungsdiskussionen, die bis heute fortwirken. Durch diese Ansätze wird der Kriminalroman zwar nicht über Nacht zu einem anerkannten literaturwissenschaftlichen Forschungsgebiet (das wird er erst etwa dreißig Jahre später), aber die Anfänge sind gemacht. Der seit den fünfziger Jahren vor allem in Frankreich entwickelte Strukturalismus trägt dann weiter dazu bei, Detektivromane als Untersuchungsgegenstand wissenschaftlicher Literaturbetrachtung zu etablieren.

Die siebziger und achtziger Jahre: Sozialhistorische und ideologiekritische Interpretationen

Die literaturwissenschaftliche Methodendiskussion im Westdeutschland der siebziger Jahre resultiert in einer Zuwendung zu sozialhistorischen Ansätzen, die auch die Forschung zur Kriminalliteratur umfasst. Sozialgeschichtliche Studien wenden sich den Bereichen Literatur, Kriminalität, Kriminalistik, Publizistik und Rechtsgeschichte im 18. und 19. Jahrhundert in Deutschland zu und versuchen, durch interdisziplinär angelegte Arbeiten die Interaktion von Gesellschaftsgeschichte und Literatur zu erforschen (Schönert 1983, Schönert 1991). Dabei werden neben methodologischen und historischen Fragen auch die Traditionen literarischer und nichtliterarischer Genres wie der „Kriminalgeschichte", der „Kriminalnovelle", der Fallgeschichte oder der Gerichtsberichterstattung erforscht. In einem weiteren Band, dessen Beiträge wie die der Vorgängerbände im Rahmen des Forschungsprojekts „Sozialgeschichte der Literatur 1770–1900" entstanden, wurde der Betrachtungszeitraum bis zum Ende des zwanzigsten Jahrhunderts erweitert (Linder/Ort 1999). In den siebziger und achtziger Jahren erscheinen neben sozialgeschichtlichen Studien zur Kriminalliteratur auch Untersuchungen, die die ideologischen Dimensionen dieser Texte kritisch hinterfragen. In diesen Arbeiten wird der Kriminalroman als diskursive Formation analysiert, die dazu beiträgt, die bestehenden Machtverhältnisse in den westlichen Staaten zu stabilisieren und abzulenken von den komplexen historischen Entstehungsbedingungen von Konzepten wie Kriminalität und Strafverfolgung (Knight 1980, Porter 1981, Miller 1988). Der frühe Versuch von Schulz-Buschhaus (1975), vor allem die Tradition des französischen Kriminalromans vor dem Hintergrund der Interaktion von Gattungsgeschichte und Ideologiekritik zu untersuchen, zeichnet sich durch eine differenzierende und im Rahmen der methodischen und theoretischen Vorgaben der Zeit ausgewogene Betrachtungsweise aus.

Die achtziger und neunziger Jahre

In den achtziger und neunziger Jahren werden neue Variationen des Kriminalromans geschrieben und popularisiert und auch die Forschungslandschaft verändert sich stark. Autorinnen wie Sue Grafton und Sara Paretsky entwickeln den aus weiblicher Sicht geschriebenen *hard-boiled* Roman, der

Frauenkrimi entsteht als Untergattung des Kriminalromans (vgl. Kap. IV.9) und Kriminalromane, die in einem multikulturellen Umfeld angesiedelt sind, erfahren eine starke Verbreitung. In der jetzt stark kulturwissenschaftlich orientierten Literaturwissenschaft, die auch in Deutschland stärker auf Impulse aus dem angloamerikanischen Sprachbereich eingeht, werden ethnische und klassenspezifische Probleme und Fragen der *gender studies*, außerdem postkolonialistische Fragestellungen immer wichtiger. Die parallel sich entwickelnden Interessen von Autoren und Autorinnen, Leserschaft und Forschungsansätzen führen dazu, dass die Forschung zum Kriminalroman in einer Fülle von Spezialuntersuchungen auf die neu aufgeworfenen Fragen reagiert. Dabei rücken der Thriller und seine Variationen gemäß ihrer inzwischen stark gestiegenen Popularität immer mehr in den Mittelpunkt des Interesses.

Die Forschung zum Kriminalroman in Deutschland

Später Beginn der literaturwissenschaftlichen Auseinandersetzung mit Kriminalliteratur in Deutschland

In einem kurzen Überblick über die „Forschung zur Kriminalliteratur" von 1978 monierte Gerd Eggloff, dass „Aufsätze von Außenseitern, oft *addicts*", also Süchtigen (!), die Diskussion über die Gattung „dominieren" (58). Eggloff ist zuzustimmen, wenn er darauf hinweist, dass der Kriminalroman von „der etablierten Literaturwissenschaft [...] lange tabuiert [blieb]" (59). Umso mehr muss man die Arbeit von nichtprofessionellen Lesern, von Sammlern und Fans der Kriminalliteratur schätzen, auch wenn diese Arbeiten nicht (immer) wissenschaftlichen Standards genügen mögen. Bibliographien zur Primärliteratur (gedruckt und online), Fan-Magazine und Informationen zu Neuerscheinungen (beide meist online, siehe Literaturverzeichnis) von kenntnisreichen außerakademischen Autoren sind wertvolle Hilfsmittel auch für die literaturwissenschaftliche Beschäftigung mit dem Thema.

Stand der Forschung in den siebziger Jahren und erste Gesamtdarstellungen

Nach einer vereinzelt bleibenden ersten Gesamtdarstellung zur englischen und amerikanischen Detektivliteratur, die allerdings als ein früher Meilenstein in der deutschen Forschung zur Detektivgeschichte und zum Detektivroman gelten muss (Wölcken 1953), wird die breitere literaturwissenschaftliche Beschäftigung mit dem Kriminalroman in Westdeutschland durch zwei Sammelbände initiiert, in denen Aufsätze zur Gattungstheorie und -geschichte der sechziger Jahre, ergänzt durch einige frühere essayistische Arbeiten zusammengestellt wurden (Vogt 1971, Neuausgabe 1998; Žmegac 1971). Die erste umfassende Einführung in die Gattung „Kriminalerzählung" erschien 1972 (Marsch, 2. erw. Aufl. 1983). Edgar Marsch bietet einen umfassenden und informativen Überblick zur Theorie und Geschichte der Gattung und stellt heute noch lesenwerte typologische Überlegungen zum detektivischen Erzählschema an.

Aktualisierungen der Forschung zum Kriminalroman in den achtziger Jahren

Den neuen Entwicklungen auf dem Gebiet des Kriminalromans, nicht zuletzt auch im deutschsprachigen Bereich, tragen einige wichtige Publikationen der achtziger Jahre Rechnung. Schon 1978 allerdings hatte Hans-Otto Hügel seine bahnbrechende Studie zur Geschichte der deutschen Kriminalliteratur im 19. Jahrhundert vorgelegt, in der er zeigen konnte, dass die lange unkritisch wiederholte Redeweise von der fehlenden deutschen Tradition des detektivischen Erzählens auf mangelnder Kenntnis des breiten Textkorpus von deutschsprachigen Detektiverzählungen beruhte. Im gleichen Jahr erschien ein weiterer Sammelband, in dem nicht nur Aufsätze zum Neuen deutschen Kriminalroman und zum Kriminalroman in der DDR abgedruckt wurden, sondern im dem auch Arbeiten über die internationale Krimiproduktion (Raymond Chandler, Patricia Highsmith, Georges Simenon, Leonardo Sciascia, Sjöwall/Wahlöö) vorgelegt wurden (Schütz 1978). Mit Ulrich Suerbaum hat 1984 ein ausgewiesener Kenner eine weitere Einführung und Überblicksdarstellung in den „Krimi" vorgelegt. Mit Kapiteln zum Polizeikrimi, zum Thriller („Crime Novel"), zum neuen deutschen Kriminalroman und zum postmodernen Krimi (*Der Name der Rose*) hat Suerbaum auch solche Texte diskutiert, die zu dieser Zeit im deutschen Sprachraum noch wenig erforscht waren. Wiederum ein Sammelband, die Beiträge eines Kolloqiums der Evangelischen Akademie Loccum vereinigend, war es dann, der sich auschließlich dem neuen deutschen Kriminalroman widmete und eine kritische Bestandsaufnahme versuchte (Ermert/Gast 1985). Mit Beiträgen von Literaturwissenschaftlern, Autoren und Autorinnen, Kritikern und Vertretern aus dem Verlagswesen und mit Aufsätzen zum deutschen Krimi in den Massenmedien wurde ein breites Spektrum abgedeckt.

Überblicksdarstellungen und neue Ansätze der Forschung

Die Berührungspunkte des Kriminalromans mit Texten der deutschen „ernsten" Literatur des 20. Jahrhunderts beleuchtet eine Anthologie aus dem Jahr 1993 (Düsing). Hier werden Romane von Jakob Wassermann, Ernst Jünger, Heimito von Doderer, Bertolt Brecht, Adolf Muschg, Peter Handke u.a. daraufhin untersucht, wie Erzählmuster des Kriminalromans in ihnen verwendet und variiert werden, nicht zuletzt mit dem Ziel, die narrativen und ideologischen Voraussetzungen des Kriminalromans kritisch zu reflektieren. Im Jahr 2004 erschienen zwei weitere Sammelbände, die zum Teil bereits Bekanntes aufbereiteten, zum Teil aber auch forschungsgeschichtliches Neuland betraten (Aspetsberger/Strigl 2004, Franceschini/Würmann 2004). Besonders der von Franceschini und Würmann herausgegebene Band enthält Studien zu bis dahin wenig oder gar nicht erforschten Teilgebieten der Krimiforschung. Das eigentliche Thema der „Detektivliteratur" ist nach Osterwalder die Auseinandersetzung mit dem Tod. Das gedankliche Zentrum ihres Ansatzes bilden „die Ähnlichkeiten zwischen psychoanalytischer Theorie und kriminalistischen Szenarien (223) und die Kulturtheorie Sigmund Freuds. Ihr sehr bedenkenswertes Ergebnis lautet, dass „das geheime Versprechen, mit dem die Detektivgeschichte die Leserschaft lockt, [...] eine Darstellung des Todes, von der alle Trauer abgezogen ist" sei (224). Der Grauzone zwischen Kriminalroman und Verbrechensliteratur wendet sich ein neuer Sammelband zu, in dessen Beiträgen die narrativen Strukturen der Gattung in der Weltliteratur von Sophokles über Dostojewskij und Camus bis Dürrenmatt, David Peace, Orhan Pamuk und Ian McEwan nachgewiesen werden (Thielking/Vogt 2014). Diese „Beinahekrimis" werden somit zu „Hybridformen" (7), in denen auf verschiedene Weisen die Gattungsmerkmale der Kriminalgeschichte mit denen anderer Gattungen kombiniert werden.

Zur Didaktik des Kriminalromans

Kriminalgeschichten und -romane sind fester Bestandteil der Lehrpläne für die Sekundarstufen I und II. Didaktische Handreichungen (Mayr 2013),Textsammlungen (Lange 1990, Lange 1998, Mittelberg 1999, Lange 2004) und Leseausgaben werden in reichem Umfang von den Schulbuchverlagen angeboten. Für das breite Angebot von Kinder- und Jugendkrimis in verschiedenen Medien wie Buch, Hörspiel, Bilderbuch, Film, Comic, Fernsehen und Computerspiel wurde eine kritische Übersicht erstellt (Josting/

Stenzel 2002). Ein Themenheft der Zeitschrift *Der Deutschunterricht* nahm sich des „Krimi – international" an und brachte Beiträge zum Krimi als globaler Gattung (Vogt/Richter 2007). Neuere Entwürfe der Trivialliteraturforschung, der Wertungsästhetik und der Literaturdidaktik fanden Berücksichtigung in einer Studie, die dem Kriminalroman im Deutschunterricht gewidmet ist (Wilczek 2007).

Die gegenwärtige Situation in der Forschung

Inzwischen ist der Kriminalroman Thema für Lehrveranstaltungen an Schulen und Universitäten und ein legitimer Forschungsgegenstand der Literaturwissenschaft geworden. Vor allem in neueren narratologischen und kulturwissenschaftlichen Forschungsansätzen zeigt sich eine Vielfalt von kritischen Perspektiven, von unterschiedlichen Forschungsinteressen und von methodischen Ansätzen (Vera Nünning 2008, Krajenbrink/Quinn 2009, Effron 2011, Nele Hoffmann 2012, Josef Hoffmann 2013). Im englischsprachigen Bereich liegt eine Fülle von neueren Einführungen und Überblicksdarstellungen vor (Knight 2004, Horsley 2005, Rzepka 2005, Scaggs 2005, Ascari 2007, Messent 2013). Dem zeitgenössischen deutschsprachigen Kriminalroman werden sogar englischsprachige Studien gewidmet (Kutch/Herzog 2014; Campbell/Guenther-Pal/Rützou Petersen 2014, 91–179), ein deutliches Zeichen dafür, dass Kriminalromane aus deutschsprachigen Ländern in der internationalen Szene mithalten können. In neueren Arbeiten zur Kriminalliteratur wendet man sich auch einer systematischen Erforschung der Anfänge des kriminalliterarischen Schreibens im weiten Sinne zu (Gladfelder 2001, Worthington 2005). Die wichtigsten neueren theoretischen Ansätze zur Analyse und Interpretation von Kriminalromanen werden im nächsten Kapitel vorgestellt.

Hilfsmittel für das Studium von Kriminalromanen

Bibliographien

Will man sich darüber informieren, welche Kriminalromane im deutschen Sprachraum erschienen sind, sei es als Originalausgaben oder in Übersetzung, dann kann man zu den Bibliographien von Walkhoff-Jordan (1985 und 1991), Kästner (2001) und Schädel (2006) greifen. Neuerscheinungen auf dem Gebiet der Kriminalliteratur und neue Sekundärliteratur werden vom Bonner Kriminal Archiv Sekundärliteratur (BoKAS) erfasst. Eine Auswahlbibliographie der deutschsprachigen Forschung zum Kriminalroman findet sich bei Przybilka 1998. Diese von engagierten Sammlern verfassten Bücherverzeichnisse genügen zwar nicht wissenschaftlichen Ansprüchen, bieten aber eine Fülle von Angaben zum Angebot des literarischen Marktes auf dem Gebiet des Kriminalromans. Neuere wissenschaftliche Bibliographien zur Sekundärliteratur mit deutlich geringerer Auswahl sind bei Hubin 1994; Vogt 1998, 553–565; Nusser 2009, 191–216 und bei Rzepka/Horsley 2010, 574–598 abgedruckt.

Fachzeitschriften

Wissenschaftliche Arbeiten zum Kriminalroman und zur Kriminalliteratur allgemein findet man heute in fast allen literatur- und kulturwissenschaftlichen Fachzeitschriften. Die „Zeitschrift für Literatur, Kunst und Kritik" *die horen* veröffentlicht in unregelmäßigen Abständen Arbeiten zum Schwerpunkt Kriminalliteratur. Die einzige Fachzeitschrift, die ausschließlich dem Forschungsgebiet des Krimis in allen Medien gewidmet ist, ist das vierteljährlich als Internetpublikation erscheinende *Clues: A Journal of Detection*. Hier findet man Beiträge zu allen Aspekten des internationalen Krimis und außerdem Rezensionen zu Neuerscheinungen auf dem Gebiet der *crime fiction studies*.

Rezensionen

Rezensionen zu wissenschaftlichen Arbeiten über den Kriminalroman finden sich in den einschlägigen Publikationen wie *Arbitrium. Zeitschrift für Rezensionen zur germanistischen Literaturwissenschaft*, *Germanistik* oder *literaturkritik.de* und vereinzelt auf den Internetseiten zum Krimi (siehe Literaturverzeichnis). Wer sich zu Neuerscheinungen auf den Gebieten Kriminalliteratur, Kriminalität, Kriminalistik, Kriminalgeschichte, Gewalt und Medien informieren will, sollte unbedingt regelmäßig den Fachteil „Kriminalität und Medien" des *IASL online* konsultieren. Hier werden ausführliche Besprechungen zu neuen wissenschaftlichen Studien in den genannten Fachgebieten publiziert.

Handbücher und Autorenlexika

Der von Arnold und Schmidt herausgegebene *Reclams Kriminalromanführer* ist bereits älteren Datums (1978) und damit in Vielem überholt, bietet aber bis zum Jahr seines Erscheinens nützliche Informationen. Die Neuausgabe unter dem Titel *Reclams Krimi-Lexikon*von 2002 ist aufgrund vieler Mängel und fragwürdiger Entscheidungen des Herausgebers nicht zu empfehlen. Es gibt eine ganze Reihe von englischsprachigen Handbüchern zum Thema Kriminalliteratur. Zu den besten mit wissenschaftlichem Anspruch verfassten solchen „companions" gehören *The Oxford Companion to Crime and Mystery Writing* (Herbert 1999) und *A Companion to Crime Fiction* (Rzepka/Horsley 2010). Eine umfassende, wissenschaftlichen Ansprüchen genügende Geschichte des Kriminalromans gibt es zurzeit nicht. Erste Informationen zu deutschsprachige Autoren von Kriminalliteratur kann man bei Jockers/Jahn 2005 oder auf den Internetseiten von www.krimilexikon.de, www.kaliber38.de oder www.krimi-couch.de nachlesen. Über internationale Krimiautoren und -autorinnen kann man sich bei Flückinger 2005 informieren.

Bestenlisten

Regelmäßig erscheinende Bestenlisten von Kriminalromanen erleichtern es, bei der Fülle von Neuerscheinungen die Spreu vom Weizen zu trennen und die notwendige Auswahl für die eigenen Lektüre zu treffen. Solche Bestenlisten werden von überregionalen Tageszeitung (*Frankfurter Allgemeine Zeitung, Süddeutsche Zeitung, Die Welt*) und Wochenzeitungen (*Die Zeit, der Freitag*) angeboten. Zusätzlich werden in diesen Zeitungen und Zeitschriften Kritik-Kolumnen zum Kriminalroman, Extraseiten oder Beilagen veröffentlicht, die ebenfalls wichtige Neuerscheinungen vorstellen.

Krimi-Preise

Seit 1985 wird jährlich vom „Bochumer Krimi Archiv" der „Deutsche Krimi Preis" vergeben. Die Jury besteht aus Literaturwissenschaftlern, Kritikern und Buchhändlern. Ausgezeichnet werden jeweils drei Erstausgaben von deutschsprachigen Autoren und Autorinnen und drei Neuerscheinungen von Texten internationaler AutorInnen, die in deutscher Übersetzung veröffentlich wurden. Der Friedrich-Glauser-Preis wird seit 1987 jedes Jahr in mehreren Kategorien von der Autorenvereinigung deutschsprachiger Kriminalliteratur verliehen. Neben diesen beiden wichtigsten Preisen für Kriminalliteratur gibt es noch eine ganze Reihe weiterer, die jedoch nicht im gleichen Maße das Leseinteresse lenken und Autoren und Autorinnen auf dem literarischen Markt platzieren.

III. Theoretische Ansätze zur Analyse von Kriminalliteratur

1. Formalistische, semiotische und strukturalistische Theorieansätze

Die Eignung des Detektivromans für strukturelle Analysen

Der russische Formalist Vladimir Propp bescheinigte in einer 1928 veröffentlichten und in der Folgezeit enorm einflussreichen Studie einem bestimmten literarischen Zweig einen „Doppelcharakter", „denn seiner erstaunlichen Vielfalt an Formen und Bildern stehen eine nicht minder überraschende einheitliche Struktur und die ständige Wiederkehr bestimmter Elemente gegenüber" (1975 [1928], 26). Propp charakterisierte damit das russische Zaubermärchen, dem seine Arbeit *Morphologie des Märchens* galt, aber er hätte ebensogut den klassischen Detektivroman beschreiben können. Da der Kriminalroman, besonders die Untergattung Detektivroman, ähnlich wie Märchen, Mythen und Volkssagen, als eine stark von bestimmten Handlungs- und Figurenschemata und von „Regeln" bzw. Konventionen geleitete Gattung gilt, nahmen sich Formalisten und Strukturalisten seiner an, um am Beispiel des Detektivromans zu zeigen, wie literarische Texte überhaupt aufgebaut sind. Man untersuchte also wiederkehrende erzählerische Formeln, strukturelle Einheiten und deren Verknüpfungsregeln und versuchte daraus, ein übergeordnetes Schema zu entwickeln. Formalisten und Strukturalisten wie Viktor Šklovskij, Roland Barthes, Umberto Eco oder Tzvetan Todorov haben Texte von Arthur Conan Doyle und Ian Fleming analysiert und damit wichtige Beiträge zur strukturalen Narratologie geleistet.

Viktor Šklovskijs Strukturanalyse einer Sherlock Holmes-Geschichte

In seiner Strukturanalyse der Sherlock Holmes-Geschichten (1998 [1929], 142–153) hatte Viktor Šklovskij zunächst auf die Ähnlichkeit von Abenteuerroman und Detektivroman hingewiesen. In beiden spielen Geheimnisse eine große Rolle. Die Detektivgeschichte weist jedoch gegenüber dem Abenteuerroman eine „Umstellung der Chronologie" (142) auf, ist also durch die bereits diskutierte analytische Struktur gekennzeichnet. Šklovskij betont dann immer wieder, dass sich die Erzählungen von Conan Doyle stark ähneln, dass sie dieselben Erzählelemente verwenden, dass sie „gleichförmig" seien. Das „Grundschema" (152) dieser Geschichten bestehe aus einer festgelegten Abfolge: Der Klient legt Holmes ein Problem vor – die Indizien werden gesichtet – Holmes und Watson begeben sich zum Tatort – eine falsche Lösung wird angeboten – die richtige Lösung wird ermittelt – Analyse des Falles durch Holmes (153, hier verkürzt wiedergegeben). Šklovskij veranschaulicht seine strukturale Analyse am Beispiel der Erzählung „Das gefleckte Band" („The Speckled Band"). Am Ende seines Aufsatzes weist Šklovskij darauf hin, dass Arthur Conan Doyle dieses „Schema" nicht erfunden habe, es sei vielmehr „eine Konsequenz des Inhalts selbst" (153).

Die Romane Ian Flemings, Vorlagen für die enorm populären James Bond-Filme, wurden mehrfach zum Gegenstand vom Strukturanalysen gemacht.

Strukturale Analyse von James Bond-Romanen

Roland Barthes benutzte in seine Einführung in die strukturale Analyse von literarischen Texten (1988 [1966]) immer wieder Beispiele aus Ian Flemings *Goldfinger*, um die von ihm eingeführten Begriffe und Beschreibungsmodelle zu erläutern. Für die narratologische Analyse von Kriminalromanen noch wichtiger ist Umberto Ecos Arbeit „Die Erzählstrukturen bei Ian Fleming" (1998 [1964]). Nach Eco ist nicht nur die fiktionale Figur James Bond eine „Maschine", weil die Romane auf jegliche „Psychologie" verzichten und stattdessen „Charaktere und Situationen auf die Ebene einer objektiven und durchkalkulierten Strategie" verlagert werden. Auch die James Bond-Romane sind textuelle Maschinen, deren „Mechanismus" „mit recht simplen Einzelteilen" auskommen, die „durch strenge Kombinationsregeln" verknüpft werden. Ecos Strukturanalyse geht in drei Schritten vor. Zunächst identifiziert er eine Liste von vierzehn „archetypischen" (198) Gegensatzpaaren, in denen die Hauptfiguren und „Wertoppositionen" erfasst werden. Die vier einander entgegengesetzten Figurenpaare sind „Bond – M", „Bond – der Böse", „Der Böse – die Frau" und „Bond – die Frau". Unter den zehn Wertoppositionen findet man solche Gegensätze wie „Freie Welt – Sowjetunion", „Pflicht – Opfer", „Liebe – Tod" oder „Perversion – Unschuld" (183). Auf einer zweiten Ebene wird dann gezeigt, dass die Bond-Romane immer „Spielsituationen" etablieren, die sich als eine Reihe von „Schlüsselsituationen" verstehen lassen. Die Handlung wird dadurch zu einer „Partie" (191) zwischen Bond und seinem jeweiligen Gegenspieler. Man sieht hier deutlich die Ähnlichkeit zu Šklovskijs Strukturanalysen, allerdings fügt Eco noch eine dritte Analyseebene hinzu, indem er konstatiert, dass die Erzählstrukturen bei Fleming „unausweichlich" ideologische Positionen konnotieren und zwar einfach dadurch, das Inhalte in bestimmter Weise „erzählerisch strukturiert werden" (195). Eco findet in den Romanen Flemings die gleiche simple Teilung der Welt in Gut und Böse, wie sie auch in Märchen und Mythen vorherrscht. Er nennt diese Ideologie „manichäisch" und bescheinigt dem Autor Fleming, dass er nicht unbedingt jemand gewesen sei, der ein bestimmtes politisches Lager bevorzugt hätte oder einer bestimmten Weltanschauung den Vorzug geben wollte (was zur Zeit der Abfassung der Romane im Kalten Krieg ja durchaus nahegelegen hätte). Für Eco war Fleming vielmehr lediglich ein „Zyniker" (197), der zu seiner Zeit spannende Texte geschrieben hatte und dazu gehörte die Aufteilung der Welt in Gut und Böse und die Diskriminierung des Anderen (Juden, „Neger", Chinesen etc.).

Strukturale Analyse des Kriminalromans nach Tzvetan Todorow

Anhand einer strukturellen Analyse des klassischen Detektivromans oder des Rätselromans hat Tzvetan Todorow in einem zuerst 1966 erschienenen Aufsatz versucht, die verschiedenen „Arten" des Kriminalromans zu beschreiben (1998 [1966]). Der Rätselroman hat laut Todorov eine „Doppelstruktur", er besteht aus zwei Geschichten, der des Verbrechens und der seiner Untersuchung (209). Im Anschluss an die von den russischen Formalisten eingeführte Terminologie könne man die erstere auch „*Fabel*" nennen (was [ist] passiert) und die letztere „*Sujet*" (wie präsentiert der Erzähler die Fabel). Damit hätte man eine Unterscheidung getroffen, die „auf die zwei Aspekte jedes literarischen Werkes" angewendet werden kann (210). Während im Rätselroman die beiden Geschichten deutlich voneinander getrennt sind, werden sie in einer zweiten Art des Kriminalromans, dem „schwarzen" Roman, „fusioniert". Handlung und Erzählung fallen zusammen und das Geheimnis hat nur noch eine untergeordnete Funktion (212). Todorov konstatiert für diesen Typ des Kriminalromans (gemeint ist der Thriller) eine große Nähe zum Abenteuerroman, der dann in der Literaturgeschichte durch den Spionageroman abgelöst wird. Als dritte Möglichkeit verzeichnet Todorov dann noch eine Mischform, die er *„Spannungsroman"* nennt (214) und die zwei Varianten habe, die „Geschichte des verletzbaren Detektivs", die vor allem durch die Texte von Hammett und Chandler repräsentiert wird, und die „Geschichte des verdächtigen Detektivs", in der ein Verdächtiger selber die Ermittlerrolle übernehmen muss, um den wahren Schuldigen zu finden. Todorovs Analyse des Kriminalromans hat nahezu gleichzeitig mit Alewyns Essay (1998 [1968/1971]), aber stärker verankert in den Verfahren des Formalismus und des Strukturalismus, die strukturellen Besonderheiten der Gattung herausgearbeitet und wichtige Anregungen zu weiteren narratologischen Studien gegeben (vgl. Schulze-Wildenrath 1998 [1979]).

Der Detektivroman als semiotisches Problem

Die moderne Semiotik als die Lehre von den Zeichen ist seit ihren Anfängen bei Ferdinand de Saussure, Charles Sanders Peirce und Roman Jakobson eng mit dem Strukturalismus verknüpft gewesen. Da man die Detektion als „Kunst des Spurenlesens und Zeichendeutens" (Alewyn 1982 [1963], 350) bezeichnen kann, ist ein Detektivroman ein Arrangement von Zeichen (Indizien oder *clues*), die von der Ermittlerfigur (und von den Lesern) entziffert oder dechiffriert werden müssen. Isaak I. Revzin hat einen kurzen Essay „Zur semiotischen Analyse des Detektivromans am Beispiel der Romane Agatha Christies" (1998 [1964]) vorgelegt und in neuerer Zeit hat William S. Stowe in einem vergleichenden Aufsatz (1983) über die verschiedenen Methoden der Detektion bei Arthur Conan Doyle und bei Raymond Chandler darauf aufmerksam gemacht, dass der Detektiv bei seiner Interpretation von Zeichen (*clues*) anders vorgeht als in normaler Kommunikation. Ein Detektiv muss aus einer Masse von Material gerade die Zeichen dekodieren, die relevant sind; er darf sich nicht von den Zeichen (*false clues, red herrings*) täuschen lassen, die jemand sendet, der die Kommunikation verfälschen will (der Täter) (368). Für Stowe sind Holmes und Poes Dupin Semiotiker, die Zeichen (Daten oder Fakten) als Zeichen von anderen Daten oder Fakten lesen und dadurch ihre Fälle aufklären (370). Dagegen steht Chandlers Philip Marlowe als Beispiel für einen hermeneutisch vorgehenden Detektiv, der eher einem „Gadamerian interpreter" gleiche (378).

C.S. Peirce: Induktion, Deduktion, Abduktion

Die Vorgehensweise von Ermittlern aus der klassischen Detektivliteratur wie Dupin oder Sherlock Holmes wird oft, und auch von diesen Detektiven selbst, als „Deduktion" (aus lat. deductio = Abführen, Fortführen, Ableiten) bezeichnet. In der Logik bezeichnet man als Deduktion ein Verfahren, bei dem von allgemeinen Sätzen auf spezielle Fälle geschlossen wird. Es ist bereits öfter darauf hingewiesen worden, dass diese Bezeichung für die Charakterisierung der Methoden fiktionaler Detektive irreführend ist (Klein/Keller 1998 [1986]; Osterwalder 2011, 69–71). Was diese Detektive betreiben, lässt sich viel eher entweder als „Induktion" oder als „Abduktion" beschreiben. Die Begriffe Induktion, Deduktion und Abduktion sind von dem Semiotiker Charles Sanders Peirce (1839–1914) erläutert worden. Induktives Schließen liegt dann vor, wenn man von einer Reihe von einzelnen Daten auf eine allgemeine Regel schließt. Bei der Abduktion handelt es sich um das Formulieren einer vorläufigen Theorie oder einer Hypothese aus gegebenen Fakten. Diese Theorie kann wahr oder falsch sein, wichtig ist, dass mit ihr das gegebene Faktenmaterial in einen Zusammenhang gebracht wird, der weitere Hypothesenbildung erlaubt oder anregt. In einem 1983 von den Semiotikern Umberto Eco und Thomas A. Sebeok herausgegebenen Band mit dem Titel *The Sign of Three* beschäftigen sich die dort versammelten Aufsätze mit den Beziehungen zwischen „Dupin, Holmes, Peirce" (Untertitel). Der dort abgedruckte Beitrag von Nancy Harrowitz erläutert ausführlich die Unterschiede zwischen Induktion, Deduktion und Abduktion und verdeutlicht diese am Beispiel von Textstellen aus Poes Erzählungen (1983).

2. Gattungsgeschichtliche und gattungstheoretische Überlegungen

Gattungsgeschichte und Gattungstheorie des Kriminalromans sind mittlerweise gut dokumentiert (Vogt 1971, Žmegač 1971, Symons 1972, Suerbaum 1984, Leonhardt 1990, Vogt 1998, Knight 2004, Rzepka 2005). In Kapitel I wurden bereits die grundlegenden Merkmale der Gattung vorgestellt. Hier sollen nun einige Aspekte diskutiert werden, die die Genealogie des Kriminalromans und seine Stellung im Vergleich zu anderen literarischen Gattungen betreffen.

Der Detektivroman und die Poetik des Aristoteles

Der Detektivroman ist die einzige literarische Gattung, die noch im zwanzigsten Jahrhundert nach genau definierten Regeln strukturiert wird und auch inhaltlich bestimmten Konventionen folgt. Man hat deshalb argumentiert, dass es sich um eine „vormoderne" oder „aristotelische" Form handelt (Vogt 2008, 225; auch Neuhaus 1977, 266–267 und Hoffmann 2013, 18–23). Bereits Dorothy Sayers hatte versucht zu zeigen, dass Aristoteles in seiner *Poetik* prophetisch die wichtigsten Merkmale und Bauprinzipien einer „gute[n] Detektivgeschichte" beschrieben habe (1998 [1935/1951], 13). Man brauche bloß immer dann, wenn bei Aristoteles das Wort „Tragödie" stehe, die Bezeichnung „Detektivroman" einzufügen und schon habe man „eine [...] scharfsinnige, allumfassende und praktische Theorie der Detektivliteratur" (14). Sie geht dann die wichtigsten Elemente der *Poetik* durch und erläutert ihre Bedeutung für den Detektivroman: die Katharsis, die Anlage, Einheit und Art der Handlung, die Namen der Figuren, die Abwägung zwischen Wahrscheinlichkeit und bloßer Möglichkeit des Dargestellten, die Struktur (Peripetie oder Umschlag der Handlung, Entdeckung, Pathos), der Paralogismus (die falsche Schlussfolgerung, die „Kunst der Täuschung") und die Art der Charaktere.

Der Detektivroman und seine Nähe zur antiken Tragödie

Ähnlich wie Sayers argumentierte W. H. Auden in seinem Essay „Das verbrecherische Pfarrhaus" (1948). Im Gegensatz zu Sayers steht für den zur Zeit der Abfassung des Essays tief gläubigen Katholiken Auden die Frage nach der Schuld im Mittelpunkt des Interesses. Im Detektivroman wie in der antiken Tragödie wird die wahre Schuld zunächst verschleiert, tritt dann am Ende aber unweigerlich zu Tage. Die Wirkung des Detektivromans ist wie in der griechischen Tragödie kathartisch (so auch bei Alewyn 1982 [1963], 343). Darüber hinaus stellt auch Auden fest, dass es unübersehbare strukturelle Ähnlichkeiten gibt, denn beide Gattungen sind ähnlich aufgebaut und folgen den klassischen Einheiten von Ort, Zeit und Handlung. In einem vergleichenden Strukturschema, dessen eine Seite einem typischen Detektivroman des *golden age* entspricht und dessen andere Seite den Aufbau beispielsweise des *Oedipus Rex* von Sophokles wiedergeben könnte, hat Auden die Ähnlichkeit verdeutlicht (1971 [1948], 134).

Der traditionelle Detektivroman als Komödie

Gegen Auden und Edmund Wilson, die aufgrund der zentralen Thematik der Schuld im Detektivroman eine Nähe zur antiken griechischen Tragödie behauptet hatten, wurde argumentiert, dass der Detektivroman vielmehr als eine Fortsetzung der *comedy of manners* (Konversationsstück, Gesellschaftskomödie) zu verstehen sei (Grella 1980 [1976]). Die Argumentation hebt dabei besonders die Charakterisierung des Detektivs als Problemlöser hervor. In der Nachfolge von Prospero aus Shakespeares *Der Sturm* stehe seit Philip Trent aus E. C. Bentleys *Trent's Last Case* (1913) der *gentleman* und Amateurdetektiv als komischer Held. Nach diesem Muster entstehen dann andere Problemlöser wie Albert Campion (Margery Allingham), Roderick Alleyn (Ngaio Marsh) und besonders Lord Peter Wimsey (Dorothy Sayers). Ein zweiter Typ des detektivischen Problemlösers, dieses Mal nach dem Vorbild von Puck aus Shakespeares *Sommernachtstraum* und Ariel aus *Der Sturm* gestaltet, ist der Detektiv als „Elf" (93). Hierunter fallen Detektivfiguren, die auffallende körperliche Merkmale (geringe Körpergröße, ein eiförmiger Kopf) aufweisen, ein pompöses Auftreten an den Tag legen, durch Sprachmanierismen Fremdheit suggerieren oder eine gewisse Weltabgewandtheit aufweisen. Agatha Christies Hercule Poirot und Miss Marple sowie Chestertons Father Brown sind solche Figuren. Der dritte Typus der Problemlösers ist der Magier: Rex Stouts Nero Wolfe und John Dickson Carrs Sir Henry Merrivale und besonders Dr. Gideon Fell gehören in diese Kategorie. Das Ende des Detektivromans vereinigt wie in der Komödie das füreinander bestimmte Paar, das den wiederhergestellten Zustand der Ordnung symbolisiert (99). Eine andere Taxonomie von Detektivfiguren, die auf den drei mythischen Gestalten des vom Rest der Gesellschaft abgesonderten Aristokraten, des volkstümlichen Helden und des Clowns aufbaut, hat vergleichbare Ergebnisse geliefert (Laski 2000). Der Detektiv als Clownfigur wird hier ausdifferenziert in solche Typen wie den einfältigen Heiligen, den einfachen Mann, den naiven Trottel, den Analytiker, oder den Hanswurst.

Der *hard-boiled* Roman als „romance"

Der amerikanische *hard-boiled* Roman wurde als „the American romance thriller" (Grella 1980 [1970], 119), als späte Adaption der „romance" (nach Northrop Frye), der mittelalterlichen Suche nach dem Gral verstanden, in der der Kampf gegen das Böse – hier als Suche nach der Gerechtigkeit in einer korrupten Welt – im Mittelpunkt steht. Als Fortsetzung der Wildwest-Geschichte (nach James Fenimore Cooper) stand er stilistisch unter dem Einfluss von Hemingway und machte thematische Anleihen beim Naturalismus (105). Der *hard-boiled* Roman stellte freilich die Konventionen dieser Vorbilder und auch die des Detektivromans auf den Kopf: Der teilweise Sieg des Guten am Ende ändert nichts an der generellen Malaise (116). Der *hard-boiled* Krimi sei letztendlich keine realistische, sondern eine „romantische" Literaturgattung (118). Gerade das mache aber auch seinen Wert als Literatur aus (119): „at its best [...] it possesses the thoughtfulness and artfulness of serious literary work" (120).

In zwei enorm wichtigen, aber auch kontrovers diskutierten Aufsätzen hatte Richard Alewyn in den sechziger Jahren die Genealogie des Detektiv-

Der Detektivroman als späte Inkarnation der Romantik

romans untersucht (Alewyn 1982 [1963], Alewyn 1998 [1968/1971]; gegen Alewyn vor allem Gerber 1998 [1966], 81–82). Nach Alewyn ist der Detektivroman nicht, wie oft behauptet wird, ein Kind des aufklärerischen Denkens, des liberal-demokratischen Geistes und der im 19. Jahrhundert eine Führungsrolle übernehmenden Naturwissenschaften, sondern er geht aus der Romantik hervor. Alewyn versucht, diese Theorie an drei Merkmalen des Detektivromans festzumachen, an der Figur des Detektivs, der zentralen Stellung des Geheimnisses und am Effekt der Verfremdung, den der Detektivroman bei den Lesern hervorrufen soll. Die Ermittler des klassischen Detektivromans sind „Außenseiter",„Exzentriker" und „Bohemiens" (Alewyn 1982 [1963], 347). Solche Figuren seien von der Romantik „Künstler" genannt worden (358). Dieser in der Romantik gebräuchliche erweiterte Begriff vom Künstler, der nicht unbedingt wirklich Kunst produziert (viele Künstlerfiguren der Romantik tun dies gerade nicht), basiert auf der Fähigkeit bestimmter Menschen, unter der Oberfläche der Dinge, der alltäglichen Wirklichkeit, „die Spuren zu lesen und die Zeichen zu deuten [...], die den normalen Menschen unsichtbar oder unverständlich bleiben" (358–359). Zu diesen Menschen gehören das Fräulein von Scuderi bei E.T.A. Hoffmann, aber auch Poes Dupin und Conan Doyles Sherlock Holmes. Romantik und Detektivroman arbeiten beide nach einem Zweischichtenmodell der Wirklichkeit: Unter einer „trügerische[n] Oberfläche" der Alltäglichkeit existieren „Abgründe von Geheimnis und Gefahr" (357). Damit ist das zweite Stichwort gefallen. Nach Alewyn ist die „Gothic Novel", der Geheimnisroman (engl. *mystery*, frz. *mystère*) bzw. der Schauerroman des 18. Jahrhunderts als Vorläufer des Detektivromans zu sehen (Alewyn 1998 [1968/1971], 57). Alewyn zieht eine Entwicklungslinie vom Schauerroman über die Romantik bis zum Detektivroman. Die Detektiverzählungen von E.T.A. Hoffmann und E.A. Poe seien „eine Schrumpfform des Schauerromans" (Alewyn 1998 [1968/1971], 61), „Geheimnisse und ihre Aufklärung" sind „Thema und Schema des romantischen Romans in Deutschland", das Geheimnis „ist für die Romantik der Zustand der Welt" (Alewyn 1982 [1963], 355) und damit sei „die literarische Herkunft und die geistige Heimat des Detektivromans gesichert" (359). Der Detektivroman sei als „säkularisierter Abkömmling" des „Geheimnis- und Schauerroman[s] am Abend der Aufklärung" zu verstehen (Alewyn 1998 [1968/1971], 71). In ihm wird die vertraute Welt des Lesers verfremdet (67–69). Hier findet Alewyn auch einen Grund für die anhaltende Popularität des Detektivromans. Sein Erfolg liege gerade in dem „Bedürfnis nicht nach einer Bestätigung der trivialen Wirklichkeit, sondern nach ihrer Verfremdung [...]" (71).

Die Auflösung fester Gattungsgrenzen als Hauptmerkmal der gegenwärtigen Entwicklung

Wollte man die gegenwärige Entwicklung der Gattung Kriminalroman auf den Punkt bringen, so müsste man wohl die Auflösung von festen Gattungsgrenzen als Hauptkennzeichen anführen. Dies bezieht sich sowohl auf die Kombination von Strukturtypen und Elementen der einzelnen Untergattungen des Kriminalromans (vgl. Kap. I.5) als auch auf die Kombination mit anderen Romangattungen.

Der Detektivroman als „entfesselte" Gattung

Den Vorstellungen der russischen Formalisten über die Entwicklung literarischer Gattungen folgend hatte Ulrich Broich schon vor einiger Zeit die Evolution des Kriminalromans, „die Ablösung veralteter Formen durch neue Modelle, die Dialektik zwischen Konventionalisierung und Konventionsbruch,

Automatisierung und Verfremdung" hervorgehoben (1998 [1978], 108). Bezugnehmend auf Suerbaums These von „gefesselten Detektivroman", dem es aufgrund seiner gattungsspezifischen Vorgaben nicht gelingen kann, „realistisch und seriös" zu werden und der deshalb „eine der letzten respektablen Unterhaltungsgattungen" bleiben wird (1998 [1967], 95), besteht Broich darauf, dass der Detektivroman durchaus „entfesselt" werden kann und dass es auch genügend Beispiele dafür gibt. Er führt drei „Modelle" an, die zeigen, dass der Detektivroman die traditionellen Gattungskonventionen modifizieren kann: den psychologischen Detektivroman, den realistisch-sozialkritischen Detektivroman und den philosophischen Detektivroman (Broich 1998 [1978], 100). Als frühes Beispiel für den psychologischen Detektivroman führt Broich *Gaudy Night* (1935) von Dorothy Sayers mit seinen ausführlichen und differenzierten Charakterstudien an. Die Romane von John Bingham, Patricia Highsmith und von Boileau/Narcejac verwirklichen dann mit ihrer Technik des Perspektivwechsels von der Ermittlerfigur auf den Täter, das Opfer oder den Verdächtigen die Psychologisierung des Detektivromans (wobei man hier eigentlich vom Thriller sprechen müsste, vgl. Kap. I). Der Detektivroman wird nach Broich im amerikanischen *hard-boiled* und bei Autoren wie Georges Simenon, Nicolas Freeling, Chester Himes, Leonardo Sciascia und bei Sjöwall/Wahlöö um eine realistisch-sozialkritische Dimension erweitert. Die Kategorie des philosophischen Detektivromans umfasst Texte von Dürrenmatt und den französischen *roman nouveau*, da hier metafiktionale Reflexionen über die Gattung des Detektivromans in den Text eingefügt werden (vgl. dazu Kap. IV.7).

3. Psychoanalytische und sozialpsychologische Ansätze

Die Parallele zwischen Analytiker und Detektiv

Auf die Ähnlichkeit der Vorgehensweise von Detektiv und Analytiker ist oft hingewiesen worden. Der erste, der das tat, war Sigmund Freud, der als bekennender Fan der Sherlock Holmes-Geschichten wusste, wovon er sprach. In der zweiten der *Vorlesungen zur Einführung in die Psychoanalyse* (1915) wies er darauf hin, dass ein „Kriminalbeamter" sich genauso auf scheinbare „Kleinigkeiten" oder „Nichtigkeiten" konzentrieren muss wie ein Erforscher des Unbewussten (1982, 52). Dieser und andere über Freuds Werk verstreute Hinweise sind oft kommentiert worden (Brooks 1992 [1984], 270; Shepherd 1986 [1985]; Žižek 1991, 49–50). Man hat auch den Umstand hervorgehoben, dass die Detektivgeschichte (in ihrer ersten Popularisierung durch Arthur Conan Doyle) und die Psychoanalyse etwa zur gleichen Zeit entstanden sind (Howe 2008, 1–2). Fiktionale Gestaltungen einer Zusammenarbeit von Sigmund Freud und Sherlock Holmes erfreuen sich seit Nicholas Meyers Pastiche *The Seven Percent Solution* (1974, Verfilmung 1976) großer Beliebtheit.

„Fallgeschichten"

Auf die Tatsache, dass Freuds Fallgeschichten „strukturelle Ähnlichkeiten" mit den Sherlock Holmes-Geschichten aufweisen, ist ebenfalls hingewiesen worden (Yang 2010, 598). Ein Fall von Sherlock Holmes beginnt gewöhnlich damit, dass ein Klient in die Baker Street 221b kommt, um ihm eine Geschichte zu erzählen, deren Hintergründe der Detektiv dann aufrollen wird. Das entspricht strukturell dem Aufbau von Freuds Fallgeschichten, in denen ein Patient dem Analytiker seine Vorgeschichte erzählt, die dann von Freud in Hinsicht auf die Entstehung des Symptoms des Patienten analysiert wird. Was für den Klienten bei Holmes das Verbrechen ist, macht für den Patienten von Freud das Symptom aus.

Ähnlichkeiten und Unterschiede der Methoden

Auf die Tatsache, dass der Detektiv und der Analytiker jeweils Methoden verwenden, die sich stark ähneln, haben aus verschiedenen Blickwinkeln der Philosoph Ernst Bloch und der Soziologe Carlo Ginzburg hingewiesen. Für Bloch steckt Freuds „analytische Forschung […], voll detektivischer Wachsamkeit" und in der Psychoanalyse lese sich „mehreres" wie die „Traumdeutung" und die „Neuroseforschung durchaus wie Detektivgeschichte" (1998 [1960/1965, 44]). Bloch versteht den „Ödipusstoff" als „Urstoff des Detektorischen schlechthin" (46), eine Sicht, die Žižek bestätigt, wenn er vom Vatermord als Ur-Verbrechen und von Oedipus als Prototyp des Detektivs spricht (1991, 50). Carlo Ginzburg hat „die Analogie zwischen den Methoden von Morelli, Holmes und Freud" hervorgehoben (1998 [1979], 279) und leitet aus diesem Umstand die Entstehung eines „konjekturalen" oder „semiotischen" Paradigmas oder Modells ab, „das sich auf die Interpretation von Indizien stützte". Allerdings sollte man bei aller Begeisterung für solche Analog- und Ähnlichkeitsbeziehungen nicht vergessen, dass die Dinge komplizierter liegen als es auf den ersten Blick erscheint. Obwohl Freud in den frühen Texten öfter parallelisierende Vergleiche von psychoanalytischer Therapie und Detektion anstellt, unterscheiden sich beide auch. Wenn der Detektiv die Lösung, also die richtige Interpretation der Indizien, gefunden hat, ist der Fall zu Ende. Anders in der Psychoanalyse: Freud wendet sich später von der Vorstellung ab, die Psychoanalyse könne Symptome auflösen, indem einfach nur mysteriöse Ereignisse aus dem Vorleben der Patienten interpretiert und diesem vorgetragen werden. Das Resultat davon war einfach nur, dass die Patienten ständig neue Symptome produziert und so den Interpretationsprozess perpetuiert haben. Therapeutischer Erfolg stellte sich allerdings nicht ein. Freud und vor allem Lacan in seiner Nachfolge haben dann die Therapiemöglichkeiten der Psychoanalyse völlig anders konzipiert. Dieser historischen Weiterentwicklung der Psychoanalyse entspricht ein Wandel in der Gattungsgeschichte des Kriminalromans. Howe hat daran erinnert, dass der klassische Detektiv, der für alle Rätsel eine Lösung hat, durch den Privatdetektiv der *hard-boiled* Schule abgelöst wurde, der nicht die Ordnung wiederherstellen, sondern nur kleine Siege gegen die alles umfassende Korruption erringen kann. Das werde dann noch verstärkt im Anti-Detektivroman, bei dem am Ende nur noch eine allumfassende Paranoia herrsche (Howe 2008, 3).

Potential und Risiken einer psychoanalytischen Interpretation von Kriminalromanen

In einer Analyse von Raymond Chandlers *The Maltese Falcon* hat Alfred Lorenzer verdeutlicht, worin das Potential und die Risiken einer psychoanalytischen Interpretation von Kriminalgeschichten liegen (1998 [1981]). Lorenzer beginnt seine Untersuchung mit einer Kritik an der „angewandte[n] Psychoanalyse", die die Unterschiede zwischen Therapie und Textanalyse nicht berücksichtigt (398) und den daraus resultierenden „falsche[n] Gleichsetzungen" von literarischem Text und Mitteilungen eines Patienten. Er stellt dann die Frage, was denn überhaupt mit Hilfe der Psychoanalyse oder besser: mit den spezifischen Mitteln der Psychoanalyse analysiert wird. Ist es die Hauptfigur im Text oder der Autor? Lorenzer antwortet, dass das kritische und verändernde Potential der Psychoanalyse erst verwirklicht wird, wenn bei der Lektüre „die Besonderheit der *Prozesse im Verhältnis von Text und Leser*" angesprochen werden (413).

Das Seminar von Jacques Lacan über Poes „Der entwendete Brief"

Eine der bekanntesten, allerdings auch der schwierigsten psychoanalytischen Untersuchungen über eine Detektivgeschichte ist das Seminar von Jacques Lacan über Edgar Allan Poes „Der entwendete Brief" aus dem Jahr 1955 (Lacan 1986 [1966], 7–60). Lacan benutzt Poes Erzählung, um an ihr zu verdeutlichen, was er unter der „symbolischen Ordnung" und dem Spiel des Signifikanten (des titelgebenden Briefes) versteht. Damit umreißt er in Ansätzen den Begriff des Unbewussten, so wie er ihn verstanden wissen will. Lacans Text ist jedoch in erster Linie ein Kommentar zu Freuds Essay *Jenseits des Lustprinzips* (1920) und dem dort diskutierten Begriff des Wiederholungszwangs. Als Beispiel der Gattung Detektivgeschichte interessiert Poes Erzählung ihn nur am Rande. Die Figuren und ihre Beziehungen zueinander analysiert Lacan als Konstellationen oder Strukturen, die das Spiel des Signifikanten sichtbar werden lassen, nicht als handelnde Subjekte in einer Geschichte, die den Scharfsinn eines Detektivs zeigt.

Erste psychoanalytische Versuche zur Detektivgeschichte

Schon vor Lacan hatte sich Marie Bonaparte in ihrer 1934 veröffentlichten Biographie zu Edgar Allan Poe mit der Erzählung vom entwendeten Brief auseinandergesetzt. In ihrer Analyse von Poes Unbewusstem respräsentiert der Brief den fehlenden Penis der Mutter. Bonaparte kam es darauf an, über eine Interpretation der Texte eines Autors dessen Unbewusstes zu analysieren – ein äußerst fragwürdiges Unternehmen, da es die kategorialen Unterschiede zwischen einem literarischen Text und den Äußerungen eines Patienten in der Analyse nicht berücksichtigt. In einem einflussreichen kurzen Aufsatz hat Geraldine Pederson-Krag die Detektivgeschichte als Reproduktion der von Freud sogenannten „Urszene", also der Beobachtung des elterlichen Geschlechtsverkehr durch das Kind, interpretiert (1983 [1949]). Der Mord erscheint als „some secret wrongdoing between two people", der Detektiv übernimmt die Rolle des Kindes und die Detektion besteht in „a series of observations and occurrences". Nach dieser Lesart macht die Detektivgeschichte es möglich, die Urszene immer wieder zu reproduzieren, ohne das für den kindlichen Beobachter Bedrohliche und Unverständliche dieser Szene erleben zu müssen.

Der Kriminalroman als latenter Traumtext

Eine andere Möglichkeit, Detektivgeschichten psychoanalytisch zu lesen, besteht darin, Freuds Unterscheidung von manifestem und latentem Trauminhalt aus seinem frühen Hauptwerk *Die Traumdeutung* (1900) zugrunde zu legen. Der Tatort (so wie der Mörder ihn hinterlassen hat, um den Detektiv zu täuschen) und der wahre Sachverhalt des Verbrechens stehen im gleichen Verhältnis zueinander wie der manifeste und der latente Trauminhalt: Es ist Aufgabe des Detektivs (des Analytikers), die irreführenden Spuren (den Text des Traumes) so zu lesen (zu interpretieren), dass der wahre Täter (die Bedeutung des Traumes) identifiziert werden kann (Žižek 1991, 53–54).

Sozialpsychologische Untersuchungen

Sozialpsychologische Untersuchungen konzentrieren sich auf die möglichen Gründe für den enormen Erfolg des Kriminalromans bei den Lesern. Die typische Leserschaft des Detektivromans ist das Bildungsbürgertum gewesen (Nusser 2009, 171). Der klassische Detektivroman affirmierte die Werte der bürgerlichen Mittelschichten. Seine Figuren stammten aus diesem sozialen Milieu und verkörperten seine Mentalität. Die Leserschaft des Thrillers ist dagegen immer schon unbestimmter gewesen (Nusser 2009, 178). Ein wichtiger sozialpsychologischer Aspekt der Lust am Kriminalroman ist die Befriedigung von „Reizhunger". Darunter versteht Wellershoff die zeitweise Verunsicherung von Lesern, die in einer saturierten Welt in Sicherheit leben (1998 [1973], 499). Ähnlich hat das Alewyn gesehen, der die zeitweise Verfremdung der behaglichen bürgerlichen Welt als wichtiges Merkmal des Detektivromans hervorhebt (1998 [1968/1971], 69).

Die Lust am Kriminalroman

Nach Žižek agiert der Mörder in einem Kriminalroman aus, was alle (die übrigen Verdächtigen *und die Leser*!) immer schon wollten, nämlich ihren Trieben (nach Lacan: „dem Begehren") freien Lauf zu lassen, d.h. einen Mord zu begehen. Der Mord steht in einer metaphorischen oder in einer Austauschbeziehung zum Ausleben des Lustprinzips. Durch die Lösung des Falles wird die Schuld auf *eine* Person konzentriert und von allen anderen abgewendet. Der Täter wird zum Sündenbock und entlastet uns alle. Mehr noch: Wir waren Zeugen des Auslebens der Triebe und wurden dafür nicht bestraft. Daraus entsteht ein enormer Lustgewinn (1991, 59). Eine Typologie der verschiedenen Arten des Lustgewinns beim Lesen von Detektivliteratur hat Raskin 1992 [1983] zusammengestellt. Er unterscheidet vier Hauptkategorien (mit jeweils einer ganzen Reihe von verschiedenen Möglichkeiten): Die erste Kategorie bildet der Lustgewinn durch Spiel, wobei u.a. der Leser als Spieler oder der Autor als Spieler mit den Regeln (der Gattung) auftritt. Die zweite wichtige Art des Lustgewinns ist die der Wunscherfüllung, die durch die Identifikation mit dem Mörder, mit dem Detektiv und auf masochistische Art sogar mit dem Opfer stattfinden kann. Lustgewinn beim Lesen von Detektivliteratur kann außerdem durch den Abbau von Spannungen (Reduzierung von Schuld- und Angstgefühlen, Projektion von Schuld auf den Mörder, Flucht in eine Scheinwelt [nur im klassischen Detektivroman], Reduzierung von Angstgefühlen, die durch sozialen Wandel ausgelöst werden usw.) erreicht werden. Schließlich können Detektivromane Funktionen der Orientierungshilfe (kognitiver, wertender oder normativer Art) haben, die ebenfalls zu einer lustvollen Lektüre beitragen.

4. Sozialhistorische und ideologiekritische Studien

Sozialer Wandel im 19. Jahrhundert als Hintergrund für die Entstehung der klassischen Detektivliteratur

Die Entstehung des Kriminalromans in England im 19. Jahrhundert und das Auftreten fiktionaler Detektive wird als Resultat von Ängsten der Mittel- und Oberschichten vor Urbanisierung, Industrialisierung und vor den wachsenden Ansprüchen der Arbeiterklasse gesehen. Der soziale Wandel wird verantwortlich gemacht für die wachsende Kriminalität. Die unteren Schichten werden kurzerhand als „the criminal classes" abqualifiziert und als für das Verbrechen prädestiniert angesehen. Der klassische Detektiv verkörpert ein Wunschbild des sich einer neuen Bedrohung ausgesetzt sehenden Bürgertums als Vertreter seiner Wertvorstellungen und als Beschützer seines materiellen Besitzes.

Änderungen im Rechtswesen und neue Methode der Wahrheitsfindung

Bereits im späten 18. Jahrhundert war man sich über die Unzuverlässigkeit der alten Methoden zur Wahrheitsfindung in Gerichtsprozessen klar geworden. Diese Methoden bestanden im wesentlichen in der Anwendung der Folter und dem Wahrheitsbeweis durch das Geständnis. Besonders die Unverhältnismäßigkeit der Todesstrafe, die auch für geringe Delikte verhängt wurde, führte dazu, dass dann in den europäischen Staaten im neunzehnten Jahrhundert die Strafprozessform reformiert wurde. Der Sachbeweis durch Indizien und die Entwicklung wissenschaftlicher Methoden der Spurensicherung ersetzten die älteren Verfahren der Wahrheitsfindung. Der Indizienbeweis machte einen Prozess der Detektion und einen auf die Durchführung dieser Methode spezialisierten Ermittler notwendig, was zur Einrichtung staatlicher Polizeiapparate und zur Einführung wissenschaftlicher Methoden zur Identifizierung von Straftätern und zum Einsatz neuer technologischer Mittel zur Identifizierung und Archivierung von Kriminellen führte. 1829 wurde in London von Sir Robert Peel die *Metropolitan Police* eingeführt, die nach der Straße ihres Amtssitzes bald nur noch „Scotland Yard" genannt wurde und die dann 1843 mit dem *Criminal Investigation Department (CID)* ihre eigene Detektivabteilung bekam. Bereits 1809 hatte François Vidocq in Paris die *Brigade de Sûreté* gegründet und in Preußen wurden 1822 die ersten Kriminalkommissare ernannt. Die wissenschaftliche Kriminalistik begann mit der Einführung der Anthropometrie, d. h. der Vermessung des Körpers durch Alphonse Bertillon (1853–1914) zur Identifizierung von Straftätern, die dann nach der Jahrhundertwende durch das verlässlichere Verfahren der Daktyloskopie, also die Abnahme von Fingerabdrücken, ersetzt wurde. Die Professionalisierung des Detektivs und die Absicherung der Wahrheitsfindung durch wissenschaftliche Methoden haben wesentlich dazu beigetragen, dass im allgemeinen Bewusstsein sich ein positives Bild des staatlichen Ermittlers durchsetzen und dass der Detektiv in fiktionalen Texten als Identifikationsfigur eingesetzt werden konnte.

Neuere sozialgeschichtliche und interdisziplinäre Forschungen zur Kriminalliteratur

Exemplarisch für die sozialgeschichtliche Forschung zur Kriminalliteratur seit den siebziger Jahren war der von Jörg Schönert 1983 herausgegebene Tagungsband *Literatur und Kriminalität* und die Folgebände *Erzählte Kriminalität* (Schönert 1991) und *Verbrechen – Justiz – Medien* (Linder/Ort 1999). Hier wurde ein interdisziplinärer Ansatz, der Literaturwissenschaftler, Juristen, Soziologen und Historiker zusammenbrachte, verfolgt. Es gehörte zu den erklärten Zielen dieses Ansatzes, besonders Texte in den Blick zu nehmen, die nicht in die als klassisch erachtete Entwicklungslinie des Detektivromans von Poe über Gaboriau zu Conan Doyle und weiter einzuordnen sind, sondern die zum „umfangreichen Komplex der ‚paraliterarischen Texte', der Memoiren, Biographien, Falldarstellungen und anderes mehr" (Schönert 1983, 2) gehören und eine andere Sichtweise auf das Phänomen „Kriminalität" eröffnen. Man darf nämlich nicht übersehen, dass die erwähnte literarische Entwicklungslinie eine hochartifizielle Perspektive auf das komplexe Gebiet Kriminalität darstellt, die weder mit der strafrechtlich relevanten Wirklichkeit noch mit den persönlichen Erfahrungen der meisten Leser viel gemein hat.

Die Wiederherstellung der Ordnung als Beispiel für das Problem der Ideologiekritik im Detektivroman

Der Zusammenhang von Form und Ideologie im Detektivroman ist häufig kommentiert worden. Dabei wird der Gattung eine ästhetisch grundlegend konservative und eine gesellschaftlich affirmative Haltung bescheinigt: „Der literarische Konservativismus des Detektivromans, ein poetologischer Status quo, reproduziert den gesellschaftlichen" (Žmegač 1971a, 28). Nach W. H. Auden ist der Detektivroman „die konservativste, ja die reaktionärste aller literarischen Gattungen" und zwar weil er die Ordnung, den „Status quo ante, samt seiner idyllischen Klassengegensätze und seiner beruhigend partriarchalischen Strukturen" am Ende wiederherstellt (Keitel 1998, 88). Dagegen hatte Alewyn argumentiert, dass eine solche Wiederherstellung der Ordnung gar nicht stattfindet, denn der Detektivroman sei „das Gleichnis der Zerstörung einer heilen Welt" (Alewyn 1998 [1968/1971], 67). Weil im Laufe der Ermittlung des Hauptverbrechens auch alle „sekundären Geheimnisse" (Alewyn 1998 [1968/1971], 63–67), also alles, was auch die am Mord nicht unmittelbar Schuldigen zu verbergen haben, offengelegt werden, bleiben die Figuren des Detektivromans am Ende verunsichert, voneinander entfremdet und illusionslos zurück.

Der Kriminalroman und die Frage nach der Ideologiekritik

Auf der einen Seite steht die Behauptung, der Detektivroman sei schon von seiner Anlage her konservativ. Von feministischer Seite wurde dementsprechend „the genre's fundamental conservatism" (Reddy 1988, 2) festgestellt. Andererseits gibt es die einen sozialkritischen Realismus für sich in Anspruch nehmende *hard-boiled* Schule und die sozialkritischen Kriminalromane Simenons, Dürrenmatts, Sjöwall/Wahlöös und ihrer Nachfolger (der deutsche Sozio-Krimi, Mankell). Nicht zuletzt tritt der Frauenkrimi als Untergattung auf, in der ideologische (hier: patriarchalische) Grundannahmen hinterfragt werden (vgl. Kap. IV.9) und auch im Minderheiten-Krimi geht es vorrangig um die Kritik an Rassismus und Unterdrückung (vgl. Kap. IV.8).

Ideologiekritische Ansätze

Bei ideologiekritischen Ansätzen zur Erforschung des Kriminalromans gibt es eine breite Skala von methodischer Ausdifferenzierung. Eher vulgärmarxistisch geht es bei Ernst Kaemmel und noch bei Ernest Mandel (1984) zu. Kaemmel hatte in der in der DDR erscheinenden Zeitschrift *Neue Deutsche Literatur* 1962 dekretiert: „Der Detektivroman ist ein Kind des Kapitalismus" (1971 [1962], 517). Demgegenüber argumentiert eine anspruchsvolle Ideologiekritik mit Verweisen auf die Kritische Theorie, die Psychoanalyse und sozial-psychologische Methoden, wie Günter Waldmann das tat, als er feststellte: „Der Kriminalroman ist ein problematisches, vielleicht gefährliches Produkt unserer Bewusstseins-Industrie" (Waldmann 1971, 210). Vor allem Studien aus den siebziger und achtziger Jahren haben die der Form des Kriminalromans inhärenten ideologischen Dimensionen zum Gegenstand kritischer Diskussionen gemacht. Stephen Knight geht davon aus, dass Kriminalliteratur „immanent social ideologies" hat und dass diese Ideologien sowohl dem Inhalt als auch der Form inhärent sind (Knight 1980, 2). Für ihn gilt: „form is crucial" für eine Analyse der ideologischen Implikationen eines Textes (4). Ähnliche Argumentationsweisen finden sich in anderen Studien zur Form und Ideologie des Kriminalromans aus den achtziger Jahren (Porter 1981, Miller 1988).

Beispiele für Analysen von Form und Ideologie des Kriminalromans: Gaboriau

Wie ideologiekritische Formanalysen des Kriminalromans vorgehen, soll kurz an drei Beispielen gezeigt werden. In seiner Studie *Formen und Ideologien des Kriminalromans* krisierte Ulrich Schulz-Buschhaus Émile Gaboriaus Romane als Trivialromane, die zwar „die zersetzten Residuen aristokratischer Herrschaft" denunzieren, aber nur, um desto eindringlicher die Tugenden des aufstrebenden großbürgerlichen Geschäftssinnes zu feiern. Der Feuilletonroman Gaboriauscher Prägung ist für Schulz-Buschhaus in Form und Inhalt Ausdruck der Vorherrschaft des Marktes und die ideologische Funktion von Gaboriaus Kritik besteht darin, die Ansprüche des Bürgertums gegenüber obsolet gewordenen Ansprüchen der Aristokratie durchzusetzen:

„Indem sie emphatisch verschmäht, was ohnehin vergangen ist, trägt sie als Kritik des historisch Überholten zur Affirmation, ja Glorifizierung des Bestehenden bei“ (Schulz-Buschhaus 1975, 41). Als zweites Beispiel sei auf eine Analyse verwiesen, in der die Ähnlichkeit von Sprache und die ihr zugrunde liegende Ideologie beim *hard-boiled* Krimi und in den Texten der von Klaus Theweleit analysierten „soldatischen Männer“ der deutschen Freicorps festgestellt wird (Ogden 1992, 80–84). Ähnlich wie in den von Theweleit analysierten Texten der „soldatischen Männer“ (Theweleit 1980 [1977]) werde auch in den Romanen der *hard-boiled* Schule die Zerstörung des Körpers des als Bedrohung wahrgenommenen Anderen gefeiert, sei es der Körper der Frau, die Körper der proletarischen Massen oder der Körper des Angehörigen einer Minderheit. Die Phantasie der „Roten Hure“ bei den Freicorpssoldaten entspräche der Vorstellung der *femme fatale*, der zerstörerischen Frau bei den Autoren des *hard-boiled* Romans. Die bei den soldatischen Männern verbreitete Phantasie von der Verhärtung des eigenen Körpers als Schutzmechanismus findet sich nicht nur bereits in der Bezeichnung des *hard-boiled* Helden vor, sondern wird von diesem auch immer wieder dadurch zelebriert, dass sie von ihren Gegnern zusammengeschlagen werden, aus diesen Konfrontationen aber jedes Mal scheinbar ohne bleibende Schäden hervorgehen und das Ganze mit einem *wisecrack*, einer bissigen Bemerkung, abhaken. Als Ergebnis dieser Analyse wird festgehalten, dass die Kriminalromane der *hard-boiled* Schule weniger eine romantische Vorstellung des „Ich gegen den Rest der Welt“ als vielmehr ein faschistisches Gemeinschaftserlebnis der Art „Wir gegen die anderen“ erzeugen. Das dritte Beispiel betrifft Georges Simenons Maigret-Romane der dreißiger Jahre, die als Darstellung der sozioökonomischen Veränderungen im Frankreich der Zwischenkriegszeit und der Weise, wie sich dieser Wandel auf die Situation des Kleinbürgertums ausgewirkt hat, interpretiert wurden. Durch die Konzentration auf das Problem der prekärer werdenden Klassenzugehörigkeiten seien die Maigret-Romane dieser Zeit zur Inspiration für spätere AutorInnen geworden: Nach dem Vorbild Simenons hätten Sjöwall/Wahlöö das sozialdemokratisch regierte Schweden der siebziger Jahre in den Blick genommen, Carlo Fruttero und Franco Lucentini hätten 1973 einen Querschnitt der Gesellschaft im italienischen Turin angelegt, Manuel Vásquez Montalbán hat das Barcelona der späten siebziger Jahre untersucht, Ian Rankin hat eine Sozialgeschichte Schottlands am Ende des zwanzigsten Jahrhunderts geschrieben und Jean-Claude Izzo hat auf ähnliche Weise Marseille dargestellt (Alder 2011, 56).

Zweites Beispiel: Der *hard-boiled* Krimi

Drittes Beispiel: Simenon

5. Postkoloniale Interpretationen und Minderheitenforschung

Postkolonialismus

Postkolonialismus wird definiert als die Bestrebungen ehemals kolonisierter einheimischer Völker und unterdrückter Bevölkerungsschichten, die nach dem Erringen der politischen Unabhängigkeit erreichte Selbständigkeit auch auf kulturellem und mentalitätsgeschichtlichem Gebiet durchzusetzen und die in diesen Bereichen weiter wirksamen Bevormundungen, Konventionen und Verhaltensmuster abzulegen. Zu den unterdrückten Bevölkerungsgruppen gehören also sowohl die Einheimischen von kolonialisierten Ländern in

Afrika, Südamerika oder Indien, als auch ethnische Minderheiten in den ehemaligen Siedlerkolonien USA oder Australien. Besonders die Arbeiten von Schriftstellern und Theoretikern, die den Postkolonialismus gefördert und verbreitet haben, sind für eine Betrachtung von postkolonialen Kriminalromanen und von Autoren und Autorinnen, die bestimmten Minderheiten angehören, von Bedeutung, weshalb auf einige dieser Arbeiten weiter unten kurz eingegangen wird.

Der postkoloniale Kriminalroman

Die Beziehung von Kolonialismus und Kriminalität bildet den Ausgangspunkt für eine Betrachtung postkolonialer Kriminalliteratur. In der Vorstellung der Kolonialisatoren sind die Kolonisierten immer schon kriminell. Kriminalität gilt als Merkmal kolonialisierter Völker und die Justiz und das Strafwesen werden als Mittel eingesetzt, um kolonialisierte Völker zu disziplinieren und zu kontrollieren (Matzke/Mühleisen 2006, 4). Postkoloniale Kriminalromane sind Kriminalromane, die dieses Vorstellungsmuster bekämpfen und die Ursachen von Kriminalität statt in stereotyp vorausgesetzten Mentalitätsmustern in konkreten sozialen und ökonomischen Ursachen erkennbar machen. Diese Ursachen sind oft Folge weiterbestehender kolonialer Machtstrukturen oder neokolonialer Ausbeutung.

Postkoloniale Kriminalromane als hybride Gattung

Ein grundsätzliches Problem für jeden postkolonialen Autor von Kriminalromanen besteht darin, dass die Konventionen der Gattung in Ländern des westlichen Sprach- und Kulturraums, die gleichzeitig zu den wichtigsten Kolonialmächten gehörten, entwickelt wurden, also hauptsächlich in Großbritannien und den USA. Übernimmt man einfach diese Gattungskonventionen, liefert man sich den ideologischen und mentalitätsgeschichtlichen Meistererzählungen der Kolonialherren aus. Wollten die Autoren diese Konventionen aber mißachten, würde man als westlicher Leser den Text nicht mehr als Kriminalroman erkennen können und deshalb auch nicht so rezipieren. Postkoloniale Kriminalromane sind also immer hybride Texte (Christian 2001, 5–6).

Allgemeine Fragestellungen bei der Analyse postkolonialer Kriminalromane

In der Kriminalliteratur werden oft die ersten Reaktionen auf neue soziale und kulturelle Konstellationen formuliert, die durch den Kolonialismus und seine Nachgeschichte erzeugt werden (Knight 2006, 25). Daraus ergeben sich eine Reihe von Fragestellungen für die Analyse postkolonialer Kriminalromane: Wie wird die Lage der (ehemals) Kolonialisierten im Medium des Kriminalromans aus der Sicht der Betroffenen reflektiert? Findet eine Verschiebung der Schwerpunktbildung und des Interesses im Kriminalroman von der Detektion individueller Verbrechen hin zu einer sozialen und politischen Enquete statt? Welche Erzählverfahren werden dazu verwendet? Werden durch das Schreiben von AutorInnen, die Minderheiten angehören, die Gattungskonventionen des Kriminalromams verändert oder weiterentwickelt? (Matzke/Mühleisen 2006, 8). Müssen die AutorInnen von postkolonialer Detektivliteratur selber aus den ehemaligen Kolonien stammen und zu den ehemals unterdrückten einheimischen Bewohnern gehören, damit es sich um authentische postkoloniale Literatur handelt? Dies ist eine Frage, die oft in Bezug auf die Texte von Tony Hillerman gestellt wird, dessen Romane mit den Navojo-Detektiven Joe Leaphorn und Jim Chee zwar eine tiefgehende Kenntnis der Kultur und Tradition der Navajo erkennen lassen, der aber selber als Weißer nicht dieser ethnischen Gruppe entstammt. Dieselbe Frage wird auch bei Alexander McCall Smith gestellt, dessen Detektivromane mit der „The No. 1 Ladies' Detective Agency" und Precious Ramotswe als Protagonistin zwar sehr populär sind, der aber bestimmte Aspekte der afrikanischen Kultur (Ritualmorde) auf verharmlosende und glättende Weise darstellt (Bettinger 2006). Und schließlich: Sind postkoloniale Ermittlerfiguren literarische Mittel sozialer und politischer Kritik oder dienen sie lediglich dazu, dem Kriminalroman ein exotisches Flair zu verleihen, wie es nicht viel anders in kolonialistischer Literatur der Fall war (Matzke, Mühleisen 2006, 7)? Sind solche fiktionalen Detektive und ihre Abenteuer „[m]ehr als Mystifikation und exotische Kulisse"? Die Frage danach, „inwiefern die *Verbindung von interkulturellen-interreligiösen Erzählelementen mit der Krimihandlung und dessen Plot* gelungen ist" (Gellner 2012, 140) stellt sich bei der Betrachtung von postkolonialen Kriminalromanen also immer wieder neu.

Wichtige Theoretiker des Postkolonialimus

Hilfe bei der Formulierung solcher Fragen und bei der Analyse der Texte bieten Theorien des Postkolonialismus, die zum Teil schon vor einiger Zeit entwickelt worden sind. Von den wichtigsten Theoretikern des Postkolonialismus, zu denen Edward Said, Gayatri Chakravorty Spivak oder Homi K. Bhabha gehören, hat besonders der letztgenannte eine Reihe von Begriffen entwickelt, die für die Interpretation von Kriminalromanen fruchtbar gemacht werden können.

„Liminality" oder Grenzgängertum

Den in der Anthropologie und auch im allgemeinen englischen Sprachgebrauch vorkommenden Begriff der „liminality" versteht Bhabhja als eine Subjektposition, die an einem Ort gelegen ist, der durch das Aufeinandertreffen zweier Grenzbereiche etabliert wird (1994, 4). Man könnte argumentieren, dass der postkoloniale Detektiv diesen Ort verkörpert, denn er hat einerseits die Macht, andere zu unterdrücken, weil er Vertreter der staatlichen Autorität ist. Er kann daher Mitglieder seiner eigenen Kultur sozusagen re-kolonialisieren. Er kann aber auch seine Machtposition benutzen, um diesen Tendenzen zu widerstehen, um Widerstand gegen alte koloniale Mentalitätsmuster oder neokolonialistisches Verhalten zu leisten.

„Mimicry" oder die Anpassung des Kolonialisierten an den Aggressor

Unter „Mimicry" versteht Bhabha die Tendenz des kolonialen Diskurses, die Fremdheit des Kolonialisierten, die Andersheit des Fremden zumindest zum Teil zu negieren, ihn unter bekannten Kategorien einzuordnen und somit verstehbar und beherrschbar zu machen (1994, 86). Übertragen auf den postkolonialen Kriminalroman, besonders wenn es sich um Texte von weißen Autoren handelt, kann man diese Diskursstrategie zum Beispiel darin sehen, dass postkoloniale Detektive westliche Vorbilder nachahmen oder von ihnen zu lernen versuchen. Das ist der Fall bei McCall Smiths Mma Ramotswe, die das Buch eines englischen Autors über Detektivmethoden gleichsam zur Bibel ihres Berufs als Detektivin macht oder auch bei H.R.F. Keatings Inspector Ghote, der sich als Schüler des berühmten Kriminalisten Hans Gross (1847–1915) begreift. Es kommt hier wohlgemerkt nicht so sehr darauf an, dass die postkolonialen Detektive danach streben, die Ermittlungsverfahren der Kolonialherren zu übernehmen, sondern darauf, dass durch diese Anpassung an die Methoden der früheren Herrscher die Fremdheit der ehemals Kolonialisierten relativiert wird.

Hybridität („hybridity")

Hybridität ist nach Bhabha ein unvermeidliches Resultat der Begegnung der Kulturen der ehemals Kolonisierten und der Kolonialherren. Diese Begegnung bewirkt trotz aller Konflikte ein gegenseitiges Kennenlernen und auch eine gegenseitige Angleichung, die Übernahme von Eigenschaften des jeweils anderen und letztlich eine Ausbalancierung von Machtstrukturen. Solange man sich bewusst bleibt, dass dieses optimistische Verständnis von Hybridität nicht unumstritten ist, kann es für die Analyse postkolonialer Kriminalromane fruchtbar gemacht werden. Danach wäre der postkoloniale Detektiv ein Ort von Hybridität. Er wendet westliche Ermittlungsverfahren an, ist aber gleichzeitig in der Tradition seiner Kultur verankert. Daraus ergeben sich einerseits immer wieder Spannungen, andererseits kann er gerade aufgrund seiner Position zwischen den Kulturen Fälle lösen, die kein anderer Detektiv lösen könnte. Im postkolonialen Detektiv vermischen sich westliche Ermittlungsverfahren und einheimisches kulturelles Wissen.

Was ist ein postkolonialer Detektiv?

Inspector Ghote ermittelt in den Romanen H.R.F. Keatings in seiner Heimat Indien und muss sich mit den Regeln des Kastensystems und den Überbleibseln der englischen Kolonialherrschaft und den weiterwirkenden Machtstrukturen in den Institutionen und den Denkweisen seiner Heimat herumschlagen. Sergeant Mickey Zondi, ein Angehöriger des Bantu-Stammes und Partner des weißen Leutnants Tromp Kramer, ermittelt im Südafrika des Appartheit-Regimes bei James McClure. Zondi ist in den Augen der Weißen nur ein Mensch zweiter Klasse aber er ist es, der aufgrund seines Wissens um die Kultur und Traditionen der schwarzen Mehrheit immer wieder entscheidend zur Lösung der Fälle beiträgt. Arthur Upfields Ermittler Napoleon Bonaparte, der seinen ersten Fall bereits 1929 löste, ist halb Weißer und halb australischer Aborigine. Auch er wird aufgrund seiner Herkunft und seiner Hautfarbe diskriminiert, aber auch er kann aufgrund seiner Wurzeln in der einheimischen Kultur Fälle lösen, die sonst vielleicht niemand hätte durchschauen können. Dies sind lediglich drei Beispiele für einen ständig größer werdenden Kreis von postkolonialen Ermittlerfiguren. Nach Ed Christian sind postkoloniale Detektive einheimisch oder leben in dem Land, in dem sie arbeiten. Sie werden auf die eine oder andere Art unterdrückt oder benachteiligt und dies beeinträchtigt ihre Ermittlungen. Sie sind immer zentrale Figuren und Sympathieträger und sie vermitteln das Interesse ihrer AutorInnen daran zu erkunden, wie ihr kultureller Hintergrund die Art und Weise ihrer Ermittlungen beeinflusst (2001, 2). Der postkoloniale Detektiv ist ein unabgeschlossenes Projekt (13). Weit davon entfernt, die Unterschiede und Widersprüche bei der Begegnung der Kulturen von Kolonialisiertem und Kolonialisierer überwunden bzw. gelöst zu haben, arbeitet er sich daran ab, sich immer wieder neu an die sich ändernden Umstände anzupassen.

Fragestellungen und Interpretationsansätze in Hinsicht auf postkoloniale Detektive

Aus diesem Merkmalskatalog des postkolonialen Detektivs ergeben sich eine Reihe von Fragen und Interpretationsansätzen für die Arbeit mit Kriminalromanen (Christian 2001, 3; Christian 2010, 284). Zunächst geht es um den Kontext, in dem der Detektiv arbeitet: Auf welche Schwierigkeiten stößt er, wenn er in einer korrupten oder politisch unstabilen Gesellschaft ermittelt und Gerechtigkeit sucht? Wie werden dadurch die Konventionen des Detektivromans modifiziert? Welche Hindernisse werden der Ermittlung von rassistischen Regimes oder korrupten Polizisten oder Politikern in den Weg gelegt? Zweitens kann man fragen, wie die Detektive ihr Wissen von der eigenen Kultur mit westlichen Methoden der Detektion kombinieren, wenn es um Verbrechen geht, deren Motive aus der lokalen Kultur kommen. Ermitteln diese Detektive anders als es die Gattungskonventionen erwarten lassen? Wie beziehen solche Detektive Klassenstrukturen und ethnische Zugehörigkeiten in ihre Arbeit ein? Wie gehen Sie mit den indigenen Menschen um und inwiefern unterscheidet sich diese Umgehensweise davon, wie die staatlichen Autoritäten mit ihnen umgehen? Drittens kann man postkoloniale Detektive als Figuren analysieren, die Schwierigkeiten dabei haben sich als Autoritätspersonen zu etablieren, den allgegenwärtigen Rassismus zu bekämpfen und als Ermittler ernst genommen zu werden. Wie können sich diese Detektive gegen den Rassismus ihrer Umwelt durchsetzen? Werden sie von Kollegen, Klienten und den Vertretern der staatlichen Macht ernst genommen? Schließlich kann man die Situation des postkolonialen Autors oder der Autorin von Kriminalromanen betrachten und ihren Kampf darum, gehört und gelesen zu werden. Wie versuchen die AutorInnen, sich sowohl in ihren eigenen Ländern als auch international durchzusetzen und wie werden sie möglicherweise aufgrund ihrer Herkunft und der Handlungsorte ihrer Kriminalromane benachteiligt? Welche Art von Detektiv verwenden sie und inwiefern werden die Gattungskonventionen des angloamerikanischen Kriminalromans ihnen aufgezwungen, so dass sich in ihrem Schreiben eine Art von Re-Kolonialisierung manifestiert?

6. Feministische und gendertheoretische Ansätze

Der Krimimalroman als eine von Männern dominierte Literaturgattung

Aus feministischer Sicht war der Kriminalroman seit seinen Anfängen eine männlich dominierte Literaturgattung, obwohl Frauen als Autorinnen und auch als Protagonistinnen im detektivischen Erzählen immer eine nicht zu unterschätzende Rolle gespielt haben. Es dauerte allerdings bis in die siebziger Jahre des zwanzigsten Jahrhunderts, bis genuin feministische Sichtweisen und Wertvorstellungen sich im Kriminalroman artikulieren konnten. Autorinnen von Kriminalromanen und weibliche Hauptfiguren im detektivischen Erzählen des 19. und frühen 20. Jahrhunderts bewegten sich immer in einer von Männern beherrschten Umwelt. Gerade weil der Kriminalroman von Beginn an eine von männlichem Denken beherrschte und männliche Ideale progagierende Gattung war, bot er sich dafür an, aus feministischer Sicht kritisiert und parodiert zu werden. Ersteres geschieht in der feministischen Literatur- und Kulturwissenschaft, letzteres im Frauenkrimi (vgl. dazu Kap. IV.9).

Die Frage nach der Kompatibilität von Feminismus und Kriminalroman

Ist eine derart von männlichen Denkweisen geprägte Gattung wie der Kriminalroman überhaupt dazu geeignet, feministische Sichtweisen darzustellen? Kann es feministische Kriminalromane geben? Diese Frage ist aus feministischer Sicht unterschiedlich beantwortet worden. Skeptische Einschätzungen wie die von Klein (1988/1995) haben nicht überzeugen können. Auf dem Gebiet des Kriminalromans hat der Feminismus die mit dem Detektiv traditionell verknüpften Rollenvorstellungen des heroischen männlichen Helden radikal in Frage gestellt. Auch die durch eine männliche Autorität ausstrahlende Erzählstimme etablierte Erzählweise und die am Ende des Romans abgeschlossene Handlung (*closure*) wurden problematisiert und durch alternative Erzählstrukturen ersetzt (Klein 1995, 241). Die Einschätzung: „crime fiction clearly can manifest feminine novelistic forms, and feminist political agendas“ (Munt 1994, 207) hat sich durchgesetzt.

Bei feministischen Untersuchungen des Kriminalromans kann man grob zwei Betätigungsfelder unterscheiden. Zum einen wird der Kriminalroman

Zwei Richtungen feministischer Untersuchungen des Kriminalromans

als männlich determinierte Literaturgattung kritisch betrachtet. Dieser Zweig feministischer Kritik ist stärker historisch ausgerichtet. Die Idealisierung männlicher Rollenmuster schon in den Anfängen der Gattung wird analysiert. Ein Frauenbild, das nur entweder die Opferrolle oder die Rolle der Täterin vorsieht, wird als lange vorherrschendes Strukturelement des Kriminalromans kritisiert. In den frühen Texten waren Frauen weder intellektuell genug für den Typus des Detektivs, der per *raciocination* seine Fälle löst, noch passten sie später in die Schablone des hartgesottenen Detektivs, der sich physischer Gewalt bedient. Erst im Übergang von den achtizger zu den neunziger Jahren änderten sich dann die Schreibweisen im Kriminalroman (Klein 1995, 235). Besonders das Frauenbild des *hard-boiled* Romans mit den Typen des *golddiggers*, der *femme fatale*, der „Pin-up-Schönheit", der „mörderische[n] Hausfrau", der *damsel-in-distress* und der „Kamikaze Amazonen Emanzen" (Dietze 2001, 40–44) wird ausführlich dokumentiert. Die zweite Richtung feministischer Untersuchungen kann man als kritisches Mitverfolgen des feministischen Kriminalromans charakterisieren. Hier liegt das Schwergewicht stärker auf der spezifischen Gattungsentwicklung, auf den Paradigmen feministischen Schreibens und auf der Wiederentdeckung früher Texte von Frauen. Eine Typologie, die liberalistische von sozialistischen feministischen Kriminalromanen unterscheidet und außerdem eine Abfolge von Kriminalromanen von schwarzen AutorInnen, dann lesbischen Kriminalromanen (dazu auch Betz 2006), psychoanalytischen feministischen Kriminalromanen und schließlich postmodernen feministischen Kriminalromanen feststellt, hat Munt (1994) vorgelegt. Bei neueren feministischen Kriminalromanen wird besonders die Fragwürdigkeit von stabilen Identitäten, seien sie sexueller oder anderer Art, als gattungsbestimmend interpretiert. Feministische Kritik erstreckt sich auch auf die ideologischen und diskursiven Vorgaben des feministischen *hard-boiled* Romans. Kritisiert wird hier, dass der Orientierungspunkt für Weiblichkeit immer noch in der Männlichkeit gesehen wird und dass in diesen Romanen lediglich die Rollen vertauscht werden. An den grundlegenden Mechanismen der Unterdrückung habe sich jedoch nichts geändert.

Anfänge der feministischen Betrachtung des Kriminalromans

Das Wiederentdecken vergessener Autorinnen und die Hervorhebung des Anteils, den Frauen an der Entwicklung der Gattung Kriminalroman hatten, gilt als als typisch für „die erste Forschungsphase zum Krimi von Frauen" (Frizzoni 2009, 36). Ein Beispiel für die Erforschung des Beitrags schreibender Frauen zur Gattung Kriminalroman findet sich in Keitel 1998: „Traditionen des weiblichen Blicks im Kriminalroman" (21–34). Hier wird „eine Gegengeschichte, eine Geschichte der Gattung, in der Männer kaum Beachtung finden" vorgestellt, in der etwa starke Frauenfiguren bei frühen Autorinnen wie Anna Katharine Green (vgl. Kap. IV.2) in den Vordergrund gerückt werden (23). In der Untergattung des „HIBK" („Had I but known" = Wenn ich nur gewusst hätte …; vgl. dazu auch Polt-Heinzl 2004, 159) wird in den dreißiger Jahren bei einem weiblichen Publikum eine Formel populär, die Elemente des detektivischen Rätselromans mit denen des Schauerromans und mit einer Liebesgeschichte kombiniert (25). Zu dieser Zeit fand im amerikanischen Massenmarkt eine geschlechterspezifische Trennung statt, bei der *hard-boiled* Krimis von Männern und „HIBKs" bevorzugt von Frauen gelesen wurden. Das Frauenbild, vor allem in den amerikanischen *hard-boiled* Kriminalromanen der dreißiger Jahre ist „frauenverachtend" (27). Seit dieser Zeit werden dann auch Kriminalromane von Frauen für Frauen geschrieben. Genannt werden neben anderen die Autorinnen Dorothy Sayers (besonders *Gaudy Night*, 1935), Josephine Tey und Patricia Highsmith (29). Diese Autorinnen legten besonderen Wert auf die psychologischen Dimensionen des Verbrechens.

Weibliche Schreibweisen im Kriminalroman

Für eine feministische Betrachtung der Gattung Kriminalroman ist die Frage, ob es über die geschlechtliche Zuordnung von Frauen als Autorinnen und Protagonistinnen hinaus auch eine weibliche Schreibweise von Kriminalromanen gibt, von zentraler Bedeutung.Die feministische Literaturwissenschaft hat hier, wie auch im größeren Bereich der Literatur überhaupt, große Anstrengungen geleistet, um den Nachweis zu führen, dass solche spezifisch weiblichen Schreibweisen des Kriminalromans entwickelt wurden. Exemplarisch dafür können die Ausführungen bei Walton/Jones (1999, 118–148) stehen, in denen gezeigt wird, wie weibliche Autoren die Schreibkonventionen des *hard-boiled* Romans übernommen, variiert und verändert haben. Die Sprache des *hard-boiled* Kriminalromans ist die Sprache des *tough guy*, des einsamen, hartgesottenen Einzelkämpfers für Recht und Ordnung. Es ist die Sprache der Straße (der *mean streets* nach Raymond Chandler, vgl. Kap. IV.4). Es handelt sich um eine Alltagssprache (*vernacular*), die die Dinge beim Namen nennt und vor Schlagfertigkeit nur so strotzt. Es ist eine ausgesprochen männliche Sprache und sie wird als programmatisches Stilmittel eingesetzt, um einerseits die als feminin eingeschätzte Tradition des Detektivromans des *golden age* zu ersetzen durch eine neue realistische Schreibweise (119) und andererseits, um eine Alternative zum avantgardistischen Schreiben der literarischen Moderne anzubieten (120). Autorinnen wie Sue Grafton lassen ihre Protagonistinnen diese Sprache sprechen, um die vormals für Männer reservierte autonome Subjektposition zu besetzen (125).

Feministische Analyse von Romanen der *hard-boiled* Schule

Feministische Untersuchungen des Kriminalromans zeichnen sich dadurch aus, dass sie die sozial- und mentalitätsgeschichtlichen Kontexte, in denen die Romane entstehen, in ihre Analysen miteinbeziehen. Der Stil der amerikanischen *hard-boiled* Schule wird dann so charakterisiert: „the hard-boiled code […] offered compensatory fantasies of heroic hypermasculinity in response to the changing position of women."(Sieg 2005, 149). Genauer ausgeführt wird dieser Gedanke in einer Studie, die nachzeichnet, wie die Maskulinitätskrisen des zwanzigsten Jahrhunderts (Erster Weltkrieg, Große Depression, Zweiter Weltkrieg, Vietnamkrieg) sich ändernde Schreibweisen in der Gattung des *hard-boiled* Kriminalromans initiierten (Dietze 1997, auch Dietze 2001). Im amerikanischen *hard-boiled* bildete sich „ein ‚maskulinistischer' oder ‚hypermaskulinistischer' Diskurs" heraus, der „ein Bild heldisch aufbereiteter Wunschmaskulinität, einen Virilitätsexzeß, der in Konjekturen von Maskulinitätskrisen auftaucht" entwirft (Dietze 1997, 9). In den zwanziger Jahren des zwanzigsten Jahrhundert kommt es so zu einer Ablösung und Ersetzung der angloamerikanischen Tradition durch eine maskulinisierte Version des Detektivromans. Die bis dahin vorherrschende Gattungstradition wurde von Autoren und Autorinnen wie Edgar Allan Poe, Arthur Conan Doyle, Rex Stout, Agatha Christie und Dorothy Sayers beherrscht, die ihre Romane mit „adlig dekadenten, homosexuell konnotierten und feminisierten Intelligenzler-Detektiven" (11) und Detektivinnen wie Dupin, Sherlock Holmes, Nero Wolf, Miss Marple oder Harriet Vane ausgestattet hatten. Der hartgesottene Privatdetektiv vom Schlage des Sam Spade oder Philip Marlowe ist ein Gegenentwurf zu solchen Ermittlerfiguren und stellt „ein kompensatorisches Selbstbestätigungsritual für unterschiedliche Maskulinitätskrisen" bereit. Seit den späten siebziger Jahren wird dann „der hartgesottene Kriminalroman auch zu einem Forum der Selbstbehauptung von feministischer Geschlechtsidentität" (Dietze 1997, 277). Autorinnen wie Sara Paretzky, Marcia Muller oder Sue Grafton transformieren die Konventionen des *hard-boiled* Kriminalromans und funktionieren sie im Sinn einer Darstellung starker Frauenfiguren um. Der feministische hartgesottene Krimi ist allerdings auch als Zeichen einer „Feminitätskrise" interpretiert worden, die durch den Konflikt zwischen dem Entwurf der „starken, unabhängigen und gewaltbereiten Heldin" (Dietze 1997, 278) mit den überkommenen aber immer noch identitätsbildenden Rollenerwartungen entsteht.

Gender Studies und *queer*-Kriminalromane

In den seit den späten achtziger Jahren entwickelten *gender studies* wurden die Konzepte von Weiblichkeit und Männlichkeit neu definiert als soziale und kulturelle Konstrukte, die dem historischen Wandel unterworfen sind. Das Verständnis von Sexualität und Geschlechterzugehörigkeit als Ergebnis von Diskursen statt als biologische Tatsachen öffnete neue Räume für individuelle Lebensweisen, politisches Engagement und auch für das literarische Schreiben. Die Kategorie des *„queer"* ist für die Entwicklung des feministischen Kriminalromans besonders interessant. Der Begriff bezeichnet die Auflösung geschlechtsspezifischer Festlegungen und die grundsätzliche Offenheit und Wandelbarkeit von Geschlechterrollen. Feministische Lesarten des Kriminalromans heben dementsprechend solche Strukturmerkmale hervor, die zwar im herkömmlichen Kriminalroman schon vorgekommen waren, im feministischen Kriminalroman jedoch in den Vordergrund treten, wie ein offenes Ende, das Vorhandensein mehrerer plausibler Lösungen für den Fall, mehrdeutige oder fehlende Antworten auf wichtige Fragen und das „doppelte Geheimnis" („dual mysteries"), das sowohl das Verbrechen als auch die Frage nach der Sexualität/Gender umgibt (Stewart 2014, 6). Das verbindende Element zwischen Verbrechen und Sexualität ist hier die Regelüberschreitung (*transgression*), einmal als krimineller Akt und Verstoß gegen das Gesetz, zum anderen als sexueller Akt, der gegen gesellschaftliche Normen und Erwartungen verstößt.

Die Entwicklung des feministischen *queer*-Kriminalromans

Stewart (2014, 17–18) teilt die Entwicklung des feministischen *queer*-Kriminalromans in vier Phasen ein. Texte der achtziger Jahre, beispielsweise von Corinna Kawaters und Pieke Biermann, werden als kritische Kommentare zur Frauenbewegung der Zeit eingeordnet. Sogenannte „Täterinnenkrimis" aus den frühen neunziger Jahren, etwa von Ingrid Noll und Edith Kneifl, werden als feministische Kommentare zur strukturellen Gewalt in heterosexuellen Beziehungen und Familien gelesen.In der Zeit unmittelbar nach der deutschen Wiedervereinigung entstehen dann Texte von Gabriele Gelien, Christine Lehmann und Martina-Marie Liertz, die Fragen der Identität, der Homophobie, der homosexuellen Ehe und der Geschlechtsumwandlung in einer Zeit des politischen und sozialen Wandels thematisieren. Schließlich beschäftigen sich *queer*-Krimis aus der zweiten Hälfte der neunziger und der ersten Hälfte der zweitausender Jahre mit Themen wie Migration, Postkolonialismus, Fragen der Staatsbürgerschaft, der Asylpolitik, der Globalisierung von Religionen und Medien, dem ideologischen Imperialismus und internationaler Korruption. In diesen Kriminalromanen verweisen Fragen der geschlechtlichen Identität von bestimmten Figuren auf andere falsche oder verborgene Identitäten, die mit dem Verbrechen zu tun haben.

Postfeministische Studien zum Kriminalroman

Die Queer-Theorie ist Teil des sogenannten „Postfeminismus". Diesen Terminus darf man nicht falsch verstehen als Bankrotterklärung oder als Verabschiedung des Feminismus, vielmehr fasst er verschiedene Richtungen der Selbstreflexion des Feminismus und des kritischen Rückblicks auf das seit den sechziger Jahren des zwanzigsten Jahrhunderts Erreichte zusammen und entwirft von der Dekonstruktion und vom Poststrukturalismus inspirierte Theorien von Körperlichkeit und Geschlechtlichkeit. In der neueren Forschung zum Kriminalroman werden besonders die Untergattungen der feministischen *hard-boiled* Variante und des forensischen *police procedurals* unter postfeministischen Gesichtspunkten untersucht (Altnoeder, Head und Steenberg in Effron 2011).

7. Medienübergreifende Forschung

Zur Abgrenzung des Themas

Wenn hier von „medienübergreifender Forschung" im Hinblick auf den Kriminalroman die Rede ist, dann wird damit auf Untersuchungen verwiesen, die vor allem die Wechselbeziehungen der literarischen Gattung Kriminalroman mit Repräsentationsformen des Verbrechens und seiner Aufklärung in den technischen Medien wie Film, Fernsehen, Hörspiel oder Computer betreffen. Deshalb soll darauf hingewiesen werden, dass man die Diskussion erheblich ausweiten müsste, wenn der Begriff „Medium" sehr weit definiert wird. Dann müssten nämlich auch andere Diskurse miteinbezogen werden, wie etwa vergleichende Studien zur Darstellung von Kriminalität in juristischen, wissenschaftlichen und publizistischen Diskursen. Dies kann hier jedoch aus Raumgründen nicht geleistet werden (vgl. dazu Linder/Schönert 1983; Claßen 1988; Schönert 1991).

Adaptionen von kriminalerzählerischen Texten in Film und Fernsehen, Medienverbundsysteme

Adaptionen von kriminalerzählerischen Texten in Film und Fernsehen gibt es seit den Anfängen beider jeweiligen Medien, wobei man sich in den Anfängen des Films wegen ihrer Bekanntheit besonders auf die Figur des Sherlock Holmes konzentrierte (Seeßlen 2011, 50–53). Edwin S. Porters *The Great Train Robbery* (1903) war einer der ersten Filme, der schon eine narrative Struktur hatte. Diese Struktur war um die beiden Eckpunkte Ausführung des Verbrechens und Jagd auf die Täter aufgebaut – und das, obwohl der Film nur etwa zehn Minuten lang war (was ihn damals zu einem der längsten Filme der Zeit machte! Moody 2003, 227). Die Adaption von Kriminalerzählungen und -romanen erzeugt ein Medienverbundsystem, in dem Textvorlagen für andere Medien genutzt werden. Besonders im Bereich des Krimis gibt es einen solchen „Medienverbund von Buch, Video, Fernsehen und Film, DVD und Internet". Deshalb ist festgestellt worden: „Gerade der Krimi als Genre ist eine Art Erprobungsfeld für solche Medienverbundprojekte gewesen und ist es heute noch" (Viehoff 2005, 101). Solche Medienverbundsysteme gab es in Deutschland schon am Anfang des zwanzigsten Jahrhunderts. Verfasser von Kriminalromanen wie Alfred Schirokauer, Hans Hyan oder Paul Rosenhayn schrieben auch Drehbücher für Serienfilme der zehner und zwanziger Jahre. „Der für mehrere Medien gleichzeitig arbeitende

Schriftsteller ist keine Erfindung erst des Fernsehens, ebenso wie sich auch der Einfluß der neuen Massenmedien auf die literarische Produktion schon früh im filmischen Erzählstil mancher Kriminalromane spiegelt" (Hickethier 1986, 16). Den weitverzweigten Verbindungen des Medienverbundes „Krimi" kann hier nicht im einzelnen nachgegangen werden. Wer Informationen über die Geschichte des Krimis in Film und Fernsehen sucht, sei auf die Überblicke bei Compart 2000 (Fernsehserien), Moody 2003 (britische und amerikanische Filme und Fernsehserien), Pundt 2003, Brück/Guder/Viehoff/Wehn 2003, Brück 2004 (alle über den deutschen Fernsehkrimi), Hickethier 2005 (Film), Gates 2010, Seeßlen 2011 (Detektivfilme) und Seeßlen 2011a (Thriller) verwiesen.

Medientransfer

Beim die Medienverbundsysteme etablierenden Medientransfer, also der Umsetzung von narrativen Strukturen in ein anderes technisches Medium, kommen sowohl die Voraussetzungen und Bedingtheiten des Mediums selbst als auch weitere kulturgeschichtliche Umstände ins Spiel. So wird etwa argumentiert, dass erst mit der Entstehung des Tonfilms am Ende der zwanziger Jahre der Detektivfilm entstehen konnte, denn erst dann war es möglich, komplexere Handlungsfolgen in für die Zuschauer nachvollziehbare Sequenzen umzusetzen (Gates 2010, 345). Bevor Hollywood in den dreißiger und vierziger Jahren Filmversionen des *hard-boiled* Romans inszenieren konnte, aus dem dann der *film noir* entstand, mussten erst die Zensurbestimmungen geändert werden. Wegen der Gewalt- und Sexdarstellungen und einem Sprachgebrauch, der als unangemessen eingeschätzt wurde, verbot Hollywoods System der Selbstzensur während der dreißiger Jahre die Umsetzung von *hard-boiled* Romanvorlagen in Filme. Das Resultat waren Filme, die *soft-boiled* Helden wie Philo Vance nach den Romanen von S.S. Van Dine oder Nick Charles nach einer Vorlage von Raymond Chandler zum Hauptdarsteller hatten (Gates 2010, 347).

Die Verzahnung von Buchkrimi und Fernsehkrimi in Westdeutschland

Ein wichtiger Aspekt des Medienverbundes beim Krimi in Deutschland war seit Ende der sechziger Jahre die Arbeit von Kriminalschriftstellern für das Fernsehen. Autoren und Autorinnen wie Friedhelm Werremeier, nach dessen Romanvorlage *Taxi nach Leipzig* 1970 die erste Tatort-Folge entstand, Felix Huby, der den Stuttgarter Tatort-Kommissar Bienzle kreierte, Irene Rodrian, die viele Drehbücher zu Fernsehfilmen und Fernsehserien schrieb oder Horst Bosetzky (-ky), dessen Produktion Romanvorlagen, Hörspiele und Drehbücher für Serien und Fernsehfilme umfasst, belegen das. Wenn ein Roman als Vorlage für die Umsetzung in einen Film oder eine Serie dient, kann man fragen, was sich bei der Verfilmung im Vergleich zur Vorlage ändert. Solche Untersuchungen sind am Beispiel der Bella Block-Romane von Doris Gercke und der vom ZDF produzierten Fernsehfilme angestellt worden (Maurer 2001). Fragestellungen wie: „Wie werden die Protagonistinnen in Szene gesetzt?" oder „… wie wird ihr Privatleben thematisiert?" (307) führten zu dem Ergebnis, dass eine der wichtigsten Fragen, die weniger in den Romanen und viel stärker in den Fernsehfilmen thematisiert wird, die „Möglichkeit einer neuartigen Beziehung zwischen Mann und Frau, die nicht den vertrauten Regeln folgt" ist (323).

Der *Tatort*

Als „erfolgreichste Sendung im deutschen Fernsehen überhaupt" (Vogt 2005, 111) ist der *Tatort* in der deutschen Krimilandschaft ein Phänomen für sich. Die Krimi-Reihe wird seit 1970 von der ARD und ihren einzelnen Sendeanstalten ausgestrahlt. Je nach Sender wechselt das Ermittlerteam und der Schauplatz der Handlung, so dass über die Jahre sowohl eine Art regionales Panorama als auch eine Chronik (West-)Deutschlands entstanden ist, weshalb der *Tatort* auch als „der wahre deutsche Gesellschaftsroman" bezeichnet wurde (Vogt 2005). Der *Tatort* ist ein *police procedural* und hat legendäre Ermittlerfiguren und -teams wie Horst Schimanski (gespielt von Götz George, WDR 1981–1991) oder Ivo Batic/Franz Leitmayr (gespielt von Miroslav Nemec und Udo Wachtveitl, BR 1991–2014) hervorgebracht. Zum *Tatort* gibt es mittlerweile eine ganze Reihe von informativen Veröffentlichungen und Forschungsbeiträgen (Mattson 1999, Wenzel 2000, Wacker/Oetjen 2002, Vogt 2005, Hissnauer/Scherer/Stockinger 2014 und 2014a), die bis zu einem Band zum Thema *Der Tatort und die Philosophie* (Eilenberger 2014) reichen.

Medienübergreifende Forschungsansätze

Medienübergreifende Forschungsansätze im engeren Sinne, die über die Untersuchung des Phänomens der Adaption hinausgehen, widmen sich der Untersuchung wechselseitiger Einflüsse, die sich auf die Schreibpraxis, die narrativen Strategien und Erzählstrukturen sowie die Rezeptionshaltungen und -erwartungen beziehen. In der Nachfolge Walter Benjamins und Friedrich Kittlers wird gefragt, wie neue technische Medien traditionelle Wahrnehmungsmuster verändern und neue ästhetische (narrative) Strategien entstehen lassen. Auf den Krimi bezogen, lautet die Fragestellung: Wie haben sich Krimiformate in Film und Fernsehen auf die Lesegewohnheiten, -ansprüche, und -erwartungen und auf die Erzählformen und literarischen Techniken im Kriminalroman ausgewirkt? Wie ändern sich die Erzählverfahren und welche Strukturelemente (Figuren, Art des Verbrechens, Motivation für das Verbrechen, Verfahren und Techniken der Aufklärung des Verbrechens) werden neu hingefügt, verändert oder abgeschafft? Wie sich die Gattung Kriminalroman heute verändert, welches Innovationspotential freigesetzt werden kann und wie die Gattung sich zukünftig entwickeln wird, kann unter dem Gesichtspunkt medienübergreifender Forschung nur noch im Blick auf das Genre als intermediales Phänomen erfasst werden: „Ein medienübergreifendes Genreverständnis des Krimis geht von der Annahme aus, dass im ständigen Überschreiten der jeweiligen medialen Ausdrucksmöglichkeiten ein wesentlicher Dynamisierungsfaktor für das Genre liegt und die Entwicklung der Literatur nicht mehr von der des Films, der Photographie oder des Radios zu trennen ist" (Holzmann 2001,12).

Beispiele für den Krimi als intermediales Genre aus medienübergreifender Sicht

Wie sich ein solcher Forschungsansatz konkret verwirklichen lässt, kann hier nur an wenigen Beispielen referiert werden (Holzmann 2001 und 2005; zur Kritik dieses Ansatzes vgl. Blödorn 2003). Der Bänkelsang, die Moritat und das Panoptikum als Vorläufer des Krimis bedienen bereits im 18. und 19. Jahrhundert die Schaulust am Verbrechen. Diese frühen audiovisuellen Medien sind die Vorläufer insbesondere des frühen Kinokrimis, der sich diese Schaulust zu Nutze macht. Die optischen Erfindungen Fernrohr, Mikroskop und Photoapparat führen später zur Herausbildung des Wahrnehmungsmusters des „distanzierte[n] Blick[s]", der im Detektivroman seit dieser Zeit angewendet und gefeiert wird (Holzmann 2001, 73). Um die Wende zum zwanzigsten Jahrhundert werden fiktionale „Gesichterdiebe und Verwandlungskünstler" wie Arsène Lupin, Fantômas oder Dr. Mabuse populär als Reaktion auf die neuen Identifizierungstechniken nach der Jahrhundertwende (Bertillon). Das Konzept der Identität wird von diesen fiktionalen Verwandlungskünstlern und Verbrechern durch die Anwendung ständig wechselnder Masken unterlaufen. Der Erfolg und die Verbreitung des Films bewirken, dass im Kriminalroman das multiperspektivische Erzählen als Alternative zum monoperspektivischen Erzählen des klassischen Detektivromans und des *hard-boiled* Romans übernommen wird. Damit wird „die Genese des *Thrillers* eingeleitet". Die so gewonnene „Dynamisierung" von narrativen Verfahren lässt sich am Beispiel vom Norbert Jacques' Dr. Mabuse-Romanen zeigen (Holzmann 2005, 26–27). Nach der Einführung des Tonfilms während der dreißiger Jahre gibt es zwischen *hard-boiled* Roman und Gangsterfilm einen „intensiven Medientransfer zwischen Literatur und Kino", der zu den Sprechweisen des *wisecracking,* dem verbalen Schlagabtausch, und einer neuen Spannungsdramaturgie führt (Holzmann 2005, 29). Eines der Ergebnisse solcher Studien, das für die Gattungsentwicklung des Kriminalromans relevant ist, lautet: „Über die Annäherung an die Erzählweisen des Films beginnen sich [...] die Gattungsgrenzen zwischen Thriller und Detektivroman zunehmend aufzulösen." (Holzmann 2001, 328–329).

Das Kriminalhörspiel

Im Jahr 1985 galt das Kriminalhörspiel als eine wissenschaftliche „terra incognita" (Weber 1985, 182). Zwanzig Jahre später hat sich daran nicht viel geändert, es gibt immer noch kaum wissenschaftliche Untersuchungen zum Kriminalhörspiel (Köllhofer 2005, 71). Dabei trifft es keineswegs zu, dass das Kriminalhörspiel heute keine Bedeutung mehr hat, auch wenn die Hörerzahlen aus den fünfziger Jahren nicht mehr erreicht werden. Allenfalls für Kinder und Jugendliche produzierte Hörspielkrimis wie *TKKG* oder *Die Drei ???* sind immer noch sehr populär (Heidtmann 2002). Das Kriminalhörspiel gehört zum Typ des erzählenden, populär-unterhaltenden und damit traditionellen Hörspiels. Experimentell-avantgardistische Kriminalhörspiele gibt es so gut wie nicht (Köllhofer 2005, 72–73). Die meisten Kriminalhörspiele waren und sind Adaptionen von bereits erfolgreichen Büchern. An der Verbreitung und am Erfolg gemessen hatte das Kriminalhörspiel in Westdeutschland seine beste Zeit Ende der vierziger bis in die sechziger Jahre. Beispielhaft dafür sind die Radio-Krimis von Francis Durbridge mit dem Detektiv Paul Temple, die in Serien von 1949 bis 1968 gesendet wurden. Durbridge (1912–1998) war als Verfasser von Kriminalromanen und mit seiner Arbeit für Rundfunk und Fernsehen außerordentlich erfolgreich. Heute sind seine Hörspiele für das Nostalgiebedürfnis nach den fünfziger Jahren zum Kultphänomen geworden. Die Krimihörspiele der siebziger Jahre versuchten dann, „das Verbrechen in einen Zusammenhang mit der gesellschaftlichen Realität zu stellen" (Weber 1985, 187) und stellten damit eine Parallele zum Soziokrimi in Westdeutschland dar. Für eine medienspezifische Beschäftigung mit dem Kriminalhörspiel ist besonders die Untersuchung der „poetologischen Muster" und der „signifikanten Kompositionsprinzipien" (Köllhofer 2005, 77–81) von Bedeutung. Stimmen, Geräusche und Musik werden zumeist „funktional eindeutig und zweckgebunden" im Sinne einer sofort zu verstehenden Abbildungsfunktion verwendet, d. h. sie dienen der Illustration und der Veranschaulichung. Auditive Versatzstücke und Klänge werden in stereotypischen Situationen verwendet; ähnlich verhält es sich mit der verwendeten Musik: meistens gibt es „stereotype Musikpassagen, die eine genau benennbare Assosiationskette provozieren" (Köllhofer 2005, 80).

IV. Geschichte der Gattung

1. Vorformen des Kriminalromans

Der Kriminalroman als relativ junge Gattung

Die Gattungsgeschichte des Kriminalromans ist im Vergleich zu anderen literarischen Gattungen relativ kurz, erst seit Ende des 19. Jahrhunderts kann man vom Kriminalroman im eigentlichen Sinn sprechen. Andererseits ist gerade diese Gattung außergewöhnlich erfolgreich, ausdifferenziert und fähig, die unterschiedlichsten Ansprüche des Publikums zu befriedigen. Außerdem ist der Kriminalroman eine literarische Gattung, die „marktgesteuert" ist, d. h. sie wird hauptsächlich von den Bedürfnissen der Leser und den Hoffnungen der Verlage auf finanziellen Erfolg gelenkt im Gegensatz zu Gattungen, die von ästhetischen Strömungen oder dem Anspruch der Autoren auf innovative und kreative Kunstausübung gesteuert sind (Suerbaum 2009, 441). Der Kriminalroman ist ein spezifisch modernes Phänomen.

Frühe detektivische Einzelleistungen

Detektivische Erzählungen im Sinne von kurzen Fallgeschichten hat es nach Dorothy Sayers zwar schon im Alten Testament, bei Herodotus und im Herakles-Mythos gegeben (Sayers 1980 [1928], 53–54; Arnold/Schmidt 1978, 13). Das sind aber, genau wie die Episode im dritten Kapitel von Voltaires Erzählung vom Pferd des Königs und dem Schoßhund der Königin aus *Zadig oder das Schicksal* (1747), in der Zadig seine Fähigkeiten des Spurenlesens und der Deduktion unter Beweis stellt (und die Umberto Eco in *Der Name der Rose* zitiert), nur episodische Vorkommnisse von detektivischen Fähigkeiten, die im jeweiligen Text und Kontext lediglich eine Facette des Helden ausmachen und weder strukturbestimmend noch von sonstiger entscheidender Wichtigkeit für den jeweiligen Gesamttext sind.

Vorläufer des Kriminalromans

Es ist wichtig, vorab festzustellen, dass es beim Schreiben über das Thema „Verbrechen" keine kontinuierliche Entwicklung auf das Ziel „Kriminalroman" hin gab. Die Gattung Kriminalroman hat sich im 19. Jahrhundert aus einer Anzahl von Schreibweisen entwickelt, die Kriminalität und Verbrechen aus verschiedenen Blickwinkeln und mit unterschiedlichen Verfahrensweisen thematisiert haben. Daneben wurden andere literarische Gattungen wie die Detektivgeschichte (seit Edgar Allan Poe) oder die Kriminalnovelle (besonders in Deutschland) popularisiert, die neben sich dokumentarisch gebenden Texten die Faszination der Gesetzesübertretung und der Figur des Verbrechers ausnutzten. Aufgrund der Vielschichtigkeit des Themas und der mannigfaltigen Texte und Gattungen, die im Vorfeld der Entwicklung des Kriminalromans eine Rolle gespielt haben, kann hier nur ein kurzer, auswählender Überblick gegeben werden. In der Forschungsliteratur finden sich ausführlichere Darstellungen (Hügel 1978, Schönert 1983, Schönert 1991, Bell 1991, Pykett 1994).

Newgate Calendar, Verbrecher-Balladen und *broadsides*

Wegweisend für die Entwicklung des literarischen Schreibens über Verbrechensgeschichten waren Pamphlete mit Biographien von verurteilten Kriminellen, die dann in den verschiedenen Ausgaben des *Newgate Calendar* (wahrscheinlich seit 1728) gesammelt wurden und nach dem berüchtigten Londoner Gefängnis Newgate benannt waren.Die Texte wurden zuerst vom Gefängnisgeistlichen verfasst und behandelten das Verbrechen von einem christlich-moralistischen Standpunkt. Der Schwerpunkt liegt auf der Bestrafung. Das Verbrechen wird gezeigt als Sünde, als Verirrung oder Abirrung vom Pfad der Tugend. Die Kriminellen endeten immer als reuige Sünder auf dem Schaffott. Es gibt noch keine Ermittler oder Detektive, das Verbrechen kommt aus sich selbst heraus zum Vorschein. Man sieht dem Verbrecher seine Schuld an, sein schlechtes Gewissen plagt ihn so, dass er die Aufmerksamkeit auf sich lenkt oder sogar bei der ersten Konfrontation seine Schuld gesteht. Die Indizien sind offensichtlich, d.h. es gibt noch keine Hermeneutik oder Semiotik des Verbrechens, die sich spätere Detektive zunutze machen. Das Einfangen des Schuldigen erscheint als unausweichlich, die Welt ist einfach so geordnet (Knight 1980, 9–20). Die *Newgate Calendars* waren also so etwas wie frühe *true crime* Geschichten, die zeigen sollten, dass sich das Verbrechen nicht lohnt und dienten der Verbrechensvorbeugung. Ähnlich wie die teuren und nur einem wohlhabenden Leserkreis zugänglichen *Newgate Calendars*, aber für ein wenig oder gar nicht gebildetes Publikum geschrieben, waren die Balladen und die in Prosa verfassten *broadsides*, billige, oft mit Illustrationen versehene reißerische Einzelblattdrucke, die durch die Entwicklung der Drucktechnik seit dem 16. Jahrhundert möglich geworden waren. Hier ging es nur um die Befriedigung eines nach Sensationen lüsternen Massenpublikums und um maximalen Profit der Produzenten. Die Grenze zwischen *fact* und *fiction* wurde in diesen Texten immer durchlässiger (Worthington 2010, 15).

Der englische Schauerroman

Mit Horace Walpoles kurzem Roman *The Castle of Otranto* (1764) begann die Geschichte des englischen Schauerromans (*gothic novel*), der seine erfolgreichste Vertreterin in Anne Radcliffe (1764–1823) fand. Im Schauerroman finden grausame Verbrechen wie Mordfälle und Entführungen statt, alles dreht sich um geheime Verschwörungen und es wird eine Atmosphäre von Horror und Schrecken erzeugt. Auch das Moment der Spannung (*suspense*) ist von großer Bedeutung: Wie wird es dem (normalerweise weiblichen) Opfer der geheimen Machinationen ergehen? Dies sind Elemente, die auch im Kriminalroman verwendet werden, im Unterschied zu ihm kennt der Schauerroman jedoch keine Detektive und keinen Ermittlungsprozess. Entscheidend ist die Erzeugung einer Atmosphäre des Schreckens und des Unheimlichen, nicht die Darstellung einer auf rationalen Mitteln basierenden Detektion.

Schillers „Der Verbrecher aus verlorener Ehre"

Die Erzählung „Der Verbrecher aus verlorener Ehre" (1786) von Friedrich Schiller (1759–1805) ist ein eindrucksvolles Dokument des aus aufklärerischem Denken gespeisten Interesses an der Psychologie des Täters, verbunden mit dem Bedürfnis, eine neue Anthropologie zu entwickeln, die auch die Schattenseiten der Psyche miteinbezieht. Schillers Einsicht, dass solche Darstellungen sowohl authentisch als auch unterhaltsam sein müssen, trug „zum neuen Genre der seelenkundlich fundierten, kausalpsychologisch erzählten Kriminalgeschichte bei, die zwischen Dokumentation und Fiktion changiert". (Košenina 2005, 29). Mit der Abkehr von einer rein dokumentarischen Schreibweise über Verbrechen und Kriminalität und der Entwicklung eines Erzählverfahrens, bei dem das Verbrechen „die gesamte Handlung" dominiert (und nicht nur Teil eines „übergeordneten, stofflich anders gewichteten Handlungszusammenhanges" ist) und der Leser den Text als Kriminalerzählung liest (und nicht als Beispiel einer anderen Gattung), habe Schiller das erste „Konzept zur Fiktionalisierung von Verbrechen" vorgelegt (Landfester 1996, 155).

Pitavals *Causes célèbres et intéressantes* und Schillers Vorwort zur deutschen Übersetzung

Der französische Rechtsanwalt und Autor François Gayot de Pitaval hat zwischen 1734 und 1743 eine zwanzigbändige Sammlung von berühmten Gerichtsfällen mit dem Titel *Causes célèbres et intéressantes, avec les jugemens qui les ont décidées* herausgegeben. Pitavals Sammlung ist die erste „Zusammenstellung von Verhörprotokollen, Gerichtsbescheiden, Exzerpten juristischer Werke und den Plädoyers von Anklage und Verteidigung zu einer Reihe von Kriminalfällen" (Landfester 1996, 173). An ihr zeigt sich bereits die Tendenz, in immer stärker werdendem Maße fiktionale Elemente in Texte zu integrieren, die eigentlich als eine bloße Widergabe von Fakten zur Belehrung der Leser gedacht waren (Marsch 1983, 120). Nachdem es eine erste deutsche Übersetzung schon 1747 gegeben hatte, erschien 1792 eine deutsche Auswahl in vier Bänden, für die Friedrich Schiller eine Vorrede schrieb. In dieser Vorrede vergleicht Schiller die Geschichtsschreibung mit dem (literarisch aufbereiteten) „Kriminalprozeß" und kommt zu dem Ergebnis, dass „die vollständigste Geschichtserzählung uns über die letzten Gründe einer Begebenheit, über die wahren Motive der handelnden Spieler oft genug unbefriedigt läßt", dass dagegen „ein Kriminalprozeß [uns] das Innerste der Gedanken [enthüllt] und [...] das versteckteste Gewebe der Bosheit an den Tag [bringt]". Dies sei ein „wichtige[r] Gewinn für Menschenkenntnis und Menschenbehandlung" (1960, 865–866). Der Mediziner und spätere Professor für Geschichte preist hier also ausdrücklich das Potential an, das die Lektüre solcher „Rechtsfälle" für Erkenntnisgewinne in Anthropologie, Psychologie, Pädagogik und Medizin haben kann. Allerdings ist entscheidend, dass solche Texte nicht beim rein Faktischen stehenbleiben, sondern zugleich belehrende und spannende Geschichten erzählen, das Material also mit literarischen Mitteln aufbereiten.

Der neue Pitaval

Die Pitaval-Tradition wird in Deutschland fortgesetzt durch die Juristen Wilhelm Häring (Willibald Alexis) und Julius Eduard Hitzig, die seit 1842 den *Neuen Pitaval* herausgeben und damit die „Fallgeschichte" populär machen: „Sie interpretiert juristische Wirklichkeit für eine breite Leserschaft in einer spezifischen Perspektive, die es ermöglicht, Alltagswissen an Rechtsvorgänge anzuschließen" (Schönert 1998 [1983], 327). Die Geschichten konzentrieren sich zunächst noch auf den Verbrecher, seine Herkunft, Lebensumstände und wie es zur Tat kam. Im Mittelpunkt steht die psychologische Verfasstheit des Täters, nicht die Ermittlung der Tat, die von Anfang an bekannt ist (Eine Analyse der Fallgeschichte der Ermordung des Dramatikers August Kotzebue durch Karl Ludwig Sand findet sich bei Marsch 1983, 125–133). Es zeichnet sich allerdings bereits ein entscheidender Wechsel ab: War bis dahin die „aktenmäßige Darstellung", also die Dokumentation authentischer Fälle unter den genannten Gesichtspunkten das Ideal, so sieht man jetzt in der literarschen Darstellung fiktionaler Fälle eine Möglichkeit, „die

Geschichte der Aufklärung eines Verbrechens in den Mittelpunkt zu rücken" (Beck 2014, 39).

Die Kriminalnovelle

Waren die Fallgeschichten der Pitaval-Tradition daran interessiert, einem Laienpublikum das Rechtswesen nahezubringen und „juristische Fragen mit Aspekten der Menschenkunde, Psychologie und Sittengeschichte" zu verbinden (Schönert 1998 [1983], 329), so ging es bei den seit den 1820er Jahren beliebter werdenden „Kriminalnovellen" (auch Kriminalerzählung, Kriminalgeschichte) darum, die moralischen, psychologischen und sozialen Umstände von Verbrechen und Kriminalität in der literarischen Bearbeitung authentischer Fälle oder anhand von rein fiktionalen Darstellungen zu gestalten. Bei den Kriminalnovellen wurde uterschieden zwischen *„Geschichten der Detektion und Täterjagd"* und *„Erzählungen einer ‚kriminellen Karriere'"*. Autoren wie Laurids Kruse, Adolph Müllner („Der Kaliber", 1828) und J. D. H. Temme stehen für den ersten Typ, Ernst Dronke und Hermann Kurz für den zweiten (Schönert 1998 [1983], 328, kursiv im Orig.). Die Texte des ersten Typs lassen sich als beispielhaft für „die Zurückdrängung der Ausschreibung der Täterseele durch das neue Erzählmodell einer Ausschreibung der Ermittlerperspektive" (Beck 2014, 49) und damit als Vorstufe zum Detektivroman deuten. Die Novellen des zweiten Typs mit ihrer Konzentration auf den Täter nehmen Elemente des Thrillers vorweg.

Die Entwicklung in Frankreich

Während in England das Interesse bis zur Mitte des neunzehnten Jahrhunderts sich auf den Kriminellen als Faszinationsfigur richtet und dann umschlägt auf den Detektiv, ist es in Frankreich genau umgekehrt. Hier steht zuerst der staatlich angestellte Detektiv im Vordergrund, während dann immer mehr der Kriminelle zum Gegenstand der Faszination und dann sogar der Bewunderung wird, was besonders in der Figur von Maurice Leblancs (1864–1941) Gentleman und Meisterdieb Arsène Lupin zum Ausdruck kommt. Am Anfang der Entwicklung in Frankreich stand die Veröffentlichung der Memoiren (1828-9) des vormaligen Kriminellen Eugène Francois Vidocq (1775–1857), der später die Seiten wechselte und zeitweise sogar zum Chef der *Sûreté*, des staatlichen Detektivbüros aufstieg. Vidocq wurde zum Vorbild für die Figur des Vautrin in Balzacs *La Comédie humaine* (1829–1850) und hat auch noch Pate gestanden für Émile Gaboriaus Meisterdetektiv Monsieur Lecoq in Romanen wie *Dossier 113* (1864) oder *M. Lecoq* (1868).

Ernst Theodor Amadeus Hoffmann: „Das Fräulein von Scuderi" (1819)

Die erste Detektivgeschichte?

Über die oft diskutierte Frage, wer die erste Detektivgeschichte geschrieben habe, E.T.A. Hoffmann oder Edgar Allan Poe, kann man wahrscheinlich endlos streiten. Wem der beiden Autoren das Vorrecht gebührt, ist allerdings weniger interessant als die erzählerischen Mittel und Motive, die sie verwendet haben, um das detektivische Erzählen zu etablieren. Hoffmanns 1819 im *Taschenbuch der Liebe und Freundschaft gewidmet für das Jahr 1820* erschienene Erzählung aus der Zeit Ludwig des XIV. berichtet von einer rätselhaften Mordserie in Paris. Das am Königshof verkehrende adlige Fräulein des Titels spielt eine maßgebliche Rolle bei der Aufklärung der Morde, aber ob sie deshalb die erste Detektivfigur der Literaturgeschicht ist, bleibt umstritten (Alewyn 1982 [1963], 359; Steinecke 2004, 389; Segebrecht 2008, 1514–1515).

Edgar Allan Poe

„Tales of ratiocination"

Gemeinhin werden Edgar Allan Poes (1809–1849) *„tales of ratiocination"* mit dem dandyhaften Chevalier C. Auguste Dupin als Amateurdetektiv als erste literarische Detektivgeschichten angesehen. Dieser Textkorpus besteht aus den drei Erzählungen „The Murders in the Rue Morgue" (1841), „The Mystery of Marie Rogêt" (1842–43) und „The Purloined Letter" (1844). Von manchen Kommentatoren werden noch andere Texte Poes wie „The Gold Bug" (1843), „Thou Art the Man" (1844) oder „The Tell-Tale Heart" (1843) in die Nähe der Detektivgeschichten gerückt, obwohl in diesen Erzählungen Dupin nicht vorkommt (Osterwalder 2011, 22–28).

Ein neues Erzählmuster

Poe hat zum ersten Mal bestimmte erzählerische Motive und Handlungsmuster verwendet, die für die Detektiverzählung maßstabgebend sind. Darunter fallen: ein exzentrischer und brillanter Detektiv (Dupin), der hauptsächlich von seinem Lehnstuhl aus operiert (*armchair detective*, besonders in „Marie Rogêt"), ein bewundernder Erzähler, der als Vermittler zwischen Detektiv und Leser fungiert, ein fälschlich Verdächtigter, dessen Unschuld der Detektiv beweist, ein hermetisch verschlossener Raum (*locked room*, in „Rue Morgue") als Tatort, und ein von der Polizei übersehenes entscheidendes Indiz (wie überhaupt die Darstellung der Polizei als unfähig und einfallslos). In der Detektivfigur verkörpert sich das Neue dieser Schreibweise: Die genaue Beobachtung von Details, die richtige Mischung aus deduktivem (aus allgemeinen Grundsätzen auf spezifische Fälle oder Tatsachen schließendem) und induktivem (von einzelnen Daten auf allgemeine Prinzipien schließendem) Denken und logische Analyse führen zur Aufdeckung des Verbrechens. Darin kommt ein ungebrochenes Vertrauen in das in der zweiten Hälfte des 19. Jahrhunderts herrschende naturwissenschaftliche Denken zum Ausdruck. Die Welt ist nach rationalen Prinzipien geordnet und deshalb kann jedes zunächst rätselhafte Vorkommnis mit vernunftgemäßen Mitteln erklärt werden (deshalb *„tales of ratiocination"*). Poes Dupin postuliert dementsprechend Grundsätze der Detektion, die in die Gattungsgeschichte der Detektiverzählung eingehen: Was übrig bleibt, wenn alle anderen Möglichkeiten logisch eliminiert sind, ist die Lösung des Rätsels. Je ungewöhnlicher der Fall, desto einfacher ist er zu lösen (und umgekehrt). Wenn Detektiv und Verbrecher ebenbürtige Widersacher sind, dann muss sich der Detektiv in die Rolle des Verbrechers versetzen, um den Fall zu lösen (in „The Purloined Letter"). Der Einfluss, den Poe mit diesem neuen Erzählmuster auf die Nachwelt ausübte, ist nicht zu überschätzen und reicht von Charles Dickens (*Bleak House*, 1853) und Fjodor Dostojewski (*Verbrechen und Strafe*, 1866) über Wilkie Collins, G. K. Chesterton, Arthur Conan Doyle und Émile Gaboriau bis zu Jorge Luis Borges, Umberto Eco und Paul Auster (Lee 2010, 370).

Arthur Conan Doyle

Das Phänomen Sherlock Holmes

Die Geschichten um Sherlock Holmes, laut eigener (d. h. ihm von seinem Autor Arthur Conan Doyle [1859–1930] in den Mund gelegten) Aussage, dem einzigen *consulting detective* der Weltgeschichte, sind ein Phänomen für sich. Eine angemessene Erörterung dieses Phänomens kann hier nicht einmal ansatzweise geliefert werden. Die Erfolgsgeschichte Sherlock Holmes' und seines Autors beginnt nicht mit der Veröffentlichung des kurzen Romans, in der die Figur eingeführt und vorgestellt wird, *A Study in Scarlet*

(1887), sondern erst verzögert nach dem Erscheinen des zweiten Romans *The Sign of [the] Four* (1890) und der ersten Erzählungen, angefangen mit „A Scandal in Bohemia" (1891).

Eine neue Art von Detektivfigur

Die Figur des Detektivs erfährt bei ihm eine neue, so bis dahin noch nicht dagewesene Ausprägung. Sherlock Holmes ist der Typ des exzentrischen Amateurdetektivs, der die Detektion als exakte Wissenschaft betreibt (oder dies zumindest behauptet).

Serien-Detektiv und serielle Literatur

In seiner Autobiographie *Memories and Adventures* beschreibt Doyle, was aus seiner Sicht (und in der Rückschau!) das eigentlich Neue an seiner Detektivfigur Sherlock Holmes war: Für die in den 1890er Jahren sehr rasch populär werdenden Monatszeitschriften einen Protagonisten zu erfinden, der in jeder neuen Geschichte wieder auftritt, so dass die Leser jeden Monat die neuen Abenteuer dieses Helden miterleben wollen und dem Magazin die Treue halten (2009 [1924], 66). Mit dem seit Dezember 1890 erscheinenden *Strand*-Magazin hatte Doyle das ideale Medium für seine Detektiverzählungen zur Verfügung. Sein Protagonist hat wie keine andere literarische Figur das Interesse der Leserschaft gefesselt. Die Illustrationen von Sidney Paget boten der Leserschaft zusätzliche visuelle Eindrücke des Detektivs und seiner Umwelt. Text und Illustrationen bildeten zusammen ein für die Zeit hochaktuelle literarische Rekonstruktion der modernen Großstadt (London), die in den Bereichen Lenkung des Leserinteresses, Wiedererkennungs-Effekt und Identifikationsangebote konkurrenzlos war.

Logik und Scheinlogik

Mit dem Sammeln und Lesen von Spuren und Indizien (*clues*), dem Augenmerk auf noch das kleinste Detail und dem Deduzieren von Sachverhalten aus scheinbar nebensächlichen Daten verblüfft Sherlock Holmes immer wieder seine Klienten, die Polizei und seinen Gefährten Dr. Watson. Doyle bediente damit den Glauben an die Herrschaft eines rationalen Weltbildes, bei der der Detektiv durch logische Verfahren wie Deduktion, Induktion oder Abduktion (das Ausprobieren vom Hypothesen) zur Lösung gelangt. Dass weder in den Detektivgeschichten von Poe noch in denen von Doyle die Detektion wirklich deduktiv vorgeht und noch nicht einmal auf logische Verfahren, sondern eher auf Intuition, Spekulation, Imagination oder auf schlichtes Raten zurückgeht, ist schon oft festgestellt worden (Klein, Keller 1998 [1986]). Das ändert jedoch nichts daran, dass Dupin und Holmes und die klassischen Detektive in ihrer Nachfolge als mit rein logischen Mitteln verfahrende Ermittler *erscheinen* – und zwar einfach deshalb, weil sie einerseits selber uns das immer wieder versichern und andererseits, weil sie unfehlbar immer wieder erfolgreich sind. Das aber folgt nicht der Logik des Denkens, sondern der „Logik der Erzählung" (Osterwalder 2011, 74), die einfach verlangt, dass ein angeblich als logisch vorgehender Detektiv auch so erscheinen muss.

Die Watson-Figur

Sherlock Holmes' „friend and colleague" Dr. John H. Watson ist seit *A Study in Scarlet* der ständige Begleiter des Detektivs und auch sein fiktionaler Biograph. Die in der Tradition der Detektivgeschichte dann gattungstypisch gewordene „Watson-Figur" (Captain Hastings für Hercule Poirot bei Agatha Christie, Bunter für Lord Peter Wimsey bei Dorothy Sayers, Archie Goodwin für Nero Wolfe bei Rex Stout) hat eine Reihe von wichtigen Funktionen für die Texte: erzähltechnisch (1) als Erzähler, der immer nah am Geschehen ist, ohne dass der Detektiv selber die Aufgabe des Erzählens übernehmen müsste, (2) als Gesprächspartner, dem die Denkvorgänge (die „Deduktionen“) des Detektivsmitgeteilt werden und der damit die handlungslosen Teile der Geschichte überbrückt, und (3) schließlich als Stellvertreter der Leser, damit der Autor den Eindruck der vollständigkeit Offenheit erzeugen kann, obwohl er bzw. der Detektiv die wahre Bedeutung der entscheidenden Indizien für sich behalten kann (Sayers 1980 [1929], 57). Handlungstechnisch hat die Watson-Figur oft die Funktion, den Detektiv als unvermuteten Hinweisgeber unbewusst auf die richtige Spur zu führen, was dann zu komischen Situationen führt, wenn der Detektiv plötzlich einen Geistesblitz hat und seinem *sidekick* überschwenglich dankt, obwohl dem gar nicht klar ist, was er denn gerade so Weltbewegendes gesagt habe. Rezeptionsästhetisch fungiert die Watson-Figur (1) als Kontrastfigur zum Detektiv, die entweder nichts versteht oder zu den falschen Schlüssen kommt und damit in den Augen der Leser die Einzigartigkeit des Detektivs herausstellt und als (2) als Kontrastfigur zum Leser, der sich der Watson-Figur überlegen fühlen kann (Knox [Neunte Regel] 1983 [1929], 196). Diese Funktionen werden in unterschiedlicher Auswahl und mit unterschiedlichen Gewichtungen wahrgenommen, je nachdem wie die Watson-Figur im jeweiligen Text variiert wird.

2. Frühe Formen des Kriminalromans im 19. Jahrhundert (*The Notting Hill Mystery*, Wilkie Collins, Émile Gaboriau, Anna Katharine Green)

Die in England in den 1890er Jahren in Monatszeitschriften wie dem *Strand*-Magazin und seinen Nachahmern erscheinenden neuen Detektivgeschichten von Arthur Conan Doyle, Arthur Morrison, Grant Allen und L. T. Meade (Elizabeth Thomasina Meade Smith) u.a. waren ein Gegenentwurf zu zwei älteren Publikationsformen, die Verbrechen und Kriminalität thematisiert und popularisiert hatten, den *penny dreadfuls* und den seit den 1860er Jahren gern gelesenen *sensation novels*. Beide wurden als Gefahr für die Stabilität der gesellschaftlichen Ordnung kritisiert, obwohl sie ganz verschiedene Leserschaften ansprachen.

Groschenhefte (*penny dreadfuls*)

Die Groschenhefte (*penny dreadfuls*) in der Nachfolge der *Newgate Calendars* richteten sich an eher ungebildete Leser mit geringem Einkommen. Da in ihnen aus der Sicht bürgerlicher Kritiker das Verbrechen glorifiziert wurde, befürchtete man, dass die Lektüre solcher Hefte einen schlechten Einfluss auf die Arbeiterklasse, besonders auf junge Männer, haben könnte, die in der Kriminalität eine Alternative zur proletarischen Lebensweise sehen könnten.

Der Sensationsroman (*sensation novel*)

Mit *The Woman in White* (1860) hatte Wilkie Collins die erste sogenannte *sensation novel* geschrieben und damit eine besonders im nachfolgenden Jahrzehnt beliebte Romangattung gestartet. Collins und andere Autoren und Autorinnen wie Mary Elizabeth Braddon (*Lady Audley's Secret*, 1862) waren einerseits bei einem bürgerlichen Publikum sehr erfolgreich, sie waren unter Kritikern allerdings auch umstritten. Im Sensationsroman findet eine regelrechte „Invasion“ der Sphäre der bürgerlichen Familie durch das Verbrechen statt. Die Täter kommen nicht mehr aus den unteren Schichten sondern aus den bürgerlichen Mittel- und Oberschichten. Oft sind Frauen die Täterinnen und sie werden in den Augen der (männlichen) Kritiker zu oft positiv gesehen. Auch hier sah man also die Gefahr der Glorifizierung oder zumindest der Rechtfertigung von Verbrechen, diesmal aber in der bürgerlichen Mittelschicht. Rezeptionsästhetisch betrachtet waren die Sensationsromane darauf angelegt, eine heftige Gefühlsbewegung (*sensation*) beim Leser zu erzeugen.

The Notting Hill Mystery (1862)

„Der erste Detektivroman"

Schon 1972 stellte Julian Symons kategorisch fest: „Es besteht kein Zweifel, der erste Detektivroman vor Collins und Gaboriau, war *The Notting Hill Murder* (Der Mord von Notting Hill). Er erschien zuerst im November 1862 in der Zeitschrift *„Once a Week"* (58). Der in acht wöchentlichen Folgen veröffentlichte Roman hatte als Autor einen gewissen „Charles Felix". Das war aber, wie man erst kürzlich herausgefunden hat, ein Pseudonym für den Journalisten und Verleger Charles Warren Adams (1833–1903), dem damit die Ehre zuteil werden sollte, den ersten Detektivroman geschrieben zu haben (Collins 2011).

Die Herausgeberfiktion

Der Roman besteht aus Briefen, Protokollen von Vernehmungen, Tagebucheintragungen und den „Memoranda" des fiktiven Herausgebers Henderson. Er hat alle Dokumente zum Fall gesammelt und präsentiert sie seinen Vorgesetzten, da er sich bei der Beurteilung des Falles nicht sicher ist (Adams 1865, 7). Diese Struktur des Romans bedient sich bei der seit dem 18. Jahrhundert geschätzten Gattung des Briefromans (Samuel Richardson, Goethe: *Die Leiden des jungen Werther* [1774]), es wird aber auch der Eindruck des Dokumentarischen und der Authentizität erzeugt und die Tagebucheintragungen vermitteln Intimität und den Erlebnischarakter der Handlung. Die „Memoranda" des fiktiven Herausgebers Henderson dienen dabei immer wieder dazu, die aus den Dokumenten hervorgehenden Fakten zu sortieren und in einen Zusammenhang zu bringen. Am Ende fasst der fiktive Herausgeber zusammen, was aus den gesammelten Dokumenten hervorgeht. Eine einigermaßen phantastische Lösung des Falles wird vorgeschlagen, obwohl nicht mit endgültiger Sicherheit gesagt werden kann, dass diese Lösung auch stimmt.

Émile Gaboriau: L'Affaire Lerouge (1863)

Von der Detektiverzählung zum Detektivroman

Im Feuilleton der Boulevard-Zeitschrift *Le Pays* wurde 1863 der Roman *L'Affaire Lerouge* von Émile Gaboriau (1832–1873) veröffentlicht. Zuerst wenig beachtet, stellte sich dann aber ein enormer Publikumserfolg ein, als der Roman als Feuilletonroman in *Le Soleil* und als Buch 1866 erschienen war. Auch Gaboriau schöpft aus dem reichen Inventar des Sensationsromans und verwendet die Motive des Kindertausches, der geheimen Liebesverhältnisse, des gefälschten Testaments und der unterschlagenen Erbschaft (Alewyn 1970, 361). Gaboriau entwickelte aber auch eine für die Entwicklung der Gattung wegweisende Detektivfigur und er erweiterte die Detektiv*erzählung* durch verwickelte Handlungslinien und eine ausgeprägte Milieudarstellung zum Detektiv*roman*. Allerdings zeichnete sich der Roman auch durch einen übergroßen Anteil an Melodramatik aus, der nicht vereinbar war mit den sich gerade entwickelnden Gattungskonventionen des Detektivromans.

Detektivfiguren

Gaboriaus bekannteste und einflussreichste Detektivfigur ist die des „Monsieur Lecoq" nach dem Vorbild von Eugène François Vidocq (siehe Kap. IV.1). Auf ihn (und auf Poes Dupin) referiert Sherlock Holmes (als ob beide reale Personen wären) im zweiten Kapitel von *A Study in Scarlet*, wenn es darum geht, seine (Holmes') Überlegenheit als Detektiv herauszustreichen. Lecoq wird jedoch erst in späteren Romanen von Gaboriau zur Hauptfigur. In *L'Affaire Lerouge* nimmt der schon ältere, aber bereits berühmte Amateurdetektiv „Monsieur Tabaret" die Stelle der Detektivfigur ein. Es ist Tabaret, der „mit der Entschlossenheit eines Spürhundes" (Gaboriau 1981, 25) die Spuren sichert und interpretiert. Während die Polizei von völlig falschen Annahmen ausgeht und dementsprechend in ihren Ermittlungen fehl geht, stellt sich Tabarets Auslegung der am Tatort hinterlassenen Spuren als korrekt heraus. Tabarets Status als Amateurdetektiv und seine Vorgehensweise, wenn auch nicht seine körperlichen Charakteristika, haben bei der Gestaltung der Figur des Sherlock Holmes Pate gestanden. Allerdings irrt sich der scheinbar geniale Detektiv Tabaret bei der Bestimmung des Täters. Er liest zwar die Spuren am Tatort korrekt, verdächtigt dann aber den Falschen.

Entwicklung zum Detekivroman

Dieses Motiv des unschuldig Verdächtigten und des schuldigen Unverdächtigen wird dann eines der wichtigsten Handlungselemente des Detektivromans. Die verschlungene (und nicht immer plausible) Handlungsführung und die ausführlich aufgebauten Personenkonstellationen tragen dazu bei, dass der Roman weit über die Darstellung des am Anfang entdeckten Mordfalls und seiner Aufklärung hinaus geht. Der detailreichen Gestaltung hochadliger, bürgerlicher und halbweltlicher Milieus wird breiter Raum gewidmet. Innerhalb dieser Milieus – und diese teilweise auch miteinander verbindend – bewegen sich die Hauptfiguren, deren Konfrontationen in langen Dialogpartien szenisch dargestellt werden. Diese verbalen Auseinandersetzugen geben immer wieder Gelegenheit zu hoch melodramatischen Auftritten, bei denen die Gefühlsaufwallungen der fiktionalen Figuren „das dominierende Interesse" des Romans sind (Schulz-Buschhaus 1975, 32). Obwohl die Detektivfigur und die Detektion durchgängig von großer Relevanz sind, spielen Elemente des Sensationsromans und des Feuilletonromans noch eine große Rolle. Gaboriau hatte zwar „eine neue literarische Formel gefunden" (Alewyn 1970, 361), aber die Formel des Detektivromans war das noch nicht.

Wilkie Collins: The Moonstone (1869)

Vom Sensationsroman zum Detektivroman

Mit seinen Sensationsromanen war William Wilkie Collins (1824–1889), ein enger Freund von Charles Dickens, einer der erfolgreichsten Romanautoren der zweiten Hälfte des 19. Jahrhunderts. Standen in *The Woman in White* (1860) noch die Gefahr, in der sich das weibliche Opfer befindet und die Machinationen der Verschwörer, also das Verbrechen selbst im Vordergrund, änderten sich die Schwerpunkte in *The Moonstone* (1868), einem Roman, der lange als der erste Detektivroman überhaupt galt. T.S. Eliot bezeichnete den Roman 1927 als „the first, the longest, and the best of modern English detective novels" (zit. nach Mangham 2010, 381) und Dorothy Sayers sah in ihm „probably the very finest detective story ever written" (1980 [1929], 67). Beide Behauptungen sind zwar größtenteils nachweislich falsch, sie deuten aber an, welche wichtige Stellung der Roman in der Entwicklung des Detektivromans inne hatte.

Einführung von Elementen der klassischen englischen Detektivgeschichte

In *The Moonstone* finden sich schon die Elemente, die dann wenig später in der klassischen englischen Detektivgeschichte strukturbestimmend werden: das Landhaus als Schauplatz des Verbrechens, eine Anzahl von Indizien (*clues*), die auf den Täter verweisen, Zeugenbefragungen durch die Polizei und die Konkurrenz von Amateurdetektiven und Polizisten. Die Handlungsstruktur von Verbrechen-Detektion-Aufklärung hat das alte Erzählmuster von Verbrechen-Jagd auf den Verbrecher verdrängt (Worthington 2010, 25).

Analytische Struktur

Mit Ausnahme des Prologs, der die Vorgeschichte des titelgebenden Diamanten erzählt, wird der Roman analytisch erzählt, wobei die Aufklärung des Rätsels, der Diebstahl des Diamanten, im Vordergrund steht. Die Erzählung wird multiperspektivisch komponiert. Auch hier gibt es wieder eine Herausgeberfunktion, die gleichzeitig die Authentizität des Erzählten gewährleisten soll. Der Lösung liegt dann sogar eine an *Oedipus Rex* erinnernde Struktur zugrunde (wenn auch ohne das Inzest-Motiv): Franklin Blake, der die Untersuchung durch das Sammeln der Zeugenberichte veranlasst hatte, stellt sich am Ende selber als der Dieb des Diamanten heraus. Allerdings stand er unter dem Einfluss von Opium, das ihm der Arzt Candy gegeben hatte, um ihm einen Streich zu spielen.

Detektive und Detektion

In *The Moonstone* versuchen sich eine ganze Reihe von Detektiven und Detektivfiguren an der Aufklärung des Falles. Neben Franklin Blake, der aus persönlichen Motiven handelt und dem unfähigen Chef der lokalen Polizei Seagrave ist dabei in erster Linie an Sergeant Cuff von Scotland Yard zu denken, der schon bald herangezogen wird, um den Diebstahl aufzuklären. Collins hatte Sergeant Cuff nach dem Vorbild des wirklichen Polizeiinspektors Whicher gestaltet, der zu seiner Zeit eine legendäre und auch tragische Figur war (James 1999, vii–viii). Als genauer Beobachter, Einzelgänger und Rosenzüchter deutet sich bei Cuff der klassische Typus des exzentrischen Detektivs an, der von Sherlock Holmes über Hercule Poirot bis zu Nero Wolfe reicht.

Anna Katharine Green: The Leavenworth Case (1878)

Der letzte der hier kurz vorgestellten Romane, die man als Vorläufer oder als frühe Formen des Kriminalromans bezeichnen könnte, ist *The Leavenworth Case* der amerikanischen Autorin Anna Katharine Green (1846–1935). Green wurde als „mother of the detective novel" und als „the American Gaboriau" bezeichnet. *The Leavenworth Case* war der erste und erfolgreichste Kriminalroman der Autorin.

Übernahmen und Innovationen

Auch *The Leavenworth Case* zeigt deutliche Anklänge an den Sensationsroman, auch hier geht es um ein Testament, seine mögliche Fälschung, eine geheim gehaltene Heirat, verborgene und unerlaubte Leidenschaften und die Rivalität unter Schwestern. Dass die Autorin die Tochter eines Rechtsanwalts war, manifestiert sich darin, dass es im Roman eine große Rolle spielt, wie Frauen vom geltenden Erbschaftsrecht der Zeit benachteiligt werden. Interessanter ist jedoch, dass Green sich bereits auf Lesererwartungen beziehen bzw. diese spielerisch und innovativ negieren kann, indem sie ihren Detektiv Mr. Gryce als genaues Gegenbild zu Sergeant Cuff aus Collins' *The Moonstone* konzipiert (Sims 2010, xvi). Leser, die den Roman von Collins kannten, werden diesen intertextuellen Bezug sofort erkannt haben. Green übernahm aus *The Notting Hill Mystery* die Technik, Lagepläne der Örtlichkeiten des Tatorts in den Text einzufügen, ein Element, dass dann später zum Repertoire des Detektivromans gehört (etwa bei Agatha Christie oder Ellery Queen) und das den Lesern die Orientierung in Raum und Zeit bei der Aufarbeitung des Verbrechens erleichtern sollte. Solche Tatortskizzen waren in der Kriminalistik schon seit dem frühen 19. Jahrhundert im Gebrauch und sollten den Ermittlern ihre Arbeit erleichtern (Becker 2005, 84). Nach Knight verwendet Green zur Weitergabe von Informationen an die Detektive (und damit auch die Leser) zu viele und zu lange Dialoge. Es werden zudem zu oft ausgedehnte geständnishafte Reden gehalten, die mit der Aufklärung der Mordfälle zwar zu tun haben, aber doch nur Nebenumstände beleuchten. Außerdem spielen sich im Mittelteil des Romans die Ermittlungen des Hauptdetektivs Gryce zu sehr im Hintergrund ab und ohne dass die Leser Einblick in die Detektion haben. Aber Green habe trotz dieser Schwächen die Entwicklung des Detektivromans entscheidend mitbestimmt (Knight, 2005, 54).

3. Der Detektivroman der Zwischenkriegszeit (Agatha Christie, Dorothy Sayers, S.S. Van Dine)

Das „golden age" des Detektivromans

Das sogenannte „Goldene Zeitalter" des Detektivromans wird auf die zwanziger und dreißiger Jahre datiert. In dieser Zeit wird der Detektivroman perfektioniert und in fast allen Spielarten durchexerziert. Diese Romane sind bei einem Teil des Lesepublikums bis heute populär geblieben. Zu den wichtigsten Verfassern von Detektivromanen in dieser Zeit gehören Frauen: Agatha Christie (1890–1976), Dorothy Leigh Sayers (1893–1957), Margery Louise Allingham (1904–1966), Josephine Tey (Ps. für Elizabeth Mackintosh, 1896–1952) und Ngaio Marsh (1895–1982). Aber auch männliche Autoren in Großbritannien wie Anthony Berkeley Cox (auch unter dem Namen Frances Iles, 1893–1971), A.E.W. Mason (1865–1948), Michael Innes (eigentlich John Innes Mackintosh Stewart, 1906–1994), Nicholas Blake (eigentlich Cecil Day(-)Lewis, 1904–1972) und aus den USA wie John Dickson Carr (auch unter dem Namen Carter Dickson, 1906–1977), S.S. Van Dine (eigentlich Willard Huntington Wright, 1888–1939) und Ellery Queen (das Autorenduo Frederic Danney [Daniel Nathan, 1905–1982] und Manfred Bennington Lee [Manford Emanuel Lepofsky, 1905–1972]) gehören dazu.

Die Fragwürdigkeit der Bezeichnung

Die Bezeichnung „golden age" ist fragwürdig, da sie eine Einheitlichkeit der Schreibweisen vortäuscht, die es nicht gab und weil sie eine falsche Romantik evoziert. Es wurden einerseits in der Zeit zwischen den beiden Weltkriegen nicht nur Detektivromane, sondern auch schon Psychothriller und Polizeiromane geschrieben. Zum anderen stellen diese Romane eine Welt dar, in der Spannungen und Feindschaften in der Familie und soziale Gegensätze derart prominent sind, dass Assoziationen an ein idyllisches goldenes Zeitalter eigentlich irreführend sind (Knight 2003, 77). Trotzdem wird der Begriff „golden age" immer noch weitläufig verwendet – eine gewisse nostalgische Rückwendung schwingt darin sicher mit.

Änderungen im Leseverhalten und im Lesepublikum

Waren die meisten der zwischen 1887 und 1927 erschienenen und für das Detektivgenre maßgebenden Sherlock-Holmes Geschichten noch kürzere Erzählungen, so ändert sich das Leseverhalten seit der Jahrhundertwende radikal. Als Medienträger für Kriminalgeschichten wird die zweiwöchentlich oder monatlich erscheinende Zeitschrift immer mehr abgelöst durch den Roman, der mit dem umfassenden Ausbau von Leihbibliotheken einem immer größeren Publikum zugänglich wird. Eine durch den technischen Fortschritt möglich gewordene rationellere Haushaltsarbeit und eine bessere Bildung, besonders aber der steigende Anteil der Mittelschicht an der Bevölkerung macht es vor allem Frauen möglich, ihre größer gewordene Freizeit durch Lesen auszufüllen. Gerade der Kriminalroman profitiert von einer steigenden Zahl von Frauen im Lesepublikum und als Verfasserinnen. Damit mag die Weiterentwicklung der Detektivfigur zusammenhängen, die zwar meist immer noch männlich ist aber weiblichere Züge annimmt: Der Detektiv agiert fast ausschließlich in einer häuslichen Sphäre oder der einer Familie, die Sprache bewegt sich in den engen Bahnen des bürgerlichen Dekorums und traditionellerweise als weiblich codierte Eigenschaften (z. B. Hercule Poirots Eitelkeit oder seine Methode der Intuition) werden zur Charakterisierung der Detektivfiguren herangezogen (Symons 1972, 93–94; Knight 2003, 81–82; Horsley 2005, 38).

Der Rätselroman

Die weitaus meisten Detektivromane des „golden age" sind *clue puzzles* oder pointierte Rätselromane: Eine Reihe von *clues* (Anhaltspunkte, Spuren, Hinweise, Indizien, nach Alewyn: ein „Kryptogramm" [1998 (1968), 61]) werden in der Art eines *puzzle* (Zusammensetzspiel, Rätsel) im Text so angeordnet, dass die Leser – zumindest theoretisch – herausfinden können, wer der Täter gewesen ist (deshalb auch der Name „whodun[n]it" [who has done it] für Romane dieser Art). Als Paradebeispiele für analytisches Erzählen präsentieren diese Romane am Anfang ein Verbrechen, meist einen Mordfall, der dann von einem Detektiv aufgeklärt wird. Der Detektivroman als Rätselroman wurde oft mit einem (anspruchsvollen) Kreuzworträtsel oder mit einer Denksportaufgabe verglichen.

Der Detektivroman als literarisches Spiel

Der Spielcharakter des Detektivromans des goldenen Zeitalters ist sein entscheidendes Kennzeichen. Die Detektivgeschichte wird erstens verstanden als Spiel (Wettbewerb) zwischen dem Autor und dem Leser bzw. zwischen dem Detektiv und dem Leser. Gelingt es dem Autor, die Spuren im Text so deutlich zu legen, dass die Leserin den Täter herausfinden kann, ohne dass die Aufgabe zu leicht ist? Die Leser würden sich gleichermaßen betrogen fühlen, wenn das Rätsel zu schwer oder wenn es zu einfach ist. Die Autoren dürfen also weder zu viel noch zu wenig verraten, damit die Leser mit dem Detektiv wetteifern können. Die deutlichsten Markierungen dieses Aspekts des Spielcharakters sind die Herausforderungen an den Leser gegen Ende des Romans (aber noch vor der Erklärung des Falles durch den Detektiv), den Fall jetzt, da er oder sie alle Informationen habe, die auch der Detektiv hat, zu lösen. Solche Herausforderungen sind etwa in den frühen Romanen von Ellery Queen üblich. In diesem Zusammenhang sollte jedoch auch darauf hingewiesen werden, dass ein guter Detektivroman die Leser am Ende mit der Lösung überraschen soll. Das bedeutet, dass die Leser trotz der Betonung auf dem *fair play* (siehe unten) gerade *nicht* in der Lage sein sollen, das Rätsel zu lösen und das auch gar nicht wollen (Wölcken 1953, 205–208; Grella 1980 [1976], 86). Die Befriedigung der Leser entspringt also nicht der eigenen Fähigkeit, das detektivische Problem selber zu lösen, sondern der Fähigkeit des Autors oder der Autorin, die Konventionen und Regeln der Gattung so zu manipulieren, dass eine spannende Geschichte, eine intellektuelle Herausforderung *und* ein überraschendes Ende herauskommen (Raskin 1992 [1983], 73, 80; Suits 1998 [1985], 262). Letzten Endes sind es also die *Autoren*, die (mit den Regeln) spielen und die Leser erfreuen sich am Mitvollzug dieses Spiels und daran, wie gut der Detektivroman ‚gemacht' ist.

Spiel als Simulation

Zweitens muss der Detektivroman als Spiel im Sinne einer Simulation verstanden werden. Diese Romane entwerfen kein genaues Abbild der Wirklichkeit und der ihr zugrunde liegenden (gesellschaftlichen, ökonomischen, politischen, ideologischen) Strukturen, sondern sie wählen genau abgegrenzte Teilbereiche dieser Wirklichkeit aus und kombinieren diese zu einem literarischen Spielfeld, auf dem sich die Figuren bewegen. Die Reduzierung der Welt geschieht einzig und allein mit Blick auf das dargestellte Verbrechen, den „Fall". Die beteiligten Figuren sind nur als Spielfiguren wichtig, nicht als durchgestaltete literarische Charaktere, sie haben keine Sexualität, keine menschliche Tiefe, sie und der Roman insgesamt sind kein Spiegelbild des wirklichen Lebens (Symons 1972, 105).

Die Regeln

Wenn der Detektivroman ein literarisches Spiel ist, dann muss es drittens Regeln geben, die das Spiel definieren und vorschreiben, wie man es spielt. Dass dieses Spiel von vornherein abgekartet ist, weil die Leser ja, wie oben angemerkt, gar nicht wollen können, dass sie das Rätsel lösen, deutet bereits auf die Sonderstellung solcher Regeln hin: Sie definieren nicht das Spiel (das der Detektivroman ist), sondern sie sind Teil von ihm. Deshalb war Autoren wie Lesern (nicht aber Literaturwissenschaftlern) immer klar, dass die Regelkataloge nicht ganz ernst zu nehmen sind, sondern im Sinne des *tongue-in-cheek* verstanden werden sollten. Ein solcher Regelkatalog wurde in den zwanziger Jahren u.a. von dem Theologen und Autor von Detektivromanen Ronald A. Knox (1888–1957) als „Detective Story Decalogue" (1964, 194–196) zusammengestellt. Sogar auf „Zwanzig Regeln für das Schreiben von Detektivgeschichten" („Twenty Rules for Writing Detective Stories") kam S.S. Van Dine im Jahr 1936 (1971, 143–147). Hier wird festgelegt, was in einen Detektivroman gehört und was nicht: Das Verbrechen muss ein Mord sein, denn sonst lohne sich der ganze Aufwand nicht (Regel 7), ein Detektiv muss vorkommen (Regel 6), eine Liebesgeschichte im Roman dagegen würde nur vom eigentlichen Geschehen, dem Verbrechen und seiner Aufklärung ablenken (Regel 3). Die wichtigste Regel ist die des „fair play": Die Leser müssen über die gleichen Informationen verfügen wie der Detektiv und es muss alles mit rational erklärbaren Dingen zugehen (Regeln 1, 8 und 14). Wenn auch die Ernsthaftigkeit solcher Regelkataloge bezweifelt werden darf (das Abfassen der Regeln gehörte wie gesagt zum Spiel), so hatten sie doch wichtige Funktionen: Durch den Ausschluss von absurden oder abgenutzten Motiven und Handlungselementen etablierten sie eine Art Qualitätskontrolle, sie dienten der Kommunikation der Autoren und Autorinnen untereinander und auch der Verständigung zwischen ihnen und ihren Lesern (Horsley 2005, 41). Als Ansätze zu einer normativen Poetik des Detektivromans sollte man diese Regeln allerdings nicht verstehen.

Formelhaftigkeit und Sicherheitsgefühl

Die von diesen Detektivromanen immer wieder bediente Formel: Tod – Ermittlung – Erklärung entsprach den Lesererwartungen und diente der Befriedigung eines Bedürfnisses. Das englische Landhaus als stereotyper Tatort und der enge Kreis von Verdächtigen schaffen eine überschaubare Sphäre, in der das Verbrechen schon bei seiner Ausführung als eingedämmt erscheint. Am Ende steht immer die Lösung durch den Detektiv und die Erklärung von allem, was vorher rätselhaft war. Das Verbrechen resultiert aus rational erklärbaren Gründen, die für jeden in einer von bürgerlichen Werten bestimmten Welt verstehbar sind.Verbrechen sind Abweichungen vom herrschenden Verhaltens- und Wertekodex, die zwar beklagenswert sind, die gesellschaftliche Ordnung jedoch nicht grundsätzlich in Frage stellen. Das Verbrechen ist also letzten Endes kontrollierbar und am Ende wird die Ordnung wieder hergestellt. Die Formelhaftigkeit, der mangelnde Realismus und der Fluchtcharakter dieser Texte wurden oft kritisiert (z B. von Raymond Chandler, siehe das nächste Kapitel). Neuerdings wurde allerdings auch darauf hingewiesen, dass diese Art von Eskapismus auch nachvollziehbare sozialpsychologische Funktionen hatte: Nach den Schrecken des Ersten Weltkrieges entwarfen solche Romane Bilder einer sicheren Umwelt oder – in der Figur des verweiblichten oder dandyhaften Detektivs *à la* Poirot oder Peter Wimsey – Entwürfe einer in der Nachkriegszeit weniger bedrohlichen Art von Männlichkeit (Horsley 2005, 39).

Variationen und Erweiterungen der Formel

Schon gegen Ende der zwanziger Jahre wurde deutlich, dass sich der Detektivroman als reines Rätselspiel überlebt hatte. Autoren wie Van Dine und Anthony Berkeley Cox versuchten, das Genre von der engen Beschränkung auf das Verbrechen als Rätsel zu befreien und dem Detektivroman zusätzliche Dimensionen, etwa in der Charakterdarstellung und der Psychologie der Figuren, zu erschließen (Symons 1992, 118). Auch „invertierte" Detektivgeschichten, die nicht den Detektiv, sondern den Täter in den Vordergrund stellen und damit zur Untergattung des Thrillers gehören, gab es schon seit Richard Austin Freemans *The Singing Bone* (1912), Marie Belloc-Lowndes *The Lodger* (1913) und Francis Iles' *Malice Aforethought* (1931) und *Before the Fact* (1932), deren Titel bereits andeuten, dass hier nicht analytisch erzählt wird. Aber auch in vielen der Rätselromane wird nicht mehr streng analytisch erzählt. Oft beginnt ein Roman nicht mit dem Auffinden der Leiche, sondern es wird erst ein Handlungsraum und eine Figurenkonstellation entwickelt, die reichlich Motive für ein Verbrechen enthalten. Der Mord selbst passiert dann erst nach einer Reihe von Kapiteln, in denen alle Verdächtigen, das Opfer und auch der Detektiv vorgestellt wurden. Und auch nach dem Mord beschränkt sich die Handlung nicht mehr nur auf die Ermittlungsarbeit des Detektivs. Der Täter versucht seinerseits, die Arbeit des Detektivs zu stören (z.B. durch das Legen falscher Spuren oder durch weitere Morde, in denen Zeugen oder Mitwisser beseitigt werden). Hier werden bereits die Strukturmodelle des Detektivromans und des Thrillers kombiniert. In den Romanen selber verrät sich außerdem ein zunehmendes Maß von Selbstreflexivität und -referentialität. Ein gutes Beispiel dafür ist John Dickson Carr, der im siebzehnten Kapitel von *The Three Coffins* (1935, auch unter dem Titel *The Hollow Man*, dt. Der Unsichtbare) seinen Protagonisten und Detektiv Dr. Gideon Fell einen Vortrag über die verschiedenen Möglichkeiten eines *locked-room mystery* halten lässt. Zwar hat sich dieses Motiv seit Edgar Allan Poes „The Murders in the Rue Morgue" abgenutzt, indem man aber alle nur erdenklichen Variationen vorführt und erklärt, kann man es noch einmal verwenden.

Agatha Christie

Die bekannteste Autorin des *golden age* („Queen of Crime") und die „erfolgreichste Schriftstellerin aller Zeiten" (Keitel 2008, 29) ist Agatha Christie (1890–1976), die mit den Detektivfiguren Hercule Poirot und Miss Marple anscheinend zeitlos populäre literarische Gestalten geschaffen hat. Ihr erster, während des Ersten Weltkriegs spielender Roman, *The Mysterious Affair at Styles* (1920, dt. Das fehlende Glied in der Kette) führt den aus Belgien vor der deutschen Besatzung geflohenen früheren Polizeichef Hercule Poirot ein, der sich als Detektiv in England niederlassen wird. Als Ich-Erzähler fungiert der Rekonvaleszent Captain Hastings, der sich von seinen Kriegsverletzungen auf dem Landsitz eines Freundes erholen will. Hastings dient als Watson-Figur, indem er wichtige Spuren übersieht, die falschen Schlüsse zieht, sich von seinen Emotionen hinreißen lässt und so als Kontrastfolie die brilliante Arbeit von Poirot in den Vordergrund stellt. In ihrer umfangreichen Produktion hat Agatha Christie nicht nur alle Möglichkeiten des Detektivromans durchgespielt, sie hat auch immer wieder gezielt gegen die Regeln verstoßen, ohne damit je die Grenzen der Gattung ganz zu sprengen. So gibt es von ihr einen Detektivroman, in dem nicht nur *einer* der Verdächtigen der Täter war, sondern *alle*; einen, in dem der Ich-Erzähler der Mörder ist und schließlich sogar einen, in dem der Detektiv der Mörder ist.

Die „Queen of Crime"

Dorothy L. Sayers

Neben Agatha Christie ist Dorothy Leigh Sayers (1893–1957) die bekannteste Autorin des britischen *golden age*. Obwohl ihr Gesamtwerk deutlich schmaler ausfällt als das von Christie, ist sie, auch als Autorin von Essays zur Ästhetik und Poetik des Detektivromans wie „Aristotle on Detective Fiction" (1935, dt. Aristoteles über Detektivgeschichten, Vogt 1998, 13–22) oder ihrer Einleitung zu der Anthologie *The Omnibus of Crime* (1929), nicht weniger einflussreich als ihre produktivere *sister in crime* gewesen.

Lord Peter Wimsey

Die wichtigste Detektivfigur bei Sayers ist Lord Peter Wimsey, der in ihrem ersten Roman *Whose Body?* (1923, dt. Der Tote in der Badewanne, Ein Toter zu wenig) eingeführt wird. Lord Peter vertritt den Typus des *gentlemen sleuth*, also des wohlhabenden (aristokratischen) Amateurdetektivs, wie er auch durch Allinghams Albert Campion, Van Dines Philo Vance und den frühen Ellery Queen verkörpert wird. Dieser Typus ist definiert durch einen ausgeprägten Snobismus und eine humorvoll dargestellte Exzentrität, die in mannigfaltigen (Sprach-)Manierismen zum Ausdruck kommen. Allerdings ist das alles nur Fassade. Unter dem snobistischen Äußeren verbirgt sich eine scharfe Intelligenz und auch eine verletzbare Sensibilität. Wimsey ist in den frühen Romanen durchaus noch ein Beispiel für den *silly-ass sleuth*, den detektivischen Trottel, der seine komische Ungelenkheit und seine Dummheit nur vortäuscht, um die Verdächtigen in Sicherheit zu wiegen und desto besser überführen zu können. In den späteren Romanen ab *Strong Poison* (1930, dt. Starkes Gift bzw. Geheimnisvolles Gift) entwickelte Sayers die Figur weiter. Dabei wird das traditionell definierte Rollenverständnis der Figur immer mehr in Frage gestellt, was sich insbesondere als Thematisierung der Nachwirkungen des Krieges manifestiert. In einer fiktiven biographischen Anmerkung am Anfang von *Unnatural Death* (1927, dt. Keines natürlichen Todes) wird erzählt, dass Wimsey 1918 nach einer Granatenexplosion verschüttet wurde und ein Kriegstrauma davongetragen hat. Seine verletzbare und verletzte Männlichkeit zeigt sich eindrucksvoll, wenn er am Ende von *Busman's Honeymoon* weinend in den Armen seiner Frau zusammenbricht, als die Hinrichtungstunde des von ihm überführten Mörders schlägt.

Der Detektivroman als „novel of manners"

Dorothy Sayers hat sich bei der Weiterentwicklung des Detektivromans am Modell des im 18. und 19. Jahrhundert von Henry Fielding, Jane Austen, Anthony Trollope und anderen entwickelten satirischen Gesellschaftsromans, der „novel of manners" orientiert. In dieser Romangattung wurden obsolet gewordene und daher dysfunktionale gesellschaftliche Konventionen (wie etwa der Ehrenkodex in Theodor Fontanes *Effi Briest* [1895]) einem kritisch-satirischen Blick unterworfen. Der traditionell eng eingefasste Schauplatz des Detektivromans eignete sich gut, um als Mikrokosmos für bestimmte Teilbereiche der Gesellschaft stehen zu können, die dann, z.B. bei Michel Innes oder Edmund Crispin (Ps. von Robert Bruce Montgomery, 1921–1978) auf humorvoll-ironische Weise kritisiert werden konnten. Auch in den Romanen von Sayers finden sich diese umgrenzten Schauplätze wie etwa die Welt der Werbung in *Murder Must Advertise* (1933, dt. Mord braucht Reklame) oder das akademische Milieu in *Gaudy Night*, aber bei Sayers herrscht statt der humoristischen Darstellung eine ernsthafte Auseinandersetzung mit sozialen Missständen oder Problemen der Modernisierung vor.

S.S. Van Dine

Der Detektiv als reicher Nichtstuer: Philo Vance

Willard Huntington Wright (1888–1939) schrieb unter dem Pseudonym „S.S. Van Dine" und wollte den Krimimalroman als intellektuelles Spiel mit gehobenem Anspruch für ein gebildetes Publikum verstanden wissen. Die von Wright geschaffene Detektivfigur Philo Vance ist Spätaufsteher, Monokelträger, Snob, Zyniker, Flaneur, Sportsmann, Pokerspieler, Verfasser einer Magisterarbeit über Schopenhauer, Kunstkenner und Sammler, dilettierender Ägyptologe und klassischer Philologe, Einzelgänger und Sprachtalent. Er ist ein reicher Nichtstuer („social aristocrat"), der an der Harvard University studiert hat, in Manhattan lebt und dort am gesellschaftlichen Leben der sprichwörtlichen oberen Zehntausend teilnimmt, was ihn jedoch nicht auslastet. Vance kann als Detektiv tätig werden, weil er als Freund des Bezirksstaatsanwalts Markham von New York City mit dessen Fällen vertraut ist und seine Hilfe aus Interesse an der intellektuellen Herausforderung, die die Aufklärung eines Verbrechens gewährt, anbietet. Die Methode, derer er sich dabei bedient, besteht darin, das Verbrechen als Kunstwerk und als Resultat spezifischer psychologischer Zustände und Konstellationen zu verstehen. Beide gewähren Philo Vance, der sich auf Ästhetik und Psychologie versteht, in ihrer Einmaligkeit die Möglichkeit, den Schuldigen zu identifizieren. Der Ich-Erzähler, der ebenfalls unter dem Namen S.S. Van Dine auftritt, repräsentiert eine besondere Spielart der Watson-Figur. Er ist Archivar und eine Art lebendes Aufnahmegerät: Als ständiger Begleiter, Privatsekretär und persönlicher Anwalt ist er immer dabei, bleibt aber stets im Hintergrund. In zwölf Bänden steuert er keinen einzigen Satz in direkter Rede zum Gespräch bei. Van Dine hat ein umfassendes Archiv der Fälle angelegt und schreibt alles erst nieder, als Markham als Staatsanwalt abgewählt wurde und Vance das Land verlassen hat, um nie wieder in die USA zurückzukehren. Die ersten beiden Fälle, *The Benson Murder Case* (1926, dt. Der Mordfall Benson) und

The „Canary" Murder Case (1927, dt. Der Mordfall Canary), basierten noch auf authentischem Geschehen und etablierten „S.S. Van Dine" als besten amerikanischen Krimiautor seiner Zeit und als Antwort auf die den Markt beherrschenden englischen Krimiautorinnen. Auch die nächsten beiden Bände *The Greene Murder Case* (1928, dt. Der Mordfall Green) und *The Bishop Murder Case* (1929, dt. Der Mordfall Bischof) wurden noch große Erfolge, danach flaute das Interesse an Philo Vance immer mehr ab, es war die Zeit des realistischen Krimi mit seinem *hard-boiled detective* angebrochen, im Vergleich zu dem Vance mit seinem aristokratischen Gebaren wie ein Relikt aus fernen Zeiten anmutete.

4. Die amerikanische Schule des „hard-boiled" Krimis (Dashiell Hammett, Raymond Chandler, Ross Macdonald)

Entstehungskontexte

Sozialgeschichtlicher Hintergrund für die Anfänge der Schule des *hard-boiled* oder „hartgesottenen" Kriminalromans in den USA ist zum einen die Zeit der Prohibition (1919–1933) und das damit verbundene Aufleben des organisierten Verbrechens und der weitläufigen Korruption des Polizeiapparates und zum anderen die wirtschaftliche Depression der dreißiger Jahre und das von ihr ausgelöste soziale Elend sowie die Wanderungsbewegungen in die großen Metropolen. Modernisierungsprozesse und die sozialen Destabilisierungen in ihrem Gefolge bilden also den Hintergrund für diese Texte. Der *hard-boiled* Krimi zeichnet das Bild einer Gesellschaft, die ihre traditionellen Werte und Verhaltensmuster verloren hat. Im Angesicht eines Modernisierungsschubs, dessen soziale Auswirkungen noch nicht durch im gesellschaftlichen Konsens gewonnene Ausgleichsmechanismen gelenkt oder stabilisiert werden, kommt es zu Unsicherheiten und Irritationen auf dem Gebiet sozialer, politischer und ökonomischer Einrichtungen, von denen in den Texten der *hard-boiled* Schule vor allem drei immer wieder thematisiert werden: die neuen Geschlechterrollen, das Verhältnis des Individuums zur Allgemeinheit, sowie die Legitimität und Funktion staatlicher und anderer Institutionen.

Anfänge

Die ersten Texte der *hard-boiled* Schule erschienen in den zwanziger Jahren als kürzere Erzählungen in den billigen, wegen der schlechten Qualität des Papiers, auf dem sie gedruckt waren, sogenannten *pulp magazines* (*pulp* = Papiermasse, Papierbrei) wie *Black Mask* oder *Dime Detective Magazine*. Gefördert wurden die Autoren besonders durch den Herausgeber des *Black Mask Magazine* Joseph T. Shaw, der die Zeitschrift von 1926 bis 1936 leitete. Hier fanden Autoren wie Carroll John Daly, Dashiell Hammett oder der eher durch seine Perry Mason-Romane bekannte Erle Stanley Gardner eine erste Möglichkeit, ihre Arbeiten zu veröffentlichen.

Dashiell Hammett

Dashiell Hammett (1894–1961) gilt als der erste wichtige Autor der *hard-boiled* Schule. Hammett hatte als Detektiv bei der Pinkerton-Agentur gearbeitet, deren Logo, das weit geöffnete Auge über dem Schriftzug „We never sleep" die Bezeichung „private eye" sinnbildlich macht. Schon sein erster Roman *Red Harvest* (1929; dt. unter den Titeln *Rote Ernte* und *Bluternte*

1952) versammelt viele der für die Gattung typischen Elemente: Als Hauptfigur ein Privatdetektiv; ein Klient oder eine Klientin, dem/r der Detektiv von Anfang an misstraut; eine städtische Umgebung als Schauplatz; ein korrupter Polizeiapparat, dessen Vertreter mit den Gangstern unter einer Decke stecken; eine *femme fatale*, die den Detektiv durch ihre erotische Ausstrahlung in Gefahr bringt; eine scheinbar neutrale Erzählinstanz; und der Gebrauch einer als realistisch verstandenen Alltagssprache (Priestman 1998, 53; Scaggs 2005, 58). Der „Continental Op" (das heißt, der *operator* oder Agent, der für die „Continental"-Detektivagentur arbeitet) in *Red Harvest* und anderen Romanen und Erzählungen von Hammett agiert noch als Teil einer größeren Organisation, aber in dem Roman *The Maltese Falcon* (1930) tritt dann Sam Spade als Einzelgänger und *tough* guy auf, der seine im Grunde traditionellen Moralvorstellungen und sein Berufsethos gegenüber einer im moralischen Verfall befindlichen Gesellschaft aufrechterhalten will. John Hustons Verfilmung von 1941 mit Humphrey Bogart und Mary Astor in den Hauptrollen gilt als eines der ersten und besten Exemplare des *film noir*.

Raymond Chandler

Raymond Chandler (1888–1959) gilt als Nachfolger und Erbe Hammetts. Bekanntgeworden ist W. H. Audens Ausspruch über Chandler: „his powerful but extremely depressing books should be read and judged, not as escape literature, but as works of art" (1980 [1948], 19). Chandler demaskiert Los Angeles (als Beispiel für die moderne Großstadt überhaupt) als Ort der bloßen Fassaden, der Künstlichkeit und des falschen Scheins. Die moderne Großstadt erscheint als Sammelplatz für „Drogen, Gewalt, Verschmutzung, Müll und eine verfallende Infrastruktur" (Scaggs 2005, 70). In seinem ersten Roman *The Big Sleep* (1939) führt Chandler die Figur des Privatdetektivs Philip Marlowe ein, der dann in allen weiteren sechs Romanen, die er bis 1958 geschrieben hat, der Protagonist ist. Chandler folgt im Wesentlichen dem Schema, das Hammett vorgegeben hatte, führt aber in der Konzeption der Figur des Detektivs einige entscheidende Weiterentwicklungen ein. Im Gegensatz zu seinen Vorgängern entwickelt sich bei Marlowe im Lauf der Zeit eine Art von Privatleben, was erst dadurch möglich wird, dass Chandler seinen Helden durchgängig in jedem seiner Romane auftreten lässt (Hammetts Sam Spade kam nur in einem einzigen Roman vor). Was noch wichtiger ist: Chandler lässt die Leser „durch die Wiedergabe von Selbstgesprächen, Selbstanalysen, Denkprozessen und Träumen in das Innere seines Protagonisten blicken" (Müller 2008, 50). Damit werden dem Kriminalroman nicht nur erzähltechnisch neue Dimensionen erschlossen (erlebte Rede, innerer Monolog), die Figur des *tough guy*, des hartgesottenen Einzelgängers, wird dadurch auch komplexer und in ihrer scheinbar unangefochtenen männlichen Identität der (Selbst-)Ironie ausgesetzt. Minderheiten wie Schwarze und Asiaten kommen bei Chandler allerdings nicht vor. Diese blinde Stelle in der oft als realistisch empfundenen Wiedergabe der amerikanischen Gesellschaft ist für die frühen Texte der *hard-boiled* Schule typisch. Bei Philip Marlowe deutet sich an vielen Stellen an, dass er von rassistischen Ängsten nicht frei ist. Chandlers Darstellung von Frauen (*femme fatale*) als Bedrohung von männlicher Subjektivität und Integrität ist kennzeichnend für die frühe *hard-boiled* Schule allgemein (Scaggs 2005, 77). Nicht unerwähnt bleiben sollte Chandlers zuerst 1944 erschienener programmatischer Essay „The simple art of murder" (dt. „Mord ist keine Kunst"), in dem er mit dem englischen Detektivroman der Zwischenkriegszeit abrechnet. Den seiner Meinung nach ausgelaugten Formeln der Detektivromane des „golden age" wirft Chandler nicht nur mangelnden Realismus vor, er moniert auch, dass sie nicht einmal gemäß ihren eigenen Regeln funktionieren (1988 [1950], 12). Als ersten Autor von stilistisch ausgefeilten Kriminalgeschichten feiert Chandler Dashiell Hammett, der den Weg zu einer neuen, realistischen Schreibweise gewiesen habe.

Ross Macdonald

Der unter dem Namen „Ross Macdonald" schreibende Kenneth Millar (1915–1983) kann als Vertreter der mittleren Phase der *hard-boiled* Schule (von den fünfziger bis in die siebziger Jahre) gelten. Charakteristisch für diese Romane ist, dass ein in ihrer Vergangenheit liegendes Geheimnis den Zusammenhalt einer Familie bedroht (Scaggs 2005, 67). Macdonalds Held, der Privatdetektiv Lew Archer, macht sich in den zwischen 1949 und 1976 erschienenen Romanen oft auf, einen Vater oder eine Vaterfigur zu finden, die vermisst oder auf Abwegen ist (z.B. in *The Moving Target* [1949], dt. *Das wandernde Ziel, Reiche sterben auch nicht anders*) oder *The Galton Case* [1959], dt. Ein schwarzes Schaf verschwindet, Der Fall Galton). Die Ermittlungen des Detektivs decken aber nicht nur die Ursprünge von kriminellen Machenschaften, die zum Verschwinden des Vermissten geführt haben auf, sondern auch die durch eigentlich obsolet gewordene gesellschaftliche Normen und Konventionen verursachten Abgründe des Familienlebens. Solcherart zeigt Macdonald immer wieder das Zusammenspiel von sozialen und psychologischen Dysfunktionalitäten als Ursache von Verbrechen und Gewalt. Ähnlich, allerdings eher mit einem *soft-boiled* Detektiv und im deutschen Kontext, verfährt später dann Friedrich Ani in den Tabor-Süden Romanen (seit 1998).

Der Detektiv des hard-boiled Kriminalromans

Der *hard-boiled* Privatdetektiv, the *private eye*, ist auch ein „private I" (Scaggs 2005, 59), ein Einzelgänger und Außenseiter ohne Bindung an Familie, Freunde, ein Heim oder eine Heimat. Er ist nicht mehr ein Dandy oder ein wohlhabender Amateur, der die Detektion um des Zeitvertreibs willen betreibt, sondern er muss für seinen Lebensunterhalt arbeiten. Das Aufspüren von Verbrechern ist für ihn ein Geschäft, was allerdings nicht ausschließt, dass auch ein stark ausgepräger Sinn für Gerechtigkeit ihn antreibt. Was Gerechtigkeit ist, wird allerdings von ihm selbst bestimmt und ist für ihn nicht durch Gesetze oder Konventionen vorgeschrieben. Die Welt, in der er sich bewegt, ist eine bedrohliche und entfremdete Stadtlandschaft, geprägt durch alltägliche Gewalt und eine Sprache, die mit ihren temporeichen, gewitzten Dialogen den Redestil der Zeit spiegelt (Scaggs 2005, 56). Diese Welt wird beherrscht von Korruption und „wirklichem" Verbrechen, d.h. die dargestellte Kriminalität soll als der sozialen Wirklichkeit entnommen vom Leser erfahren werden. Die Leiche wird nicht mehr, wie Chandler es ausdrückte, zum Amusement des Detektivs bereit gestellt, sondern ist Ausdruck einer alle Lebensbereiche durchziehenden und alle jederzeit bedrohenden Gewalt. Die Methoden des Privatdetektivs unterscheiden sich deutlich von denen des Detektivs des klassischen Zeitalters: Hier finden sich keine Beobachtungen von kleinsten Details und keine logischen Deduktionen. Stattdessen gibt es direkte Befragungen und häufige Ortswechsel. Der Detektiv bringt die Dinge in Bewegung („stirring things up", Hammett 1989 [1929], 85), so wie man eine trübe Brühe aufrührt um zu sehen, was an Verborgenem und Unangenehmen an die Oberfläche geschwemmt wird. Als Ich-Erzähler in den meisten Romanen der *hard-boild* Schule, z. B. in denen mit Philip Marlowe als Hauptfigur, ist der Privatdetektiv auch erzähltechnisch das Zentrum des Textes. Der Detektiv ist zudem eine gespaltene Persönlichkeit: Hart im Nehmen aber trotzdem sensibel, intelligent aber trotzdem körperlicher Gewalt nicht abgeneigt, dem Polizeiapparat feindlich gesonnen aber gleichwohl wie dieser auf die Wiederherstellung von Recht und Ordnung aus (Scaggs 2005, 61).

Die Ideologie des *hard-boiled*

Die Kriminalromane des *hard-boiled* haben den Westernhelden des 19. Jahrhunderts in die Metropolen der Moderne versetzt (Buchloh/Becker 1990, 99; Scaggs 2005, 57). Viele Erzählungen und Romane spielen in Kalifornien, dem immer noch oder schon wieder „wilden" Westen der USA, wo der Detektiv jetzt als „urban cowboy" in einer Welt des ungebändigten Materialismus seine Art von Gerechtigkeit aufrecht erhalten will. Nur der hartgesottene männliche (!) Einzelgänger kann im Kampf um Recht und Ordnung und gegen Gewalt und Korruption etwas ausrichten. Allerdings muss er sich dabei auch oft Methoden bedienen, die ihn nicht besser erscheinen lassen als seine Gegner. Die Siege, die er erringt, sind bestenfalls kurzzeitig und ändern nichts an den grundlegenden Strukturen der Gesellschaft, die ihre Übel immer wieder aufs Neue hervorbringt. Hammetts *Red Harvest* war eine Anklage an den Kapitalismus als Gangstertum (Priestman1998, 53), was erklärbar ist durch Hammetts Sympathien für den Kommunismus. Auch wenn spätere Autoren und Texte nicht so einfach politisch einzuordnen sind, decken die Erzeugnisse der *hard-boiled* Schule ein weites Spektrum ideologischer Ansichten ab, das von den wertkonservativen aber auch rassistischen Vorstellungen eines Raymond Chandler über die eher liberalen Überzeugungen Ross Macdonalds bis zu den Machwerken von Mike Hammer mit Mickey Spillane als Helden reicht, wo rechtspopulistische und extrem frauenfeindliche Ansichten vertreten werden.

film noir

Eine Gattung, die der *hard-boiled* Erzählung schon früh zu bleibender Popularität verholfen hat, war der *film noir* der 1940er Jahre (benannt in Anlehnung an den *roman noir*, der französischen Bezeichnung für die Romane der amerikanischen *hard-boiled* Schule). Autoren der *hard-boiled* Schule fanden sich oft in Hollywood wieder. So arbeitete Raymond Chandler von 1943 bis 1948 als Drehbuchautor in Hollywood (Chandler war aber dann abgrundtief desillusioniert von den Scheinwelten, die in den Hollywood-Filmen erzeugt wurden. Er hat seinem Abscheu in einigen einschlägigen Stellen in seinem Roman *The Little Sister* [1949] Ausdruck gegeben). Nach Schätzungen wurden etwa 20 % der *film noir thrillers* zwischen 1941 und 1948 nach Vorlagen von *hard-boiled* Geschichten gedreht (Scaggs 2005, 69). Die im *film noir* im Mittelpunkt stehenden Verbrechen basieren meist auf erotischen Fixierungen und Verführungen. Diese dunklen Seiten der menschlichen Psyche werden im Film wiedergegeben durch Techniken, die das Spiel von Licht und Schatten akzentuieren. Das in vielen *film noir* verwendete *voice-over* spiegelt die Perspektive der Ich-Erzählung als Stimme des entfremdeten Individuums in einer feindlichen und bedrohlichen Umwelt wider.

Weiterführungen

Das *hard-boiled* Schema hat sich als erstaunlich flexibel und variationenreich erwiesen, gerade was die Repräsentation von unterdrückten Minderheiten betrifft. Das ist einer der Gründe, warum der *hard-boiled* Roman eine

Schule des Kriminalromans ist, die bis heute in mannigfaltigen Variationen produktiv geblieben ist. In seiner späten Phase (seit den achtziger Jahren) haben Autoren und AutorInnen wie Walter Mosley, James Ellroy, Sue Grafton oder Sara Paretsky dafür gesorgt, dass der *hard-boiled* Krimi weiterhin ein breites Publikum anspricht. Auch parodistische Wiederaufnahmen des Modells haben sich durchgehender Beliebtheit erfreut (Priestman 1998, 60). In filmischen Adaptionen wie Ridley Scotts *Blade Runner* (1982), das auf dem Roman *Do Androids Dream of Electronic Sheep?* (1969) von Philip K. Dick basiert, ist das *hard-boiled* Genre eine Amalgamation mit der dystopischen Sciene Fiction eingegangen, die durchaus dem ursprünglichen gesellschaftskritischen Impetus der Gattung entspricht.

5. Der psychologische Thriller und der action-Thriller (James M. Cain, Patricia Highsmith)

Steigerung der Gewalt, ständige Bedrohung, Verunsicherung

Die strukturellen Unterschiede zwischen Detektivroman und Thriller als den beiden Untergattungen des Kriminalromans wurden bereits in Kapitel I.4 diskutiert. Hier soll es jetzt darum gehen, den Thriller in seiner historischen Entwicklung und seiner Variationsbreite kurz vorzustellen. Dabei sollte zunächst festgestellt werden, dass es durchaus Übereinstimmungen oder Überlappungen zwischen Detektivroman und Thriller gibt, wie etwa das Auftreten einer Ermittlerfigur in manchen Thrillern. Die in Kapitel I.5 besprochene Typenkombination von Detektivroman und Thriller besonders bei neueren Kriminalromanen kann eine Differenzierung manchmal noch schwieriger machen. Trotzdem kann man grundlegende Unterschiede identifizieren. Der wichtigste rezeptionsästhetische Unterschied zwischen einem Thriller und einem Detektivroman ist, dass der Thriller ständig die Reizschwelle verschiebt,gleichermaßen den Einsatz erhöht oder die Elemente Gefahr, Gewalt und Schockerfahrung steigert. Dadurch wird eine Atmosphäre der ständigen Unsicherheit oder der steigenden Verunsicherung erzeugt, sowohl was die Figuren im Text betrifft als auch was die Leser angeht. Das wird einerseits erreicht durch ein im Vergleich zum Detektivroman größeres *Ausmaß* der Gewalt, wobei man sich eher schon in einem *qualitativ* anderen Bereich bewegt. Das Gewicht dessen, was auf dem Spiel steht, ist enorm. Die Bedrohung geht aus von Psychopathen oder Serienmördern, es geht um weltweite Verschwörungen oder apokalyptische Bedrohungen. Zum anderen wird die *Intensität* der Leseerfahrung gegenüber dem Detektivroman gesteigert. Im Thriller wird das Gefühl einer konstanten Bedrohung erzeugt. Gerade der menschliche Körper wird in seiner Verletzlichkeit gezeigt und er wird immer wieder Objekt brutaler und nicht selten perverser Gewalt. In Folterszenen, die detailliert beschrieben werden, kommt es zu Tabubrüchen, durch die Schockeffekte hervorgerufen werden sollen. Die Täter werden oft als menschliche Monster dargestellt, die ihre Grausamkeiten mit perverser Lust genießen (Glover 2003, 137–138).

Die ersten Thriller

Als massenhaft produzierte Unterhaltungsliteratur für ein ausschließlich männliches Publikum bezeichnete man als „Thriller“ zunächst die Erzeugnisse der sogenannten *pulp fiction*, die zwischen den beiden Weltkriegen den Markt mit billiger Romanware versorgte. In den USA wurden solche billigen Romane „dime novels" (a dime = 10 cents, dt. Groschenroman) genannt. Der Thriller als Untergattung des Kriminalromans übernimmt aus ihnen die Intensivierung und Beschleunigung der Handlung (*action*), siedelt diese jedoch innerhalb des Kontextes eines Verbrechens an, bei dem die Frage nach der Identität des Täters nicht mehr gestellt werden muss. Nach Julian Symons haben Marie Belloc-Lowndes (1868–1947) und Richard Austin Freeman (1862–1943) die ersten modernen Kriminalgeschichten geschrieben, in denen der Täter von Anfang an bekannt ist. Freeman hatte seine Erzählungen und Romane in Abgrenzung von, oder besser als Umkehrung des Detektivromans „inverted stories" genannt und die Arbeit seines Protagonisten, Dr. John Thorndyke, in den Mittelpunkt gestellt, der dem Täter mit wissenschaftlichen Methoden (die der Kriminalistik seiner Zeit weit voraus waren) auf die Spur kommt. Es gibt bei Freeman also noch eine Ermittlerfigur, auf die sich das Interesse konzentriert. In zwei Romanen von Francis Iles (Anthony Berkeley Cox), *Malice Aforethought* (1931, dt. *Vorsätzlich*) und *Before the Fact* (1932, *Vor der Tat*) steht dann nicht mehr die Arbeit eines Detektivs im Mittelpunkt, sondern die Frage, wie der Täter zur Tat getrieben wird und wie sich die vollendete Tat (in der Regel ein Mord) auf seine Persönlichkeit auswirkt (Symons 1972, 134). Stand in diesen frühen Versuchen noch das ausdrückliche Bestreben der Autoren und Autorinnen im Vordergrund, die eingefahrenen Bahnen der Detektivgeschichte zu verlassen und Verbrechen und Täter auf eine andere Weise darzustellen als in der Rekonstruktion durch einen Detektiv, so stellte sich bald heraus, dass sich im Thriller ganz neue Möglichkeiten des Schreibens eröffneten, die nicht nur als Gegenentwurf zum detektivischen Schema auf eine zunächst ungeahnte Weise produktiv werden konnten.

Die thematische Variationsbreite des Thrillers

In Kapitel I.4 wurde als tiefenstrukturelles Muster des Thrillers der *Wettstreit* zwischen einem Täter und einem oder mehreren Repräsentanten der Gesellschaft (normalerweise der Polizei) identifiziert. Innerhalb dieses Grundmusters gibt es aber gerade beim Thriller eine große Variationsbreite, die vom Gangsterthriller über den Gerichtsthriller, den Science Fiction Thriller, den Spionagethriller, den Politthriller und den Serienmörderthriller bis zum psychologischen Thriller reicht, wobei hier noch nicht einmal alle Möglichkeiten aufgeführt sind (Glover 2003, 139; Scaggs 2005, 108).

Einteilung in *action*-Thriller und psychologischen Thriller

Um die große Variationsbreite des modernen Thrillers terminologisch und analytisch besser in den Griff zu bekommen, hat sich im englischsprachigen Raum eine Unterteilung in zwei Großgruppen durchgesetzt, die in *noir thriller* und *anti-conspiracy thriller* (Priestman 1998, 34; übernommen von Scaggs 2005, 108). Andere Bezeichnungen für diesselben Gruppen von Texten sind *psychological thriller* und *action thriller*.

Anfänge des psychologischen Thrillers

Die Anfänge des *noir* oder psychologischen Thrillers liegen im Gangsterthriller der zwanziger und dreißiger Jahre (W.R. Burnett: *Little Caesar*, 1929), der vor dem Hintergrund von Wirtschaftskrise und Prohibition in den USA das organisierte Verbrechen thematisiert. Spätere Vertreter der „gangster fiction" wie Mario Puzi (*The Godfather*, 1969) zeigen den Mafia-Boss als Geschäftsmann und lassen seine Professionalität das Gebaren des kapitalistischen Wirtschaftssystems widerspiegeln (Scaggs 2005, 114). Noch die Fernsehserie *The Sopranos* (1999–2007) verwendete dieses Konzept auf äußerst erfolgreiche Weise.

Die „Transformation vom Gangster- zum echten Psychothriller" wird dann in den Romanen von Margaret Millar (1915–1994), John Bingham (1908–1988) und Jim Thompson (1906–1977) vollzogen, die in den vierziger und frühen fünfziger Jahren erschienen (Hirsch 2008, 60). Im psychologischen Thriller stehen das Verbrechen und der Täter im Mittelpunkt. Das Geschehen wird aus der Perspektive des Täters, eines Verdächtigen oder des Opfers geschildert. Die Gefahr, die durch das Verbrechen erzeugt wird, ist gegenwärtig, nicht Teil der Vergangenheit, wie im Detektivroman. Oft gibt es keine Ermittlerfigur oder wenn es eine gibt, spielt diese nur eine untergeordnete Rolle. Da sich die Frage nach dem Täter nicht stellt, werden psychologische Thriller auch als „whydun[n]it" bezeichnet (Scaggs 2005, 112).

Kennzeichen des psychologischen Thrillers

Die Bezeichnung „psychologischer Thriller" könnte leicht zu Missverständnissen führen, wenn man sie analog zu einer Bezeichnung wie „psychologischer Roman" verstehen würde. Eine tiefgehende Darstellung der Psyche des Täters (oder des Opfers) findet nämlich meist nicht statt. Gerade die Tatsache, dass der Thriller oft in der Ich-Form erzählt wird, könnte die Erwartung erzeugen, dass in solchen Texten die Erzähler in sich gehen, um ihren wahren Beweggründen auf die Spur zu kommen. Solche Erwartungen werden jedoch nicht erfüllt. Im psychologischen Thriller findet keine Analyse der kriminellen Psyche statt (Glover 2003, 149–150). Handlungsmotive werden nicht eingehend ergründet, Beweggründe bleiben unklar oder geheimnisvoll. Alles geschieht in der Plötzlichkeit des drängenden Moments, Wünsche und Begierden werden auf einmal akut und bekommen eine unerträgliche Intensität, die sich in Handlungen entlädt, aber woher das alles wirklich kommt, bleibt undeutlich und dunkel. Das unterscheidet den Thriller von psychologischen Romanen des 19. Jahrhunderts, auch von solchen, in denen das Verbrechen eine wichtige Rolle spielt, wie etwa Dostojewskijs *Verbrechen und Strafe* (vgl. Kap. I.2), wo die literarische Darstellung der Auswirkungen seiner Tat auf den Protagonisten Raskolnikow weit mehr ausmachen als bloß eine Schilderung seiner Reaktionen. Der „psychologische" Thriller ist eine Gattungsbezeichnung, die weniger auf den (thematischen) Aspekt des Auslotens einer Psyche als auf die Erzählweise abhebt: In solchen Kriminalromanen bleibt die Analyse der Psyche des Täters (oder des Opfers) auf die Oberfläche beschränkt. Der (neben handlungsstrukturellen Charakteristika) entscheidende Faktor für die Zuordnung zu dieser Gattung ist die erzählerische Darstellung des Bewusstseins der Hauptfigur(en) durch Techniken, die in der literarischen Moderne (vom Ende des 19. Jahrhunderts bis ca. 1920) entwickelt wurden wie der Bewusstseinsbericht (*psycho-narration*), die erlebte Rede oder der innere Monolog. Der Einsatz solcher Techniken bleibt jedoch beschränkt auf die Darstellung der Bewusstseinszustände eines Menschen unter Stress. Weitergehende philosophische (anthropologische, existentielle, metaphysische oder ethische) Reflexionen erwachsen daraus nicht.

Was bedeutet „psychologisch" in der Gattungsbezeichung „psychologischer Thriller"?

Im *action*- oder Verschwörungsthriller sieht sich ein Held einer mächtigen Verschwörung gegenüber, ohne auf die Unterstützung der staatlichen Autoritäten rechnen zu können (Priestman 1998, 34). Priestman merkt richtigerweise an, dass es sich hierbei um ein Handlungs- und Erzählmuster handelt, das so alt wie die Literatur (oder das Erzählen) selber ist (1998, 43). Die Nähe zur Abenteuergeschichte ist offensichtlich: Der Held oder eine Gruppe

Der *action*- oder Verschwörungsthriller

von Helden muss eine Reihe von Hindernissen und Gefahren überwinden, um eine wichtige Mission von großer moralischer Bedeutung zu erfüllen. Das ist „the simplest and perhaps the oldest and widest in appeal of all story types" (Cawelti 1976, 39–40). Verschwörungen von mächtigen Gruppen oder geheimen Gesellschaften liegen zwar schon einigen der Sherlock Holmes-Geschichten zugrunde (z.B. die Mormonen in *A Study in Scarlet* oder die kriminelle Organisation von Professor Moriarty in „The Red-headed League"), aber der Spionage- oder Agentenroman ist die Gattung, in der Verschwörungen am deutlichsten im Zentrum der Handlung stehen.

Die Anfänge des Spionageromans

Obwohl es Spione und einen ersten Spionageroman schon vorher gab (Symons erwähnt James Fennimore Coopers *The Spy* [1821], Priestmann nennt außerdem noch Walter Scott und Alexandre Dumas [1998, 44]), hat der moderne Agentenroman nach Symons seine Anfänge in Großbritannien nach der industriellen Revolution, als wissenschaftliches und technologisches Wissen für militärische Operationen und wirtschaftliche Macht von entscheidender Bedeutung wurde (Symons 1972, 228). Frühe Spionageromane sind Rudyard Kiplings *Kim* (1901), Erskine Childers' *The Riddle of the Sands* (1903) und John Buchans *The Thirty-Nine Steps* (1915, mehrmals verfilmt, u. a. von Hitchcock 1935). In diesen und anderen frühen Vertretern der Gattung sind die Gegner noch Agenten der mit Großbritannien konkurierenden aufstrebenden Industrie- und Militärmacht Deutschland. In Sappers (Herman Cyril McNeile, 1888–1937) *Bulldog Drummond* (1920) kommen dann die feindlichen Spione schon aus der Sowjetunion.

Die weitere Entwicklung der Gattung

Der Spionage- und Agentenroman wird besonders nach dem Zweiten Weltkrieg immer populärer und spiegelt die Ängste und Bedrohungsszenarien des Kalten Krieges wider. Die Auseinandersetzungen zwischen dem westlichen und dem östlichen Block liefern eine Fülle von Vorgaben, um die ideologischen Unterschiede auch propagandistisch auszubeuten. Während die Romane von Ian Fleming solcherart noch ein eindeutiges Bild von Gut und Böse oder von, Wir und die anderen' zeichnen, verwischen sich in den Spionageromanen von Graham Greene diese klaren Grenzlinien aber schon immer mehr (Priestman 1998, 45–46). Nach dem Auseinanderfallen der Sowjetunion und dem Ende des kalten Krieges sind die Fronten dann nicht mehr klar zu unterscheiden. In den Spionagethrillern von John le Carré (eigentlich David John Moore Cornwell, geb. 1931) wird das Geflecht von Intrigen und Gegenintrigen so dicht, dass im Spiel von Agenten und Doppelagenten am Ende nur noch unklare Loyalitäten und fragmentierte Persönlichkeiten und Identitäten übrig bleiben (Scaggs 2005, 119).

James M. Cain: *The postman always rings twice* (1934)

Mit seinem ersten Roman *The postman always rings twice* gelang es James M. Cain (1892–1977) auf Anhieb, einen Klassiker des *noir*-Thrillers zu schreiben. Das grobe Handlungsgerüst und die Idee für den Titel von *The postman always rings twice* hat Cain der Berichterstattung über einen berühmten Prozess aus den Jahren 1927–28 entnommen (Marling 2010, 428–429). Die Ausgestaltung der Romanhandlung und die differenzierte Charakterzeichnung der Figuren stammen jedoch von ihm selbst. Der Roman wird in der Form des fiktiven Geständnisses (*confessional novel*) in der ersten Person erzählt. Frank Chambers, der Ich-Erzähler, berichtet, was geschehen ist, aus seiner Gefängniszelle, in der er seine Exekution erwartet (was aber erst ganz am Ende offenbart wird). Er überblickt also das ganze Geschehen vom

Ende her, enthält sich aber bis zum Schluss jeglicher Andeutungen oder Kommentare auf das Kommende, so dass sich beim Lesen der Eindruck der unmittelbaren Präsenz ergibt. Aufgrund dieser den ganzen Roman hindurch offenbar herrschenden Gegenwärtigkeit haben die Leser das Gefühl, Zeuge von etwas zu sein, dass sich gerade erst ereignet. Die Lebendigkeit und Unmittelbarkeit der Bewusstseinszustände und Handlungen erweist sich dann erst am Ende als Produkt eines in der Retrospektion bereits verarbeiteten Erzählvorgangs. Die Protagonisten Frank und Cora werden vom Text, entsprechend dem Gattungsmuster des psychologischen Thrillers (im oben umgrenzenten Sinn des Begriffs), als Figuren mit Wünschen, Ängsten, (sexuellen) Obsessionen und Launen eingeführt. Die Beweggründe für ihr Handeln werden einigermaßen deutlich: Frank braucht zumindest zeitweise einen Lebensunterhalt und Cora fühlt sich von ihrem ungeliebten Mann angewidert. Beide vereint eine gewaltsame Sexualität, die sie auch ausleben wollen. Trotzdem bleibt der Zugang auf ihrer beider Psyche auf solche vordergründigen Motivationen eingeschränkt. Es gelingt ihnen nicht, sich dem jeweils anderen in dem, was sie wirklich wollen zu offenbaren. Gerade daraus entsteht immer wieder eine Spannung, die es verhindert, dass sie einander gegenseitig vertrauen können. Keiner von beiden kann sicher sein, dass der oder die andere nicht zur Polizei gehen wird, um den Partner anzuzeigen und selber straffrei auszugehen. Das für die Gattung kennzeichnende Misstrauen der beiden Hauptfiguren untereinander ist die Voraussetzung dafür, dass ihre wahren Persönlichkeiten und Triebgründe opak bleiben.

Patricia Highsmith

Patricia Highsmith (1921–1995) gehört zu den wichtigsten Autoren und Autorinnen des *noir*-Thriller. Besonders hervorgehoben wird immer wieder die Art, wie sie in ihren Texten eine fast unerträgliche Spannung (*suspense*) aufzubauen versteht und ihre Fähigkeit, komplexe und verschlungene Handlungsgefüge (*plots*) zu konstruieren. Highsmiths Verbrecher sind einfache Durchschnittsmenschen, die durch unvorhergesehene Umstände oder weil sie eine plötzlich auftauchende schwierige Situation nicht anders glauben bewältigen zu können, zu Mördern werden. Übermächtig werdende Wünsche und Begierden des Protagonisten liegen diesen Situationen zugrunde und zeigen Persönlichkeiten, die in ihren psychopathologischen Abweichungen das Potential des ‚normalen' Menschen für solche Aberrationen zeigen sollen. Zu den bekanntesten Texten von Highsmith gehören die zwischen 1955 und 1991 entstandenen fünf Romane mit Tom Ripley als Hauptfigur. Nimmt man alle fünf Romane zusammen, dann kann man Ripley als Serienmörder bezeichnen (Nicol 2010, 506; Messent 2013, 162) aber das ist zugleich auch etwas irreführend (wie ein Vergleich mit anderen Serienmörder-Thrillern zeigen würde). Tom Ripley mordet nicht aus einem perversen Vergnügen am Töten, sondern weil es aus seiner Sicht einfach notwendig ist, um seine Ziele zu erreichen. Als fiktive Figur ist Ripley ein Mann fast ohne jede Eigenschaften. Er ist wie ein leeres Gefäß, ein Mensch, der seine Persönlichkeit in ständiger Mimikry aus den ihn umgebenden Dingen und Menschen formt (Messent 2013, 162). Die beiden wichtigsten Wirkungseffekte der Texte von Highsmith kann man als „Verunsicherung" und als das Hereinziehen des Lesers in den Text, die allmähliche Identifikation mit der Hauptfigur verstehen. Die Verunsicherung sowohl des Lesers als auch der Hauptfiguren entsteht einerseits durch die Konstruktion der Handlungsabläufe mit ihren Unvorhersagbarkeiten und überraschenden Wendungen und andererseits durch die Persönlichkeitsmerkmale der Hauptfiguren selber, die ihre Wunsch- und Triebwelten nicht unter Kontrolle bringen können. Highsmith gelingt es, ihren Handlungen den Eindruck der Unabwendbarkeit zu geben, so dass alle Beteiligten (einschließlich der Leser) das Gefühl haben, auf eine Katastrophe zuzutreiben ohne etwas dagegen tun zu können. Dabei beginnt immer alles scheinbar harmlos, die Verwicklungen steigern sich aber, bis es zum Ausbruch unkontrollierter Gewalt kommt (Vogt 2009, 101–102). Der zweite für Patricia Highsmiths Kriminalromane spezifische Wirkungseffekt besteht darin, dass man sich als Leser oder Leserin im Laufe der Lektüre immer mehr mit der Hauptfigur, dem Täter, identifiziert oder anders gesagt: „Man zittert mit dem Mörder" (Schärf 2013, 43). Highsmith selber hat als Problem für Autoren von Kriminalromanen, die wie ihre eigenen psychopathische oder neurotische Helden aufweisen, herausgestellt, „how to make the hero likable" (Highsmith 1983 [1966], 46), also wie man einen solchen Helden liebenswert macht. Dass ihr dies immer wieder gelungen ist, wird von der Beliebtheit ihrer Romane belegt.

6. Der Polizeiroman und der forensische Thriller (Ed McBain, Patricia Cornwell)

Die Entwicklung des Polizeiromans

Der Polizeiroman in seinen verschiedenen Ausformungen ist eine der zur Zeit erfolgreichsten Untergattungen des Kriminalromans. Bevor es dazu kam, haben sowohl die modernen westlichen Gesellschaften als auch die Gattungsgeschichte des Kriminalromans eine Reihe von einschneidenden Transformationen erfahren. Polizeibeamte sind zwar schon in den frühen Kriminalerzählungen und -romanen des 19. Jahrhunderts aufgetreten – man denke etwa an den Polizeipräfekten in Poes Dupin-Geschichten oder die verschiedenen Scotland Yard-Inspektoren bei Arthur Conan Doyle. Wie man aber gerade an den Sherlock Holmes-Geschichten ablesen kann, haben diese Polizisten zumeist noch bestenfalls Nebenrollen und werden zudem als sture Beamte ohne jede Intelligenz oder ermittlerische Phantasie dargestellt. Die Ausnahme zu dieser Regel stellt die französische Tradition des Kriminalromans dar. Hier sind schon im 19. Jahrhundert Polizisten als staatliche Ordnungshüter die Helden, weshalb der Kriminalroman im Französichen *roman policier* heisst (auch dann, wenn gar kein Polizist im Roman vorkommt!). Von einzelnen Ausnahmen abgesehen werden erst nach dem Zweiten Weltkrieg Kriminalromane geschrieben, in denen Polizeibeamte die Hauptrolle spielen und zu Identifikationsfiguren werden. Bis in die achtziger Jahre des zwanzigsten Jahrhunderts machen Polizeiromane allerdings noch ein eher schmales Segment der Produktion von Kriminalromanen aus. Erst danach steigt ihre Popularität deutlich an und sie werden zur marktbeherrschenden Untergattung des Kriminalromans überhaupt (Panek 2003, 156).

Gründe für diese Entwicklung

Nach den Erfahrungen der Wirtschaftskrisen der dreißiger Jahre und des Zweiten Weltkriegs verlieren die Verbrechensdarstellungen des klassischen Detektivromans ihre Glaubwürdigkeit. Kriminalität wird nicht mehr als momentane Verirrung und Abschweifung von den moralischen Werten der bürgerlichen Mittelschichten verstanden, sondern als gesamtgesellschaftliche

Angelegenheit. Die Vorstellung, dass ein Amateurdetektiv diese Art von Kriminalität wirksam bekämpfen könnte, wird zunehmend als unrealistische und überholte Phantasie abgetan. Auch der Privatdetektiv der *hard-boiled* Schule kann als isolierter Einzelner nicht mehr den Schutz der Gesellschaft verbürgen. Das Verbrechen und seine gesellschaftlichen Hintergründe werden als komplexes Problem wahrgenommen, dessen Lösung nicht mehr von einem Einzelnen – und sei er noch so genial oder noch so hart im Nehmen – bewältigt werden kann, sondern für dessen Aufklärung die Ressourcen eines umfangreichen Polizeiapparates benötigt werden. Dazu gehören auch neue wissenschaftliche Methoden der Spurensicherung (*forensics*) und der Einsatz von psychologisch geschulten Experten, die Täter-Profile erarbeiten (*profiling*).

Kennzeichen des *police procedurals*

In den Romanen der frühen Autoren von *police procedurals* wie Lawrence Treat (Lawrence Arthur Goldstone, 1903–1998), Hillary Waugh (1920-2008), Maurice Proctor (1906–1973), John Creasey (1908–1973, Ps. J.J. Marric u. a.) und Salvatore Lombino (1926–2005, der unter den Pseudonymen Ed McBain und Evan Hunter schrieb) kristallisierte sich bald eine Reihe von Merkmalen heraus, die die Gattung kennzeichnen: die Arbeit einer Reihe von Polizisten im Team, die routinemäßigen Befragungen und Verhöre, das oftmalige Angewiesensein auf Informationen von Polizeispitzeln, die genaue Darstellung der Vorgehensweise (das *procedere*) der polizeilichen Untersuchung, der unsichere Ausgang der Ermittlung, die Mehrzahl von Polizisten als Figuren und von Fällen, die gleichzeitig bearbeitet werden müssen, die Zusammenarbeit mit Kriminaltechnikern und Spezialisten, die neuste wissenschaftliche Methoden anwenden sowie die Darstellung des Privatlebens der Ermittler, das oft unter den Anforderungen ihres Berufs leidet.

Strukturelle Unterschiede zum Detektivroman

Das *police procedural* ist in der Regel wie der Detektivroman analytisch strukturiert, d.h. am Anfang wird ein Verbrechen entdeckt, dessen Vorgeschichte es zu rekonstuieren gilt. Dessen ungeachtet gibt es aber erhebliche strukturelle Unterschiede zum Detektivroman, die mit den Stichworten „‚Veränderung der Rätselstruktur', ‚erheblich höhere Variationsbreite', ‚erhöhte Semantisierung des Raumes' und ‚Tendenz zur Hybridisierung'" beschrieben wurden (Feuchert 2008, 168). Einige dieser Unterschiede wurden bereits an anderer Stelle erläutert (zu Variationsbreite und Hybridisierung vgl. Kap. I.5). Unter der „Veränderung der Rätselstruktur" ist zu verstehen, dass die Lösung der Haupt- und Nebenrätsel (die Entzifferung der *clues*) nicht mehr im Bewusstsein einer einzelnen Detektivfigur zustande kommt, was Auswirkungen auf die Erzähllogik des Textes und seine Struktur hat. Die Spannungsbögen „reichen von Teilrätsel zu Teilrätsel" und „die Lösung des Haupträtsels ergibt sich kumulativ". Diese Art von Konstruktion ersetzt den „abschließenden Lösungsvortrag des Protagonisten" (Feuchert 2008, 168), also den kathartischen Auftritt des klassischen Detektivs, der am Ende vor allen versammelten Verdächtigen den Schuldigen entlarvt. Die „Semantisierung des Raumes" im *police procedural* ist in erster Linie eine Ausweitung der Schauplätze, die „einen immer ausgeprägteren lokalen oder regionalen Charakter" annehmen (Feuchert 2008, 169). Statt im geschlossenen aber innerhalb dieses Rahmens austauschbaren und oft typisierten Raum des klassischen Detektivromans (das Landhaus, das College, die dörfliche Gemeinschaft) spielt das *police procedural* in offenen Räumen, die geographisch, historisch und kulturgeschichtlich spezifiziert sind. Das wird besonders deutlich in Romanen von Ian Rankin mit Edinbourgh als Schauplatz, von Chester Himes (New York, Harlem) oder, als oft kommentiertes Beispiel, in den Romanen von Tony Hillerman, die im Navajo-Reservat der USA spielen (Scaggs 2005, 103–104).

Realismus als Definitionskriterium

Die Forderung nach einer realistischeren Darstellung von Kriminalität und ihrer Bekämpfung steht, wie erwähnt, am Beginn der Entwicklung vom Detektivroman zum Polizeiroman. Um größere Glaubwürdigkeit und Authentizität zu erlangen, wird die tägliche Routine der Polizeiarbeit geschildert. Dabei wird den Lesern vor Augen geführt, wie Ermittlungen erfolgen, wie die Hierarchien des Polizeiapparates funktionieren, welche Ressourcen zur Verfügung stehen und wie sie genutzt werden. Hier geht es besonders seit den achtziger Jahren um den Einsatz wissenschaftlicher und technologischer Mittel wie den verschiedenen psychologischen (*profiling*) und forensischen Anwendungsgebieten (Rechtsmedizin, Kriminaltechnik, Spurensicherung). Dabei geht viel von der Aura des mit außergewöhnlichen Geisteskräften ausgestatteten Individuums verloren, die den klassischen Detektiv umgeben hatte. Im Polizeiroman wird nicht mehr der Detektiv als Genie und Erlöserfigur inszeniert, sondern alles dreht sich um die harte und schmutzige Wirklichkeit des alltäglichen Verbrechens. Hier überschneidet sich die Vorstellung von den *mean streets* der *hard-boiled* Schule mit der Grundannahme des Polizeiromans, dass das Verbrechen nicht mehr – wie im klassischen Detektivroman – als etwas gezeigt werden kann, das in exklusiven und abgeschlossenen Räumen passiert. Die Realität des Verbrechens besteht darin, dass es aus einer anonymen Masse heraus produziert wird und dass nur eine alles umfassende Überwachung das moderne Verbrechen noch im Zaum halten kann. Die großstädtischen Schauplätze, z.B. bei Ian Rankin zeigen die sozialen und ökonomischen Gräben und Klüfte, die die (in diesem Fall moderne schottische) Gesellschaft durchziehen. Der Polizeiroman wird im Gegensatz zur Ich-Erzählung des *hard-boiled* Detektivs meistens auktorial erzählt, wobei eine Art des auktorialen Erzählens verwendet wird, die Objektivität suggerieren soll. Zum Realismus der Darstellung gehört ferner, dass mehrere Handlungsstränge gleichzeitig ablaufen, d.h. es wird in mehreren Fällen gleichzeitig ermittelt („multiple plot lines", Scaggs 2005, 94) und es werden nicht alle Fälle gelöst. Allerdings kommt es auch vor, dass Fälle, die anfangs scheinbar nichts miteinander zu tun haben, sich am Ende als verknüpft herausstellen („converging plotlines"). Bei allem Insistieren auf dem Realismus der Texte muss daran erinnert werden, dass Polizeiromane fiktionale Texte sind, die unterhalten sollen. Was in ihnen als die Arbeit der Polizei dargestellt wird, ist eine Aufbereitung der Wirklichkeit, nicht diese Wirklichkeit selbst. Gerade diejenigen Aspekte polizeilicher Arbeit, die bloße Routine und damit langwierig, ermüdend und auch langweilig sind, kommen in *police procedurals* nicht vor (Suerbaum 1984, 163; Feuchert 2008, 167–168).

Der Polizeiroman als Gesellschaftsroman

Der die Gattung definierende Realismus macht das *police procedural* zum „ideal vehicle for interrogating both the social order and the structures that support it" (Scaggs 2005, 97). Der Kriminalroman kann also einerseits zur sozialen „Enquete" werden, zur kritischen Untersuchung der Machtstrukturen der gegenwärtigen Gesellschaft, ihrer ökonomischen Widersprüche und ihrer Ausgrenzungsstrategien. Der Polizeiroman betrachtet dann nicht nur die ausführenden Organe der Justiz, sondern auch die Gesellschaft als Ganzes. Fragen des sozialen Zusammenhaltes von Gesellschaften, den Kräften, die diesen Zusammenhalt in Frage stellen oder bedrohen, sowie die Anstrengungen, die staatliche Institutionen unternehmen, um disruptive Kräfte zu neutralisieren, werden in ihm gestellt. Besonders in den Polizeiromanen von May Sjöwall und Per Wahlöö und denen von Henning Mankell (vgl. Kap. V.6), aber auch bei Ian Rankin, Elizabeth George oder Friedrich Ani, um hier nur einige Autoren und Autorinnen zu nennen, wird ein kritischer Blick auf gesellschaftliche (Fehl-)Entwicklungen geworfen.

Ideologiekritische Sicht des *police procedurals*

Der Polizeiroman kann allerdings auch dazu verwendet werden, den Polizeiapparat als Stütze der bestehenden Verhältnisse, als „a powerful weapon of reassurance in the arsenal of the dominant social order" (Scaggs 2005, 98) darzustellen. Diese ideologiekritische Sicht des *police procedurals* als Mittel der Überwachung und Kontrolle von gesellschaftlichen Randgruppen, Dissidenten oder Subkulturen steht in der Tradition des „private eye" der *hard-boiled* Schule. Wenn der Wahlspruch der privaten Pinkerton-Detektei „We never sleep" auf den Polizisten und damit den Vertreter der Staatsmacht mit allen ihren Mitteln der Observierung und Datenerfassung übergeht, dann entsteht das, was Michel Foucault das „Panopticon" als Zeichen der „Disziplinargesellschaft" genannt hat (1977 [1975], 268–269). Das *police procedural* wird dann in den Augen seiner Kritiker zu einem „textuellen Panoptikum", das gerade durch seinen Seriencharakter den Eindruck erzeugt, dass es vor der allumfassenden Überwachung und Kontrolle durch die staatlichen Behörden kein Entkommen gibt (Scaggs 2005, 89).

Ed McBain

Ed McBain hieß eigentlich Salvatore Lambino (in manchen Quellen: Lombino). Er wurde 1926 in New York geboren. Später änderte er seinen Namen zu Evan Hunter. Er hat unter zahlreichen Pseudonymen seit den fünfziger Jahren eine Vielzahl von Kriminalgeschichten und -romanen verfasst. Das Pseudonym „Ed McBain" verwendete er u. a. für eine Serie von *police procedurals* über das 87. Polizeirevier in der fiktiven Großstadt „Isola", die aber eindeutig New York nachempfunden ist. Sein Roman *Cop Hater* (1956, Blutiger Asphalt/Polizisten leben gefährlich) wird oft als erstes wirkliches *police procedural* bezeichnet. McBain hatte sich genau über die Arbeit in einem New Yorker Polizeirevier unterrichtet, bevor er seine Serie über das 87. Polizeirevier begann. Typische Motive des *police procedurals* gehen zumindest zum Teil auf diese Recherchen zurück: die überarbeiteten Beamten; die kritisch bis feindlich eingestellte Umwelt, vertreten durch die Medien; der an *burn-out* leidende Polizist oder die Entfremdung der Beamten vom Leben außerhalb ihres Berufes (Panek 2003, 157). Im Mittelpunkt der Romane steht eine Gruppe von Polizeibeamten (*detectives*) des 87. Polizeireviers in der Metropole „Isola". Es gibt einen wechselnden Kreis von Beamten, die in den einzelnen Romanen mehr oder weniger prominent (oder auch gar nicht) auftreten. Ihre Namen sind sprechend: Sie markieren die ethnische Zugehörigkeit oder das Herkommen ihrer Träger und weisen „Isola" als großstädtisches Völkergemisch aus, in dem die Polizisten die Zusammensetzung der Gesamtbevölkerung widerspiegeln (Knight 2004, 156). Die Beamten des 87. Reviers müssen realistischerweise immer mehrere Fälle zugleich bearbeiten, die *procedures*, also die verschiedenen Verfahren der routinemäßigen Polizeiarbeit werden geschildert: forensische Gutachten werden eingeholt, das Heraussuchen von archivierten Informationen über Tatverdächtige aus den verschiedenen Karteien nimmt viel Zeit ein, Zeugen und Verdächtige werden vernommen, die Spezialisten von der Spurensicherung werden als gleichberechtigte Akteure in die Handlung einbezogen.

Der forensische Thriller

Dem Erfolg von Fernsehserien wie *CSI* oder *Bones* (basierend auf den Romanen von Kathy Reichs) geht das Entstehen einer neuen Untergattung des Kriminalromans (und des *police procedurals*) in den neunziger Jahren voraus. Autorinnen und Autoren wie Patricia Cornwell, Reichs, Val McDermid, Ridley Pearson, Helene Tursten und andere entdecken hier ein Potential für die Literatur wieder, das schon im 19. Jahrhundert sowohl in der Kriminalistik als auch in den fiktionalen Detektivgeschichten angelegt war: die wissenschaftliche Untersuchung aller Dinge („Realien") und Personen, die mit einem Verbrechen etwas zu tun haben könnten. Der Begriff „Forensik" bezeichnet alle „Untersuchungen im Kontext gerichtlich relevanter Fragestellungen" und umfasst die forenische Psychologie und Psychiatrie, die forensische Linguistik und vor allem die Rechtsmedizin (Birke/Butter/Gymnich 2008, 135 Fn.). „Unter Kriminaltechnik versteht man die naturwissenschaftlichen Praktiken und Methoden zum Erkennen, Sichern und Auswerten aller materiellen Spuren und Beweismittel" (Becker 2005, 137). Psychologie und Psychiatrie werden schon seit dem späten 18. Jahrhundert für die Beurteilung von Straftaten relevant, die Gerichtsmedizin und die Chemie werden seit dem 19. Jahrhundert immer wichtiger für das Justizwesen (Becker 2005, 43). Im Bereich der fiktionalen Texte liegen die Dinge ähnlich: Als Dr. Watson zum ersten Mal Sherlock Holmes begegnet, ist dieser gerade mit einem chemischen Experiment beschäftigt, um menschliche Blutspuren besser nachweisen zu können (im ersten Kapitel von *A Study in Scarlet*). Die gegenwärtige Faszination mit der wissenschaftlichen Spurensicherung wurde als direkte Verlängerung der Wissenschaftsgläubigkeit des 19. Jahrhunderts interpretiert, die in Figuren wie Sherlock Holmes zum Ausdruck kam und die Bekämpfung von Verbrechen und Terrorismus auf eine naturwissenschaftliche und technologische Basis stellt (Harrington 2007).

Patricia Cornwell und die Kay Scarpetta-Romane

Die 1956 geborene Patricia Cornwell hat mit ihren Romanen um die Rechtsmedizinerin Dr. Kay Scarpetta dem forensischen Thriller zum Durchbruch verholfen. Wie in vielen anderen forensischen Kriminalromanen ist auch in Cornwells Romanen die Hauptfigur weiblich. In bisher zweiundzwanzig Romanen untersucht Dr. Scarpetta die Leichen von Mordopfern, deren Körper zum Zeichenträger werden und der Gerichtsmedizinerin viel von dem verraten, wie es zu dem Mord gekommen ist und welche Art von Person der Mörder sein muss. Dabei wird nicht an grausamen und blutigen Details gespart. Der menschliche Körper, und zwar der misshandelte, gequälte, zerstörte, zum Opfer eines unmenschlich erscheinenden Vernichtungs- und Tötungswillens gemachte Körper wird zum Zeugen des Realen, einer Wirklichkeit, die meistens verschwiegen wird oder vor der man wegschaut. Cornwell hat mit Scarpetta eine Zeugin geschaffen, die den Toten wieder zu einer Sprache verhilft, indem sie aus den Spuren an ihren toten Körpern liest, was ihnen angetan wurde (Brittnacher 2004, 109; Horsely 2005, 151). Allerdings hinterlässt diese Art von Wissen und Zeugenschaft auch ihre Spuren in der Persönlichkeit von Dr. Scarpetta. Sie hat selbst immer wieder mit psychischen Problemen zu kämpfen, die aus ihrer Arbeit mit traumatisierten Körpern resultieren. Wissenschaftlichen Verfahren wird bei der Verbrechensbekämpfung eine große Bedeutung gegeben und deren glaubwürdiger Darstellung wird viel Platz eingeräumt. Die Methoden und Prozesse, die angewendet werden, um Informationen über die Opfer und den Täter zu bekommen, werden ausführlich beschrieben und die verlässliche Dokumentation und Archivierung der Testergebnisse nimmt eine zentrale Stellung innerhalb der Handlung ein. Das „DNA profiling", also die Analyse von Spuren von DNA ist ein ganz neues Instrument der Täteridentifizierung und bietet Möglichkeiten, die man vorher nicht hatte. Dr. Scarpetta benutzt u.a. auch ein Elektronenmikroskop, um ein auffallendes Material, das man an den Tatorten gefunden hat, zu untersuchen.

Die Nähe der Protagonistin zu den Opfern

Die Protagonistinnen im forensischen Thriller verstehen sich als „Anwälte der Opfer" (Birke/Butter/Gymnich 2008, 138). Das bedeutet, dass sie aus der Untersuchung der Leichen ihrer Opfer auf deren Lebensgeschichte und die Umstände ihres Todes zurückschließen und es als ihre Aufgabe verstehen, mit ihrer Arbeit dazu beizutragen, dass den Opfern Gerechtigkeit widerfährt. Anhand der medizinischen Untersuchung der Opfer erzählen Rechtsmediziner wie Dr. Scarpetta die Geschichte des Lebens und Sterbens eines Menschen und identifizieren sich nicht selten mit ihm oder ihr.

7. Postmoderne Kriminalromane und Anti-Kriminalromane (Jorge Luis Borges, Umberto Eco, Paul Auster)

Allgemeine Kennzeichnung

Die Bezeichnungen „postmoderner Kriminalroman", „Anti-Kriminalroman" oder „metaphysischer Kriminalroman" werden oft synonym verwendet. Es sind Romane, die eine Sonderstellung in der Kriminalliteratur einnehmen, da ihnen ohne Weiteres der Status des „Literarischen" zugestanden wird. Man kann sie grob in zwei Gruppen unterteilen. Die erste Gruppe umfasst Romane, in denen die der Gattung Detektivroman zugrundeliegenden Konventionen und ihre konstituierenden narrativen Strukturen als von vornherein fragwürdig und unglaubhaft oder als verbraucht und obsolet kritisiert werden. Beispiele dafür wären Friedrich Dürrenmatts *Das Versprechen. Requiem auf den Kriminalroman* oder die Kriminalromane von Leonardo Sciascia. Die andere Gruppe besteht aus Romanen, die bestimme Elemente des Kriminalromans verwenden, um allgemeine ontologische oder epistomologische Grundannahmen infrage zu stellen. Fast immer werden solcheTexte der literarischen Postmoderne zugerechnet. Beispiele dafür wären Romane des französischen *nouveau roman* von Alain Robbe-Grillet und Michel Butor, Thomas Pynchons *The Crying of Lot 49* (1966, dt. Die Versteigerung von No. 49), Peter Handkes *Die Angst des Tormanns beim Elfmeter* (1970) oder Kazuo Ishiguros *When We Were Orphans* (2000, dt. *Als wir Waisen waren*). Dies sind nur wenige Beispiele aus einem inzwischen großen Textkorpus (dazu Marcus 2003, Lange 2008). Im Kontext der Postmoderne kennzeichnet den Anti-Detektivroman „der Verlust des Glaubens an Kohärenz, Kausalnexus und an die Möglichkeit der Literatur, Wirklichkeit schlüssig zu erfassen und zu beschreiben" (Schmidt 2014, 40). Die ihm zugrunde liegenden Intentionen sind die „des Pastiche, der Verfremdung, der Parodie, der Kombinatorik, der Umkehrung, der Falsifikation" (Schulz-Buschhaus 1998 [1997], 526).

Definition und Begriffsgeschichte

Die in der Forschungsliteratur am meisten zitierte Definition des Anti-Kriminalromans ist die von Merivale/Sweeney: „A metaphysical detective story is a text that parodies or subverts traditional detective-story conventions – such as narrative closure and the detective's role as surrogate reader – with the intention, or at least the effect, of asking questions about mysteries of being and knowing which transcend the mere machinations of the mystery plot" (1999, 2). Die Bezeichnung „metaphysical detective story" ist seit 1941 im Gebrauch und wird synonym mit „postmodern detective story" oder „anti detective story" verwendet. Howard Haycraft hat den Begriff für die Beschreibung der Texte von Gilbert Keith Chesterton geprägt (Merivale 2010, 309). Schon früh werden diese Bezeichnungen zur Charakterisierung von Texten verwendet, die die Konventionen der „klassischen" Detektivgeschichte hinterfragen, destabilisieren und parodieren und Fragen stellen über die Rätsel des Seins und des Wissens. Kurze Übersichten, Gesamtdarstellungen und Sammelbände zum Thema finden sich bei Holquist 1971/72, Tani 1984; Merivale/Sweeny 1999; Marcus 2003; Scaggs 2005, 139–143; Merivale 2010 und Schmidt 2014.

Merkmale und Motive des Anti-Kriminalromans

Es lassen sich einige typische Merkmale und Motive des Anti-Kriminalromans anführen (nach Merivale/Sweeney 1999, 8; Lange 2008, 215 und Schmidt 2014, 55). Nicht alle lassen sich in jedem Roman finden, es gibt jedoch keinen Anti-Kriminalroman, in dem nicht wenigstens einige der hier aufgelisteten Charakteristika auftauchen. Zunächst einmal fällt auf, dass der Detektiv oder die Ermittlerfigur am Ende erfolglos bleibt. Indizien und Hinweise sind mehrdeutig oder haben gar keine Bedeutung. Es wird keine befriedigende Lösung am Ende gefunden, weil es keine erfolgreiche Detektion gibt. Vermisste Personen stellen sich oft als Doppelgänger des Detektivs heraus. Die Erwartungen der an konventionellen Gattungsmustern orientierten Leser werden enttäuscht. Stattdessen werden die Formen und Konventionen des Kriminalromans reflektiert und kritisiert. Die Ermittlung des Verbrechens wird auf eine andere Bedeutungsebene verlegt, es geht eher um philosophische Fragen als darum, wer warum was getan hat. Das (individuelle) Verbrechen wird problematisiert oder verschwindet im Lauf der Ermittlung ganz aus dem Blickpunkt. In den Romanen nehmen metatextuelle und selbstreflexive Elemente eine zentrale Funktion ein. Der intertextuelle Bezug auf die literarische Tradition verdrängt die wichtigsten Handlungselemente des Kriminalromans. Das Spiel mit strukturellen Möglichkeiten wird wichtiger als der Ermittlungsprozess. Die Welt, die Stadt, der Text erscheinen als Labyrinth, in dem sich der Detektiv (und der Leser) verliert. So wird insgesamt gesehen jede Möglichkeit von sicherem Wissen und der Einheit des menschlichen Subjekts zurückgewiesen (Scaggs 2005, 139). Diese gedrängte Auflistung von Merkmalen mag auf den ersten Blick verwirrend erscheinen, die Diskussion von einigen Beispielen von Anti-Kriminalromanen weiter unten kann aber vielleicht zur weiteren Klärung beitragen.

Jorge Luis Borges

Der argentinische Schriftsteller Jorge Luis Borges (1899–1986) könnte als eine Art Stammvater des Anti-Kriminalromans angesehen werden, obwohl er selber nie einen Roman, den man unter dieser Kategorie einordnen könnte, geschrieben hat. Borges hat jedoch eine Vielzahl von Essays, Vorworten, Vorträgen und Artikeln verfasst, in denen das kriminalistische Erzählen thematisiert wurde. Er zählte Chesterton zu seinen Vorbildern und bezeichnete ihn sogar als seinen „Lehrmeister" (zit. in Marcus 2003, 253). Für Borges war Chesterton der Erfinder der „metaphysischen" Detektivgeschichte schlechthin. Noch wichtiger ist, dass Borges auch eine Reihe von Erzählungen geschrieben hat, die für den Anti-Kriminalroman vorbildhaft wurden („Ibn Hakkan al-Bokhari, gestorben in seinem Labyrinth", „Der Garten der Pfade, die sich verzweigen"). Die wichtigste davon ist vielleicht „Der Tod und der Kompaß" (1942). In ihr versucht der Detektiv Lönnrot, eine rätselhafte Mordserie aufzuklären. Lönnrot ist überzeugt davon, dass die Lösung des Rätsels in einer Reihe von kabbalistischen Schriften verborgen ist, deren Geheimnis man entziffern muss. Am Ende stellt sich jedoch heraus, dass er von seinem Erzfeind Red Scharlach in eine Falle gelockt wurde. Der Prozess der Detektion wurde von dem Täter im Voraus festgelegt und endet mit dem Tod des Detektivs. Das Motiv einer solchen Auseinandersetzung zwischen Ermittler und Verbrecher kehrt in Dürrenmatts *Der Richter und sein Henker* (vg. Kap. V.3) wieder. Von der Anlage des Ermittlungsprozesses als „Labyrinth" (Borges 1992 [1942], 127) liess sich Umberto Eco für seinen Roman *Der Name der Rose* inspirieren (vgl. Kap. IV.10). In einer Anmerkung zu seiner Erzählung hat Borges erklärt, dass es sich bei Detektiv und Verbrecher um die gleiche Person handeln könnte (zit. nach Marcus 2003, 255). Damit wird die Frage nach der Identität von Ermittler und Verbrecher unentscheidbar gemacht.

Umberto Ecos *Der Name der Rose* und der Kriminalroman als Labyrinth

Schon in den Erzählungen von Borges kommt immer wieder das Motiv des Labyrinths vor. Auch wenn über Anti-Kriminalromane als postmoderne Texte diskutiert wird, fällt oft der Begriff des „Labyrinths" als räumliche Metapher für die Art und Weise, wie diese Texte strukturiert sind. Was damit gemeint ist, kann man sich am Beispiel von Umberto Ecos Roman *Der Name der Rose* klar machen (vgl. zu diesem Text als Beispiel für den historischen Kriminalroman Kap. IV.10). Am Anfang des Kapitels „Die Metaphysik des Kriminalromans" aus seiner *Nachschrift zum „Name der Rose"* stellt Umberto Eco augenzwinkernd fest, dass sein Roman wie ein Krimi anfange und auch so fortfahre, weshalb die Leser womöglich gar nicht merken, „dass es sich hier um einen Krimi handelt, in dem recht wenig aufgeklärt wird und der Detektiv am Ende scheitert". Für Eco ist der Kriminalroman „eine *Konjektur*-Geschichte im Reinzustand". Eine Konjektur ist eine Mutmaßung oder eine Vermutung als Ausgangspunkt für „das Wagnis der Aufstellung von Hypothesen" (Eco 1986 [1983], 63) oder für „mehr oder minder kühne Annahmen" (64), die dann geprüft werden müssen. Was hier, ohne es so zu nennen, als Abduktion beschrieben wird, liegt für Eco jeder wissenschaftlichen Forschung und auch jeder philosophischen oder metaphysischen Fragestellung zugrunde. Ein „abstraktes Modell" für die Vermutung sei das Labyrinth. Allerdings gebe es drei Arten von Labyrinthen, das „klassisch-griechische", „das „barock-manieristische" und das „Labyrinth als Netzwerk" oder „Rhizom". Das klassisch-griechische Labyrinth hat ein Zentrum (mit dem Minotaurus), das man erreichen und aus dem man (nach der Überwindung des Minotaurus und mit einem Ariadne-Faden versehen) auch wieder heraus gelangen kann. Das barocke Labyrinth, der Irrgarten, hat kein Zentrum, aber man kann es, wiederum mit einem Ariadne-Faden, durchqueren und den Ausgang finden. Das nach einer Bezeichnung von Deleuze und Guattari (1977) so benannte „Rhizom" aber hat weder ein Zentrum noch einen Ausgang, da es aus lauter untereinander vernetzten Gängen besteht, es ist „potentiell unendlich" (65). Zwar sei das räumliche Labyrinth, das er in seinem Roman benutzt, die Bibliothek des Klosters, noch ein barock-manieristisches Labyrinth, doch Eco weist darauf hin, dass sein Detektiv, William von Baskerville, schon in einer „rhizomförmig" strukturierten Welt lebe, und das bedeutet auch, dass der Roman *Der Name der Rose* nach dem Modell eines Rhizoms stukturiert ist. Deshalb stehen die Leser dieses Romans „vor einer Geschichte von Labyrinthen [...] und nicht nur von räumlichen Labyrinthen" (66). Dass es in diesem Roman nicht nur räumliche Labyrinthe gebe, verweist darauf, dass es textuelle Labyrinthe sind, in denen sich die Leser verlieren können, genauer gesagt, es handelt sich um die rhizomartig angelegten intertextuellen Verweise, die den Roman durchziehen. Diese intertextuellen Bezüge reichen vom Namen des Detektivs (William von Baskerville) über den seines Schülers (Adso als Kurzform von Watson) bis zu dem seines blinden Widersachers (Jorge von Burgos, der natürlich auf Jorge Luis Borges verweist). Und dies sind nur wenige Beispiele für einen langen Roman, der eine immense Fülle von intertextuellen Anschlussmöglichkeiten (und damit natürlich auch eine ebenso immense Gelehrsamkeit auf Seiten des Autors) aufweist.

Paul Auster: *Die New York-Trilogie*

Paul Austers *New York-Trilogie* gilt als eines der Paradebeispiele des postmodernen Anti-Kriminalromans. Der Autor hat in einem Interview angemerkt, dass die Leser von traditionellen Kriminalromanen bei der Lektüre seiner Trilogie enttäuscht sein werden (zit. bei Lange 2008, 215–216), was darauf hinweist, dass die Gattungskonventionen des herkömmlichen Kriminalromans zwar verwendet aber dann im Laufe des Textes zunehmend unterlaufen werden. Die Trilogie besteht in der deutschen Übersetzung aus den Teilen *Stadt aus Glas*, *Schlagschatten* und *Hinter verschlossenen Türen*. Alle drei Teile verwenden schon am Anfang Elemente und Motive des Kriminalromans, besonders desjenigen der *hard-boiled* Schule. Genauso gilt jedoch für alle drei Teile, dass die Identität des jeweiligen Detektivs immer stärker infrage gestellt wird. Im ersten Teil *Stadt aus Glas* wird der Krimi-Schriftsteller Daniel Quinn unfreiwillig zum Detektiv, als er Anrufe erhält, die ihn dazu auffordern, jemandem zu folgen und über alles zu berichten, was diese Person tut. Im Laufe seiner Beschattung verliert Quinn aber immer mehr das Interesse an dem Objekt seiner Observationen. Er nimmt schließlich Kontakt zu einem „Paul Auster" auf, der sich als Autor des Romans, in dem Quinn eine Figur ist, entpuppt. Ähnliche Verwirrspiele laufen in den anderen beiden Teilen der Trilogie ab. Im zweiten Teil haben die Personen nur noch Farbwerte als Namen: Der Detektiv „Blue" soll im Auftrag von „White" einen gewissen „Black" überwachen. Nicht ganz überraschend stellt sich dann heraus, dass White und Black identisch sein könnten. Die Identität von Ermittlerfigur und den anderen Personen (Auftraggeber, Überwachte) vermischen sich und auch die Grenzen zwischen der Welt des Romans, der Diegese, und der realen Welt des Autors werden durchlässig. Austers Romantrilogie steht paradigmatisch für den Anti-Kriminalroman überhaupt: „Die Suche nach dem anderen wird zur Suche nach dem Geheimnis des Verschwindens und des

Verschwundenen, ein Geheimnis, welches der Detektiv im Laufe der Zeit mehr und mehr auf sich selbst projiziert, bis Subjekt und Objekt der Untersuchung untrennbar ineinander greifen" (Schmidt 2014, 56).

8. Minderheiten-Detektive und Detektivinnen (Chester Himes, Walter Mosley, Barbara Neely)

Grundsätzliche Fragen

Kriminalromane, die von Autoren und Autorinnen geschrieben wurden, die Minderheiten angehören, gehören zu den interessantesten Studienobjekten der Gattung, denn hier stellen sich Fragen und Probleme, die nicht nur die fortlaufende Entwicklung der Gattung und ihrer formalen Elemente betreffen, sondern auch die ideologischen und politischen Implikationen dieser Veränderungen. Die Fragen, die sich hier stellen, lauten: Kann der Kriminalroman als literarische Gattung verwendet werden, um Kritik an politischen, sozialen und ökonomischen Fehlentwicklungen zu artikulieren, die Minderheiten systematisch benachteiligt und unterdrückt haben? Können die Konventionen einer solchen Gattung, deren formale Vorgaben traditionsgemäß konservative oder in Extremfällen sogar reaktionäre Denkmuster priviligieren, so umgeschrieben werden, dass sie Teil eines Diskurses der Emanzipation und Befreiung werden? Diese Fragen sind unterschiedlich beantwortet worden und die Antworten reichen von vorsichtiger Bejahung über grundsätzliche Skepsis bis zu einer Sichtweise, die eine ständige Spannung zwischen dem Versuch von Minderheitenautoren und -autorinnen, eine eigene Stimme zu finden und der affirmativen Wiedereinschreibung überkommener Machtstrukturen erkennen zu meinen glaubt (Pepper 2003, 210–212). Anders gesagt: Minderheitenautorinnen müssen stets den schwierigen Balanceakt zwischen gattungskonformem Schreiben und dem Untergraben der Gattungskonventionen vornehmen (Gruesser 2010, 531). Kurze Überblicksdarstellungen zur Einführung in das Thema finden sich bei Pepper 2003; Horsley 2005, 196–241; Bailey 2010; Christian 2010 und Messent 2013, 96–106. Längere Studien und Sammelbände sind Freese 1992, Soitos 1996, Klein 1999, Christian 2001, Fischer-Hornung/Mueller 2003 und Matzke/Muehleisen 2006.

Definitionen und Beispiele

Eine weite Definition von Minderheiten-Detektiven und Detektivinnen („ethnic detectives") bestimmt sie als Ermittlerfiguren, die aus der Sicht der Leser als Repräsentanten von ethnischen oder religiösen Bevölkerungsgruppen, die in einer mehrheitlich anders orientierten Umwelt leben und arbeiten, gelten. Dazu gehören auch solche Ermittlerfiguren, die aus sozialen, politischen oder geschlechtsspezifischen Gründen ausgegrenzt, benachteiligt oder unterdrückt werden. Ein Sonderfall sind die postkolonialen Detektive, die als „police, private, or amateur detectives from formerly colonized peoples or nations" (Christian 2010, 283) verstanden werden. Bekannte Beispiele sind Harry Kemelmans (1908–1996) Rabbi Small, der einer jüdischen Gemeinde in Massachussetts/USA vorsteht, Tony Hillermanns (1925–2008) indianische Polizeidetektive Joe Leaphorn und Jim Chee, die in einer Navajo-Reservation im Westen der USA für Recht und Ordnung sorgen, Arthur Upfields (1888–1964) Napoleon „Bony" Bonaparte, der als Sohn eines britischen Vaters und einer Mutter, die zu den Aborigines gehört, im australischen Busch recherchiert oder H.R.F. Keatings (1926–2011) Inspektor Ghote, der im indischen Bombay ermittelt.

Die vier „Tropen" des afroamerikanischen Detektivromans

In einer einflussreichen und oft zitierten Studie hat Stephen F. Soitos vier „Tropen" des afroamerikanischen Kriminalromans beschrieben, die ihm seine besondere Erscheinungsform verleihen. Dazu gehören die Figur des schwarzen Ermittlers, die Detektion durch einen Detektiv mit doppelter Identität („double-consciousness" nach W.E.B. Du Bois), die wichtige Funktion von schwarzer Alltagssprache und anderen Ausdrucksformen wie Musik (Jazz), Tanz, Essen/Küche („vernacular") und die Verankerung afroamerikanischer Identität im „hoodoo", d.h. in einer Amalgamierung von afrikanischer Folkore, afrikanischen Mythen und synkretistischen religiösen Praktiken (Soitos 1996, 27–51). Alle diese Tropen haben wichtige narrative Funktionen in afroamerikanischen Kriminalromanen, freilich in jeweils unterschiedlich starker Gewichtung. Wie diese Tropen eingesetzt werden, wird in den folgenden Ausführungen zu Chester Himes, Walter Mosley und Barbara Neely verdeutlicht werden. Hier soll lediglich im Voraus darauf hingewiesen werden, dass bereits das Erzählen aus der Perspektive des schwarzen Detektivs dem Vertreter der Minderheit eine Stimme (*voice*) verleiht, die er vorher nicht hatte. Wenn der Minderheiten-Detektiv zur Fokalisierungsfigur wird, dann verschiebt sich die Ausgangssituation des Kriminalromans: Jetzt sind es die Lebenserfahrungen und Mentalitätsmuster, die Traditionen und Erwartungen, die Ängste und Wünsche der Minderheit, die die im Kriminalroman entworfene Welt bestimmen. Es würde hier zu weit führen, alle Folgerungen, die daraus entstehen, zu entfalten. Einige dieser Veränderungen der Gattung sollen jedoch am Beispiel der drei eben genannten AutorInnen diskutiert werden.

Chester Himes

Chester Himes (1909–1984) ist heute einer der bekanntesten aber auch am meisten kontrovers diskutierten afroamerikanischen Autoren. Nach einem unsteten Leben und dem Misserfolg einer Reihe von Romanen, die den Rassismus in seiner Heimat anklagten, verließ er 1953 die USA und ging nach Paris. Dort wurde er von Marcel Duhamel, dem Herausgeber der *Série Noire* beim Pariser Verlag Gallimard, dazu gebracht, Kriminalromane zu schreiben. Am bekanntesten wurde Himes durch den zwischen 1957 und 1969 entstandenen „Harlem-Zyklus", eine Serie von zehn Romanen, von denen die meisten zuerst in französischer Übersetzung erschienen sind (Himes lebte von 1953 bis 1969 in Frankreich). Die beiden Polizeidetektive Grave Digger Jones und Coffin Ed Johnson sind die Protagonisten in allen zehn Romanen des Zyklus mit der Ausnahme von *Run, Man, Run* (1969), in dem sie nicht vorkommen. Die Atmosphäre der Romane von *For Love of Imabelle* (auch u.d. T. *A Rage in Harlem*, 1957, dt. Die Geldmacher von Harlem) bis zu dem Fragment gebliebenen und posthum veröffentlichten *Plan B* (1993, dt. Plan B) wird mit den Begriffen grotesk, absurd und getragen von „schwarzem" Humor beschrieben, wobei diese Art von Humor zugleich als Galgenhumor und als Erfahrung der Schwarzen in den USA zu verstehen ist (Soitos 1996, 127, 129). Die spezifische Art von Komik, die Himes' Texte durchzieht, ist auch als ein Fall von karnevalistischem Schreiben nach Bachtin beschrieben worden (Wörtche 1999, 43). Die Romane des Harlem-Zyklus zeigen Gewalt und Verbrechen als Resultat von Rassismus und Unterdrückung und können als sozialkritische Interventionen, die die Auswirkungen von Rassismus und Armut zeigen sollen, verstanden werden (Soitos 1996, 125). Himes stellt in seinen Kriminalromanen eine düstere Welt dar (Dallmann 2008, 102). Die Absurdität der Existenz der afroamerikanischen Bewohner von Harlem, die sich ständig selbst betrügen, um ihre Ersparnisse oder um ihr Leben bringen wollen, steht im Mittelpunkt (Soitos 1996, 126). Harlem steht als Mikrokosmos für das Leben der Afroamerikaner in den USA, der Stadtteil erscheint eher als mythischer und symbolischer denn als realer Ort. In den Romanen des Harlem-Zyklus gibt es häufig Szenen gewalttätiger Auseinandersetzungen, die auf viele Leser schockierend wirken können. Ausbrüche von unkontrollierbarer Gewalt treten so gehäuft auf, dass sie sowohl die Konventionen der Gattung (sogar des von Gewalt saturierten *hard-boiled* Romans) infrage stellen als auch die Erwartungen der Leser erschüttern (Pepper 2003, 213). Himes inszeniert Gewalt als ästhetisches Mittel, um Revolte und Verzweiflung zu vermitteln (Soitos 1996, 126). Die Darstellung von Gewalt ist durchsetzt mit Humor und dem Eindruck des Absurden. Gewalt ist Ausdrucksmittel der Frustration und des Protestes gegen Rassismus und ökonomische Benachteiligung und auch ein Instrument der Auflehnung gegen die Politik der Unterdrückung (Soitos 1996, 142).

Walter Mosley

Ein anderes Beispiel dafür, wie die Gattung Kriminalroman durch spezifische Schreibweisen verändert wird, sind die Romane von Walter Mosley, die auf den ersten Blick als einfache Adaptionen der *hard-boiled* Schule erscheinen, bei genauerer Analyse sich jedoch als Weiterentwicklungen der Gattung aus einer Perspektive der kulturellen Tradition der Afroamerikaner erweisen. Die beiden aus der Folklore und mündlichen Überlieferung der Sklaverei stammenden Figuren des „trickster" und des „bad black man" bestimmen die Anlage der zwei Hauptfiguren „Easy Rawlins" und „Mouse" in Mosleys Romanen und verleihen ihnen ein im Vergleich zu der Tradition des *hard-boiled* völlig unterschiedliches Netz an historischen und ideologischen Konnotationen. Mosley (geb. 1952) gilt heute als „einer der bedeutendsten Autoren von Kriminalromanen am Ende des zwanzigsten und am Anfang des einundzwanzigsten Jahrhunderts" (Gruesser 2010, 538; übers. Vf.). Im Gegensatz zu Chester Himes ist Mosley ein Autor, der schon zu Lebzeiten großen Erfolg hatte – nicht zuletzt dadurch, dass sich der damalige Präsident Bill Clinton als Fan von ihm bekannte. Am erfolgreichsten ist Mosley durch die Romane mit Ezekiel „Easy" Rawlins als Protagonisten, der zwar nicht seine einzige aber seine bekannteste Detektivfigur ist und der in (bis 2014) dreizehn Romanen, die den Zeitraum von 1939 bis 1967 umspannen, als Hauptfigur und Ich-Erzähler auftritt. Diese Romane schreiben eine „Gegengeschichte" (Dallmann 2008, 94) der Rassenbeziehungen in den USA seit den späten vierziger Jahren. Die Figur des Protagonisten „Easy" Rawlins gewinnt an Komplexität, weil er ständig um seine Freiheit und um sein Leben kämpfen muss in einer Umwelt, die rassistisch und ausbeuterisch ist. Alle seine Versuche, einen Moralkodex zu retten, der Werte wie Familie, Freundschaft und Gemeinschaft hochhält, müssen deshalb zwangsläufig scheitern (Pepper 2003, 219). Die Implikationen des ersten der vier Tropen, die Soitos als grundlegend für den afroamerikanischen Detektiv identifiziert hatte, die Einsetzung einer afroamerikanischen Ermittlerfigur, lassen sich am Beispiel von „Easy" Rawlins gut beobachten. Auch wenn er kein Vertreter der staatlichen Autorität ist, versetzt er sich doch durch den Status und die Funktion des Detektivs, der seinen prüfenden Blick auf andere richtet, in eine Position der Macht, mag diese auch in einer rassistischen Umwelt noch so beschränkt sein. Das ist andererseits aber auch ein potentielles Element der Entfremdung von seiner Lebenswelt, denn durch das Einnehmen dieser Machtposition unterscheidet er sich von den anderen Mitgliedern seiner Bevölkerungsgruppe. Die doppelte Identität des Afroamerikaners, der zweite der vier Tropen, wird ebenfalls von „Easy" Rawlins auf eindrucksvolle Weise demonstriert. Er versucht immer wieder, sich den Gepflogenheiten der Weißen anzupassen, um im Leben Erfolg zu haben. Er *muss* dies tun, weil er sonst nicht seine Vorstellungen von Glück, zu denen an zentraler Stelle der Besitz eines eigenen Hauses steht, verwirklichen kann. Gleichzeitig besteht er aber darauf, sich als Afroamerikaner mit einer eigenen Identität und mit eigener kultureller Tradition von der weißen Mehrheitskultur abzugrenzen. Was ihn als Detektiv erfolgreich sein lässt und auch sein bloßes Überleben sichert, ist seine Fähigkeit, sich, in der Tradition des *signifying monkey* und des *tricksters* der afrikanischen Foklore, hinter ständig wechselnden Masken zu verstecken, verschiedene Persönlichkeiten anzunehmen, andere Rollen zu spielen und so seine Umwelt zu täuschen. Er erreicht dies nicht dadurch, dass er sein Äußeres verändert, sondern dadurch, dass er verschiedene Sprechweisen benutzt, vom korrekten Englisch der Gebildeten über den schwarzen Dialekt seiner texanischen Heimat bis zu all den Ausdrucksformen der schwarzen Amerikaner in der Musik, dem Tanz und in der Zubereitung von Speisen, die unter dem Begriff *black vernacular* zusammengefasst werden (Gruesser 2010, 532–534).

Barbara Neely

Barbara Neely (geb. 1941) hat zwischen 1992 und 2000 vier Romane mit einer afroamerikanischen Hausangestellten als Ermittlerfigur geschrieben, von denen der erste, *Blanche On the Lam*, 1996 in deutscher Übersetzung als *Night Girl* herauskam. Ihr Leben wird bestimmt von Problemen der Ethnizität, der Klassen- und der Geschlechterzugehörigkeit (gender), wobei unter die Auseinandersetzungen mit ihrer eigenen Ethnizität immer wieder auch Konflikte innerhalb der schwarzen Gemeinschaft fallen (Birkle/Hedderich 2001, 125–129).

Die Protagonistin Blanche White

Barbara Neelys Protagonistin mit dem ironisch gemeinten Namen Blanche White verdingt sich als Haushaltshilfe, Köchin und Dienstmädchen bei reichen weißen Familien. Sie ist als schwarze Frau gleich mehrfach benachteiligt und verkörpert das „dreifache Bewusstsein" (Fischer-Hornung 2008, 105) der afroamerikanischen Frau, die nicht nur der Diskriminierung als Schwarze, sondern auch innerhalb ihrer eigenen Ethnie der als Frau ausgesetzt ist. Andererseits ist sie eingebunden in ein Netz von meist weiblichen Familienangehörigen und Freunden, die sie mit Ratschlägen und Ermutigungen unterstützen. Sie nutzt ihre Unsichtbarkeit als Frau und als Schwarze aus, um im Umfeld der Familien, die ihre Dienste in Anspruch nehmen, Beobachtungen zu machen, die kein weißer männlicher Detektiv machen könnte. Am Ende von *Blanche Among the Talented Tenth* (1994) unterzieht sie sich einem selbst ersonnenen Reinigungsritual, in dem „Mother Water" und ihre Ahnen die Hauptrolle spielen. Damit liefert sie ein Beispiel für den Tropus „hoodoo", den Soitos als ein weiteres Kennzeichen afroamerikanischer Kriminalromane aufgeführt hatte. Barbara Neely ist neben Autorinnen wie Charlotte Carter oder Valerie Wilson Wesley eine von mittlerweile vielen Afroamerikanerinnen, die den Kriminalroman als Medium sozialkritischer und politischer Polemik entdeckt haben. Es gilt aber auch: „Neelys Werk ist ein bedeutendes Beispiel dafür, wie afroamerikanische und andere Minderheiten den Kriminalroman verändern, erweitern und herausfordern" (Fischer-Hornung 2008, 116).

9. Der Frauenkrimi und der feministische Kriminalroman (Doris Gercke, Ingrid Noll)

Der Detektivroman wird oft als eine Gattung wahrgenommen, die in ihren Anfängen von Männern geprägt wurde (Reddy 1988, 5–6; Tielinen 2004, 41). Verfasst von Männern und für ein männliches Publikum geschrieben, stellte er eine männliche Hauptfigur in den Vordergrund, die mit als männlich konnotierten rationalen Methoden den Fall löste. Die Variationsbreite des Detektivromans und sein Potential für Veränderungen ermöglichten es aber auch, die tradierten Muster und Konventionen immer wieder infrage zu stellen, Erwartungen zu unterlaufen und innovative Elemente einzuführen. Hierbei haben sich vor allem Autorinnen hervorgetan.

Das Phänomen

Den Begriff „Frauenkrimi" gibt es seit den siebziger Jahren des zwanzigsten Jahrhunderts (Frizzoni 2009, 36). Am Ende des Jahrhunderts sei der Frauenkrimi zum „globalen Phänomen" geworden (Birkle/Matter-Seibel/Plummer 2001, 1). Bereits 1989 lag eine Auswahlbibliographie zum Thema *Krimi-Frauen – Frauen-Krimi* vor (Przybilka). In Deutschland wurden Frauenkrimis in Reihen wie „Die Frau in der Gesellschaft" bei Fischer oder „Ariadne Krimi" im Hamburger Argument Verlag verlegt. Kleinere Verlage, die sich auf Kriminalromane spezialisiert hatten, wie Grafit oder Pendragon, trugen ebenfalls zu dem Boom des Frauenkrimis bei. Mit zunehmendem Erfolg wurden Frauenkrimis dann in die allgemeinen Programme der großen Taschenbuchverlage aufgenommen.

Zur Begrifflichkeit

Schon bei der Begrifflichkeit, mit der man weibliches Schreiben im Kriminalroman zu charakterisieren versucht, gilt es zu differenzieren. Gebräuchliche Ausdrücke in diesem Kontext sind „feministischer Kriminalroman", „Frauenkrimi", und die neutrale, aber zu ungenaue Umschreibung „Kriminalromane von Autorinnen". Hier wird vorgeschlagen, den Begriff „Frauenkrimi" in einem weiteren Sinn zu definieren und den „feministischen Kriminalroman" als eine Untergruppe des Frauenkrimis zu verstehen.

Der „Frauenkrimi"

Obwohl der Begriff kontrovers ist und man ihn als historisches Phänomen verstehen könnte, das in den neunziger Jahren aktuell war, da „Frauenkrimi" in dieser Zeit von Verlagen als Label benutzt wurde, um Kriminalromane von Frauen zu vermarkten, soll er eine Untergattung des Kriminalromans bezeichnen, die sich durch bestimmte Merkmale auszeichnet. Definiert werden Frauenromane oft als Krimis von, mit und über Frauen. Dies ist zwar eine auf den ersten Blick griffige Begriffsbestimmung, was damit jedoch eigentlich gesagt wird, muss erst noch genauer erörtert werden. So heißt es etwa, dass die Redeweise von Krimis „von" und „über" Frauen unproblematisch sei, dass das „für" dagegen schwieriger zu bestimmen sei (Keitel 1998,

27–28; Keitel 2001, 27) oder dass es sich hier um „Kriminalromane von Frauen, über Frauen, (nicht nur) für Frauen“ handele (Birkle/Matter-Seibel/Plummer 2001, 2). Erläutert wird diese Bestimmung durch den Zusatz, dass es um Kriminalromane gehe, die von Frauen geschrieben wurden, eine weibliche Ermittlerfigur als Protagonistin haben und in denen „traditionelle Rollenzuschreibungen aufgebrochen und kritisch hinterfragt werden“ (Birkle/Matter-Seibel/Plummer 2001, 4; eine ähnliche Definition findet sich bei Wilke 2001, 256). Was diese recht allgemein gehaltenen Charakterisierungen bedeuten, kann man mittels einer Liste von Merkmalen des Frauenkrimis und des feministischen Kriminalromans näher bestimmen. Das wichtigste Merkmal des Frauenkrimis ist die zentrale Stellung einer starken, selbstbewussten Protagonistin als Ermittlerfigur, die sich in einer von Männern und männlichen Denkweisen beherrschten Umwelt zu behaupten weiß. Was genau „stark“ bedeutet, kann dabei auf ganz verschiedene Arten realisiert werden. Die Stärke von Agatha Christies Miss Marple liegt in ihrer Menschenkenntnis und in ihrer Fähigkeit, Analogien zwischen gerade verübten Verbrechen und ihr schon bekannten Vorfällen und Charaktertypen zu finden. Die Stärken von Detektivinnen in der Nachfolge der *hard-boiled* Schule wie Marcia Mullers Sharon McCone, Kinsey Millhone bei Sue Grafton oder Sara Paretskys V.I. Warshawski bestehen eher in ihrer Unabhängigkeit, ihrer „Kämpfernatur“ (Falk 2008, 153) und ihrer Fähigkeit, physische Auseinandersetzungen durchzustehen. Ein weiteres Merkmal des Frauenkrimis kann durch die Formel „Frauen deduzieren anders“ (Keitel 2001, 32) beschrieben werden. Was oft als „weibliche Intuition“, als plötzlicher Einfall auftritt, ist nichts anderes als die Anwendung der Abduktion auf ein Problem. Während männliche Detektive auf das Deduzieren vertrauen (oder ihre Arbeit zumindest so verstanden wird; zur Rolle von Deduktion und Abduktion vgl. Kap. III.1), sei die Funktion der Abduktion bei weiblichen Detektiven viel stärker ausgeprägt (Keitel 2001, 32–34).

Merkmale des feministischen Kriminalromans

Im feministischen Kriminalroman sind die individuellen Verbrechen stets Teil oder Folge eines größeren Zusammenhangs, in dem Männer Macht über Frauen ausüben (Reddy 1998 [1990], 451). Eine Frau als Ermittlerfigur steht im Kampf gegen das Verbrechen, das fast immer in die Kategorie Gewalt gegen Frauen gehört. Dabei handelt es sich um „Vergewaltigung, Inzest, Prostitution, Pädophilie und Mißhandlung“. Zutage tritt „eine eindeutig sozialkritische Einstellung, das Aufzeigen von frauenspezifischen Problemen, eine Auseinandersetzung mit Machtstrukturen und Gewalt sowie die Verankerung der Romane in eine[m] konkreten und realistischen Kontext“ (Perrier 2010, 205). Im feministischen Kriminalroman sind die Ermittlerfiguren in Freundschaften oder Gruppenbeziehungen eingebunden, die Autorinnen suchen „neue Beziehungsformen außerhalb der Grenzen patriarchalischer Kleinfamilien“ (Reddy 1998 [1990], 454). Die Begegnung mit fremden Menschen und Lebenswelten führt zu kritischen Reflexionen über die eigene Umwelt und die eigene Lebensweise. Der eigene Alltag wird verfremdet und so zugänglich gemacht für Wandel und Veränderung.Deshalb, und weil in solchen Texten spezifisch weibliche Körper- und Raumerfahrungen (Pailer 2000) thematisiert werden, kann man diese Romane auch als „Verständigungstexte“ verstehen (Keitel 1998, 105; Keitel 2001, 36). In Bezug auf formale oder strukturelle Gesichtspunkte finden sich im feministischen Kriminalroman die Aufbrechung des linearen, chronologischen Erzählens, die Abwesenheit einer zentralen, absolute Autorität verkörpernden Erzählinstanz und die Verwendung einer dialogischen (nach Bachtin) Erzählweise (Reedy 1988, 2). Die Texte stellen Konventionen des Kriminalromans infrage: „der Wert der Aufdeckung, die Möglichkeit, die Wahrheit zu erkennen, die Entschlossenheit des Detektivs zur Lösung des Rätsels, das Interesse der Leser am Entschlüsseln von Hinweisen und am Lösen des Rätsels, die überlegene Autorität des Detektivs, das Primat der Vernunft ..." werden skeptisch beurteilt (Reddy 1998 [1990], 446–447). Lösungen nach dem Muster des klassischen Detektivromans werden nicht angeboten (Birkle/Matter-Seibel/Plummer 2001, 9; Reddy 1998 [1990], 457). Solche „Erwartungsbrüche" (Tielinen 2004, 47) gibt es zwar in anderen Kriminalromanen auch, wie das Beispiel Agatha Christie zeigt, aber hier werden sie systematisch und programmatisch eingesetzt.

Der *spinster sleuth*

Der Typus der älteren, unverheirateten Frau, die sich aus Zeitvertreib als Amateurdetektivin betätigt (*spinster sleuth*), tritt zum ersten Mal mit Amelia Butterworth in Anna Katharine Greens *That Affair Next Door* (1897) auf. Ms. Butterworth folgen dann noch eine ganze Reihe von Detektivinnen dieser Art, von denen Agatha Christies Miss Marple die bei weitem bekannteste und erfolgreichste ist. Diese Spielart des detektivischen Rätselromans wird auch mit dem Substantiv „cozy" (von adj. gemütlich, behaglich, wohlig) bezeichnet. Miss Marples Methode beruht „auf persönlichem Understatement, verborgener Beobachtung, einfühlsamer Gesprächsführung und Kombination vor dem Hintergrund ihrer Lebenserfahrung". Wenn zusätzlich betont wird, dass auch „Elemente der plötzlichen Eingebung" diesen Detektivinnen immer wieder zu Hilfe kommen (Polt-Heinzl 2004, 150), dann wird auch hier auf die große Bedeutung der Abduktion für die Ermittlungsarbeit des *spinster sleuth* hingewiesen. Detektivinnen wie Miss Marple oder vorher schon Patricia Wentworths Miss Silver sind Amateurinnen und alte Jungfern, die als desexualisierte weibliche Figuren auf sehr sachte Weise ironische Spiegelungen patriarchalischer Strukturen ermöglichen, sich aber sonst in einer unhinterfragt männlich dominierten Umwelt bewegen. Als mögliche Gründe für die Popularität dieses Typus von Ermittlerfigur wurde angeführt, dass ältere, wenig attraktive Frauen als Detektivinnen erfolgreich sein können, ohne die männliche Autorität infrage zu stellen und dass solche Figuren sich wegen ihrer scheinbaren Harmlosigkeit gut als fiktionale Detektivinnen eigneten. (Berglund 2000, 145; Gavin 2010, 263).

Die Entwicklung in der zweiten Hälfte des zwanzigsten Jahrhunderts

Obwohl Dorothy Sayers' *Gaudy Night* (1935) mit einigen Einschränkungen als erster feministischer Kriminalroman gelten kann (Reedy 1988, 12–13), treten bis zu den siebziger Jahren des zwanzigsten Jahrhunderts Frauen in Kriminalgeschichten meist als Opfer, als Kriminelle (*femme fatale*) oder als Auslöser für Verbrechen auf (Berglund 2000, 138). Mit Cordelia Gray gibt es in *An Unsuitable Job for a Woman* von P.D. James 1972 zum ersten Mal eine weibliche Hauptfigur als professionelle Privatdetektivin, denn die Detektivinnen des *golden age* waren Amateurinnen. In diesem Roman werden Themen in den Vordergrund gerückt, die dann für den feministischen Kriminalroman insgesamt wichtig werden: die Professionalisierung des weiblichen Detektivs, das Alltagsleben von Frauen und das Eingehen auf die Bedürfnisse eines weiblichen Lesepublikums (Birkle/Matter-Seibel/Plummer

2001, 6). Die erste weibliche, professionelle Privatdetektivin nach dem Vorbild der *hard-boiled* Schule ist dann Sharon McCone in Marcia Mullers *Edwin of the Iron Shoes* (1977). Zwar wurden frühe weibliche hartgesottene Detektivinnen schon in den *pulps* der dreißiger Jahre identifiziert (Gavin 2010, 264), aber jetzt beginnt der „eigentliche Aufschwung des Frauenkrimis" (Birkle/Matter-Seibel/Plummer 2001, 6). In der Nachfolge erscheinen dann die *hard-boiled* Krimis von Autorinnen wie Sue Grafton, Sara Paretsky, Linda Barnes oder Lillian O'Donnell und seitdem werde „eine grundlegend neue Art von Kriminalroman geschrieben". Mit dem hartgesottenen Frauenkrimi hat die Untergattung des Detektivromans eine Wiederauferstehung gefeiert, nachdem sie nach dem 2. Weltkrieg schon fast in Vergessenheit geraten war und durch Agentenromane, *police procedurals* und späte Varianten des männlichen *hard-boiled* Krimis abgelöst worden war.

Kriminalromane mit einer lesbischen Detektivin

Kriminalromane mit einer lesbischen Detektivin als Hauptfigur wurden zunächst nur in feministischen Kleinverlagen und Reihen wie Seal Press, Naiad, Ariadne und Frauenoffensive veröffentlicht. Eine Übersicht über die Anfänge dieser Texte macht deutlich, dass es bereits seit einiger Zeit ein breites Spektrum von lesbischen Detektivinnen gibt (Schindler 1997, 325–327). Schon früh wurde festgestellt, dass der lesbische Kriminalroman sich zu einer eigenen Untergattung entwickelt, in der besonders die Sozialkritik im Vordergrund steht. Auch Fragen der Ethnizität und der Klassenzugehörigkeit werden in diesen Romanen verhandelt (Reddy 1988, 16). Diese Romane stellen patriarchalische Machtstrukturen und die Setzung von Heterosexualität als Norm so dar, dass sie als die tieferliegenden und eigentlichen Gründe für Verbrechen erkennbar werden. Die Texte stellen die Homophobie und den Sexismus der gegenwärtigen Gesellschaft bloß. Typische Verbrechen an Frauen und Mädchen wie Mord, Vergewaltigung, sexueller Missbrauch, Körperverletzung, Inzest, Prostitution, Diskriminierung stehen im Vordergrund und die Detektivin ist oft selber Opfer solcher Verbrechen gewesen (Klein 1995, 239–240).

Die weibliche Privatdetektivin und die globale Gewalt gegen Frauen: Doris Gercke

Eine der in Deutschland bekanntesten Fernseh-Detektivinnen ist die Titelfigur der seit 1994 im ZDF ausgestrahlten Fernsehserie *Bella Block* mit Hannelore Hoger. Die Figur wurde von Doris Gercke geschaffen und hatte ihr Debut in dem Roman *Weinschröter, du musst hängen* (1988). Die Protagonistin, die hier noch Polizistin ist, lässt am Ende die Mörderin laufen, weil sie deren Handlungsweise gerechtfertigt findet. Die Mordopfer waren Männer (und eine Frau), die eine Frau vergewaltigt hatten. Bella Block quittiert ihren Dienst bei der Polizei und arbeitet danach als Privatdetektivin. Als Frau in einem von Männern beherrschten Polizeiapparat musste sie sich gegen frauenfeindliche Aggressionen von Seiten ihrer Kollegen und Vorgesetzten durchsetzen. Die Institution Polizei steht stellvertretend für eine männlich geprägte Gesellschaft, die Gewalt gegen Frauen einsetzt, um sich selbst zu definieren und immer wieder neu zu bestätigen (Pailer 2000, 568). In den folgenden Romanen, deren Schauplätze immer öfter auch außerhalb Deutschlands liegen, wie etwa *Moskau, meine Liebe* (1989), wo es um Prostitution und internationalen Mächenhandel geht, zeichnet Gercke zunehmend ein düsteres Bild der globalisierten Welt am Ende des zwanzigsten Jahrhunderts. Einerseits als „die literarisch stärkste und überzeugendste Autorin" von Kriminalromanen in Deutschland charakterisiert (Wenke 1997,

285), wurden deshalb auch erhebliche Vorbehalte gegen die Autorin und ihre Texte vorgebracht, die in dem Vorwurf gipfeln, dass „das Projekt einer autonomen weiblichen Identität schließlich zur polyphonen Inszenierung physischer, moralischer, kriminologischer, ästhetischer Ohnmacht schlechthin" gerät (Landfester 1996a, 61).

Die Monstrosität des Alltäglichen: Ingrid Noll

Ingrid Noll (geb. 1935) ist eine der erfolgreichsten deutschen Autorinnen von Kriminalromanen. Verfilmungen einiger ihrer Romane (*Die Apothekerin, Die Häupter meiner Lieben, Der Hahn ist tot, Kalt ist der Abendhauch*) und Übersetzungen in viele Sprachen haben dazu beigetragen, dass sie auch international bekannt ist. Ihr Vorbild ist laut eigener Aussage Patricia Highsmith (Alberts/Göhre 1999, 232). Wie Highsmith interessiert Noll sich nicht für die Aufklärung von Verbrechen, sondern für die Psychologie der Täter(innen), allerdings wird diese nicht realistisch sondern parodistisch dargestellt. Bei den Mörderinnen ist die Kluft zwischen ethischem Anspruch und realem Tun so groß, dass die Figuren als Parodien erscheinen (Giacobazzi 2005, 45). Im Bewusstsein der Täterinnen können alltägliche Gefühle und moralische Selbstverständlichkeiten auch langfristig scheinbar widerspruchsfrei neben mörderischen Impulsen bestehen. Damit wird eine Verfremdung von ethischer Evidenz erreicht oder, anders gesagt, es wird dazu aufgefordert, „das Moralische sowie das Unmoralische nicht mehr als selbstverständlich zu betrachen" (Giacobazzi 2005, 47). In Nolls Kriminalromanen gibt es keine Ermittlerfiguren. Die Täter sind Frauen und außer in dem frühen [ersten] Roman *Der Hahn ist tot* (1991) sind die Opfer ausschließlich Männer. Die Opfer stehen den Glücksvorstellungen der Täterinnen im Weg. Die Täterinnen sind normale, alltägliche Personen, auch die Mordmethoden haben nichts Außergewöhnliches, sie sind vielmehr im Bereich des Alltäglichen und Normalen angesiedelt. Verallgemeinert könnte man sagen, dass in Nolls Kriminalromanen die Monstrosität des Normalen im Mittelpunkt steht. Stereotypische Vorstellungen von Frauen werden zunächst evoziert, um dann zerstört zu werden; so werden die Leser auf die Fragwürdigkeit solcher Klischees gestoßen (Arend 2001, 275) und „geschlechtsspezifische Rollenzuweisungen" (285) werden widerlegt. Wie bei anderen Autorinnen von Kriminalromanen auch (Auguste Groner [1850–1929], Ricarda Huch, Doris Gercke, Thea Dorn) zeigen die Romane von Ingrid Noll, dass der Kriminalroman „das ideale Medium zur kritischen Subversion geschlechtsspezifischer Identitätsmerkmale" (Landfester 1996, 62) sein kann.

Kritik und Würdigung des Frauenkrimis und des feministischen Krimis

Obwohl der Frauenkrimi, wie oben erwähnt, wichtige innovative Impulse für die Erneuerung der Gattung Kriminalroman gegeben hat, wurden schon bald auch kritische Stimmen laut, die den Erfolg des neuen Paradigmas zwar nicht schmälerten, jedoch Zweifel an der Langfristigkeit des Phänomens formulierten. Ein Vorwurf lautete, dass im Frauenkrimi alles vorhersehbar sei, dass diese Romane zu plakativ seien und dass so keine richtige Spannung aufkommen kann (Venske 1997, 340). Ein anderer Einwand lautete, dass die Auseinandersetzung mit ideologischen Fragen oder die häufigen Diskussionen von feministischen Positionen zu sehr die Krimi-Handlung verdrängen. Dieses Problem wurde beispielsweise in der als langatmig und den Verlauf der Handlung störenden Debatte um Pornographie in Barbara Wilsons *Der Porno-Kongreß* gesehen (Reddy 1998 [1990], 447). Bei aller Berechtigung solcher Kritikpunkte kann man jedoch nicht übersehen, dass der Frauenkrimi einen wichtigen Beitrag zur Entwicklung des Kriminalromans geleistet hat und dass Kriminalromane mit starken Frauenfiguren, die scheinbar naturgegebene patriarchalische Strukturen bloßlegen und Gewalt gegen Frauen anklagen, nicht nur ein vorübergehendes Phänomen sind, sondern auch von bleibender Bedeutung sein werden, zumal der Frauenkrimi weiterhin produktiv und innovativ ist.

10. Historische Kriminalromane (Ellis Peters, Umberto Eco, Volker Kutscher)

Der Erfolg des historischen Kriminalromans

Obwohl es bereits vorher einzelne Autoren und Autorinnen (Agatha Christie, Josephine Tey, Peter Lovesey, Robert van Gulik, John Dickson Carr) gab, die solche Romane geschrieben hatten, ist der historische Kriminalromane erst seit Anfang der achtziger Jahre eine der national und international beliebtesten Untergattungen des Kriminalromans. Die Veröffentlichung von Umberto Ecos *Il nome della rosa* im Jahr 1980 und die zahllosen Übersetzungen in andere Sprachen (dt. 1982, engl. 1983, frz. 1982) gilt als eine Art Initialzündung für den enormen Erfolg der Gattung in der Folgezeit. Historische Kriminalromane gibt es für fast jede historische Epoche (Palmer 1997, Burgess/Vassilakos 2005).

Begriffsbestimmung

Historische Kriminalromane erzählen die Geschichte eines Verbrechens und seiner Aufklärung in einem Szenarium, das fiktive Charaktere mit authentischen Personen in historischen Schauplätzen interagieren lässt. Die Kombination von historischem (faktualem) und fiktionalem Material ist also gattungsbestimmend. Sie resultiert in der oft beträchtlichen Länge solcher Romane, da nicht nur die Verbrechens- und die Aufklärungsgeschichte entwickelt werden müssen, sondern die Leser auch genügend Informationen über das historisch-authentische Umfeld bekommen sollen, in dem der Fall spielt. Der historische Kriminalroman wird als „hybrides Genre, in dem sich Gattungsmerkmale des Kriminalromans und des historischen Romans überschneiden" (Saupe 2009, 266) verstanden, als Übertragung des detektivischen Schemas auf den historischen Roman oder als eine Variation des Detektivromans.

Die Cadfael-Romane von Ellis Peters als Beispiel

Der Erfolg der epochebezogenen Kriminalromane kann gut an Ellis Peters' (1913–1995) Cadfael-Romanen demonstriert werden und lässt sich auf die Fähigkeit der Autorin zurückführen, das historisch Überlieferte und die von ihr erfundenen Personen und Umstände so zu kombinieren, dass daraus ein glaubwürdiges und unterhaltsames Ganzes entsteht. Die insgesamt zwanzig Cadfael-Romane spielen vor der Kulisse eines vom Bürgerkrieg zerrütteten England in der Mitte des 12. Jahrhunderts. Es wird ein zeitlich und örtlich genau definierter Ausschnitt der Welt geboten, nämlich die Stadt und das Kloster Shrewsbury und deren Umgebung zwischen 1137 und 1145. Die Gegensätze, die diese Welt durchziehen, sind von mannigfaltiger Art: Die Armut der unteren Volksschichten steht gegen den Luxus des hohen Adels und Klerus; die extreme Einfachheit von Dingen des täglichen Lebens kontrastiert mit der hochkomplexen Welt der politischen Machinationen der Mächtigen; die tiefe Religiösität von Menschen unterschiedlichster Herkunft hebt sich ab von dem abgrundtiefen Zynismus mancher Herrschenden und Emporkömmlingen. Unterschiede der politischen Überzeugung, der Volkszugehörigkeit, der sozialen Stellung, oder des Geschlechts sorgen immer wieder für die Erzeugung von Spannungen im sozialen Gefüge, die sich in Verbrechen entladen und so auf die Gebrechlichkeit alles Irdischen verweisen. Die Romane der Reihe folgen chronologisch aufeinander und erzeugen so eine Kontinuität, die sowohl das Leben in der Abtei und der Stadt Shewsbury als auch die politischen Auseinandersetzungen der Zeit und den Bürgerkrieg für die Leser erfahrbar machen. Die Durchnummerierung der einzelnen Romane als „chronicles" (in den englischsprachigen Ausgaben) erzeugt den Eindruck historischer Authentizität, gerade dadurch, dass Chroniken als bloße Schilderung der Abfolge geschichtlicher Ereignisse ein Medium vormoderner Geschichtsschreibung waren. Als chronikalische Erzählungen erwecken die Cadfael-Romane trotz ihrer Fiktionalität den Eindruck, reale historische Vorgänge zu schildern. Peters folgt der geschichtlichen Überlieferung der Epoche, in denen die Romane spielen, sowohl in den großen Zügen der machtpolitischen Auseinandersetzungen als auch in den kleinsten Details des täglichen Lebens und erzeugt so den Eindruck einer realistischen Schilderung der Zeit (Rielly 2000, 69).

Typologien des historischen Kriminalromans

Saupe unterscheidet zwei Haupttypen des historischen Kriminalromans, den historischen Kriminalroman im engeren Sinne und den „retrospektiven historischen Ermittlungsroman" (2009, 267–268). Eine ähnliche Unterteilung hatte schon Scaggs vorgenommen, der die beiden Varianten als „crime fiction that is set entirely in some particular historical period, but which was not written during that period" bzw. als „a contemporary detective investigates an incident in the more or less remote, rather than very recent, past" beschreibt (2005, 125) und die zweite Variante im Anschluss an Murphy (2001, 247) „trans-historical crime fiction" nennt. Saupes Kriterium für die beiden Varianten baut auf der „narratologische[n] Unterscheidung von Verbrechensgeschichte und Ermittlungsgeschichte" auf: Im historischen Kriminalroman sind sowohl die „Aufklärungsgeschichte" als auch die „Verbrechensgeschichte" in der Vergangenheit angesiedelt. Im retrospektiven historischen Ermittlungsroman dagegen hat die Verbrechensgeschichte in einer mehr oder weniger weit zurückliegenden Zeit stattgefunden, während die Aufklärungsgeschichte in der Gegenwart (der Autoren und der Leser) liegt.

Narrative Besonderheiten

Im historischen Kriminalroman werden eine Reihe von narrativen Techniken verwendet, die die Realität der Erzählten verbürgen sollen, die aber gleichzeitig auch immer wieder auf den Illusionscharakter der Texte verweisen (Scaggs 2005, 131). Die Aufgliederung in Rahmen- und Binnengeschichten und die Ansprache an die Leser durch einen fiktiven Herausgeber wie in Ecos *Der Name der Rose* sind solche erzählerischen Mittel. In vielen Romanen dieser Art wird der literarische Text ergänzt durch Fussnoten oder Endnoten, die eigentlich zum wissenschaftlichen Diskurs gehören. Sie dienen dazu, die Authentizität des Mitgeteilten zu verbürgen und den Text als verlässliches Mittel historischer Information erscheinen zu lassen. Eine ähnliche Funktion haben Paratexte wie Nachworte und Quellenangaben, mit denen die Autoren die Glaubwürdigkeit des von ihnen inszenierten historischen Panoramas zu belegen versuchen.

Historische (Kriminal-)Romane und die Problematisierung des Geschichtswissens

Als metahistorische Geschichtsromane können historische Kriminalromane die Vorstellung problematisieren, wir hätten einen unmittelbaren Zugang zu dem, „wie es eigentlich gewesen" sei (Leopold von Ranke). Wie bei historischen Romanen gibt es auch bei historischen Kriminalromanen ein breites Spektrum, das von reiner Unterhaltungsliteratur bis zu hochkomplexen literarischen Konstrukten reicht. Für den historischen Roman hat Ansgar Nünning eine Typologie vorgelegt, die in Hinsicht auf die Problematisierung der geschichtlichen Referenzialität, den Authentitätsanspruch und das Potential zur Illusionserzeugung fünf Typen von historischen Romanen unterscheidet, den dokumentarischen, den realistischen, den revisionistischen und den metahistorischen Roman, sowie die historiographische Metafiktion (1995). Die angesprochene Problematisierung des geschichtlich Überlieferten und des Tradierungsprozesses von Geschichte selbst wird am stärksten in der historiographischen Metafiktion verwirklicht. Hier wird infrage gestellt, ob wir überhaupt wissen können, was wirklich in der Vergangenheit passiert ist bzw. geschichtliches Wissen wird grundsätzlich als Resultat von narrativen Konstruktionen (nicht: Rekonstruktionen) verstanden, die mannigfaltigen Einflüssen unterworfen und damit wandelbar sind. Die meisten historischen Kriminalromane fallen nicht unter diese Kategorie (Ausnahme: Ecos *Der Name der Rose*), sondern sind als dokumentarische, realistische oder revisionistische Romane einzuordnen. Hier wird eher die Vorstellung aufrechterhalten, dass man herausfinden kann, was genau sich in der Vergangenheit zugetragen hat, wer verantwortlich war und welche Auswirkungen das Geschehene auf die Gegenwart hatte. Im besten Fall wird das tradierte Geschichtswissen ergänzt oder korrigiert.

Beispiele für den historischen Kriminalroman im engeren Sinne

Die meisten historischen Kriminalromane gehören zur ersten Kategorie des historischen Romans als Kriminalroman. Die Leser werden in eine vergangene Zeit versetzt, in der sowohl das Verbrechen als auch seine Aufklärung stattfinden. Als Beispiele könnte man die oben bereits genannten Autoren und Autorinnen nennen, aber auch viele weitere, wie etwa die im Japan des späten 17. Jahrhunderts angesiedelten Krimis von Laura Joh Rowland, die im Hamburg des späteren 18. Jahrhunderts spielenden Romane von Petra Oelkers, die viktorianischen Kriminalromane von Anne Perry oder die das Wien der Jahrhundertwende darstellenden Detektivromane von Frank Tallis. Ein gutes Beispiel für den Unterschied zwischen Kriminalroman und historischem Kriminalroman (im engeren Sinn) führt Scaggs auf (2005, 125): Während die im Los Angeles der vierziger und fünfziger Jahre spielenden *hard-boiled* Romane von Raymond Chandler keine historischen Romane sind, weil Chandler seine eigene Gegenwart literarisch darstellt, sind die Romane von Walter Mosley, die den gleichen Ort und die gleiche Zeit abbilden, historische Kriminalromane, weil Mosley aus dem zeitlichen Abstand von etwa vierzig Jahren schreibt.

Der retrospektive historische Ermittlungsroman

Das entscheidende Charakteristikum des retrospektiven historischen Ermittlungsromans besteht darin, dass eine Ermittlerfigur der Gegenwart einen Fall aus der Vergangenheit aufzuklären versucht. Dazu ist richtigerweise angemerkt worden, dass hier eigentlich nur der Abstand zwischen den beiden den Detektivroman strukturell definierenden „zwei Zeitebenen", also der Zeitabstand zwischen Verbrechensgeschichte und Ermittlungsgeschichte zeitlich ausgeweitet wird, d.h. es handelt sich lediglich um eine „Veränderung oder Erweiterung des Grundschemas der Gattung" (Borgmeier 2008, 76). Trotzdem wird gerade diese Variante des historischen Kriminalromans von Literaturwissenschaftlern als besonders interessant eingestuft. In den anspruchsvolleren Texten dieser Art stellt man Übereinstimmungen mit postmoderner Literatur fest und verweist auf die Ähnlichkeiten von Historiker und Detektiv (V. Nünning 2008, 14). Die Beispiele für diese Spielart des historischen Kriminalromans sind bei weitem nicht so zahlreich wie für den historischen Kriminalroman im engeren Sinn. Einige Romane, die unter diese Kategorie fallen, sind Josephine Teys *The Daughter of Time* (1951, dt. *Alibi für einen König*), Colin Dexters *The Wench is dead* (1989, dt. *Mord am Oxford-Kanal*) oder Mark Mills' *The Savage Garden* (2007, dt. *Die siebte Stufe*). Romane wie *The Daughter of Time* hat man auch „Hyst'ry Myst'ry" genannt (Allen 1987, 403). Hier rollt ein fiktiver Detektiv ein Verbrechen auf, das wirklich stattgefunden hat, das aber nie vollständig aufgeklärt wurde.

Historiker und Detektiv

Im retrospektiven historischen Ermittlungsroman werden die Parallelen zwischen Detektiv und Historiker besonders deutlich: Beide sollen herausfinden, was in der Vergangenheit passiert ist (Fündling 2009, 53). Dabei ist das Studium von historischen Quellen und auch von Forschungsliteratur, wie in Teys *The Daughter of Time*, für den Ermittler oft die einzige Methode der Detektion. Der Detektiv ist also wie der Historiker darauf angewiesen, seine Ermittlungen durch das Studium von Texten zu betreiben (Borgmeier 2008, 80).

Der historische Kriminalroman als Verführung zur Beschäftigung mit der Geschichte am Beispiel von Volker Kutscher

Volker Kutscher (geb. 1962) hat bisher fünf Romane mit der Hauptfigur Kommissar Gereon Rath geschrieben. Am Ende jedes Romans wird der Hinweis auf die Internetseite www.gereonrath.de abgedruckt (und seit Neuestem auch die facebook Seite von Kommissar Rath). Dieser Hinweis soll die Leser dazu ermutigen, die Webseite des Autors zu besuchen, wo man nicht nur Informationen über ihn und seine Bücher finden kann, sondern auch reichhaltige Quellenangaben zur Beschäftigung mit dem Schauplatz und der historischen Epoche, in der die Romane spielen, in diesem Fall Berlin während der späten zwanziger und frühen dreißiger Jahre des 20. Jahrhunderts. Der erste Roman der Serie, *Der nasse Fisch,* führt den Protagonisten Gereon Rath ein, der gerade aus seiner Heimatstadt Köln nach Berlin versetzt wurde. Jeder der drei Teile des Romans wird genau datiert und zusammen umfassen sie den Zeitraum vom 28. April bis zum 21. Juni 1929. Am Ende des Romans werden die wahren Umstände einer Verschwörung vertuscht und die Drahtzieher kommen ungeschoren davon. Gereon Rath ist enttäuscht und verbittert ob dieses Ausgangs und bezeichnet das Ganze als „Schmierenkomödie" (Kutscher 2011, 542). Er beschliesst, „[d]ie ganze Geschichte" selber aufzuschreiben, und zwar so, wie sie aus der Sicht des einfachen SA-Manns Schäffner passiert ist, der in ihr nur eine Nebenrolle spielte und nie wusste, worum es eigentlich ging, der aber die Sicht von unten repräsentiert. Rath überlässt seinen Bericht dann dem befreundeten Journalisten Weinert, der die Geschichte in seiner Zeitung herausbringen soll. Indem Rath aufschreibt, „wie es wirklich gewesen ist", wiederholt er den Akt des Schreibens, der dem Roman zugrunde liegt: Die fiktionale Figur wird zum Autor und der wirkliche Autor zum Historiker. Wenn die offizielle Version des Geschehenen eine „Schmierenkomödie" ist, dann kennt zunächst nur Kommissar Rath die Wahrheit. Indem er einen zwischen faktualem und fiktionalem Schreiben angesiedelten Bericht niederschreibt, den er dann einem Journalisten gibt, der in seiner Zeitung die Wahrheit veröffentlichen will, verweist er auf das Schreiben des (historischen) Romans selbst: Das historisch Überlieferte erscheint im Roman als aus politischen Gründen manipuliertes Scheinwissen, deshalb kann nur der historische Roman vermitteln, was wirklich geschehen ist. Damit wird zugleich ein „Grundproblem" (Dappert 2009, 141) des historischen Kriminalromans gelöst: Das Rätsel muss so gestellt werden, dass die Leser es nicht sofort mit ihrem historischen Wissen lösen können. Der historische Detektivroman muss, zumindest was das Verbrechen und seine Lösung betrifft, immer eine Art Gegengeschichte präsentieren, sonst wäre eine Grundbedingung der Gattung nicht erfüllt.

Der Name der Rose als historiographische Metafiktion und als Anti-Detektivroman

Der Name der Rose spielt im Jahr 1327 in einer Benedektiner-Abtei in den Apenninen. Den historischen Hintergrund bildet der Machtkampf zwischen dem Kaiser des Heiligen Römischen Reiches und dem Papst. Die Handlung spielt während sieben Tagen und an jedem Tag passiert ein Mord. Die Gliederung in sieben Kapitel verweist jedoch nicht auf die Schöpfungsgeschichte, sondern auf die sieben „Tage" der apokalyptischen Tradition (Ford 2000, 100). Eco arbeitet durchaus mit typischen Elementen des Detektivromans des „golden age": Ein Detektiv und eine Watson-Figur (der Erzähler Adso von Melk) werden ebenso verwendet wie ein geschlossener Schauplatz, ein eingeschränkter Kreis von Verdächtigen und eine Karte der Abtei als Tatort. Der Detektiv William von Baskerville ist nach dem Vorbild von Sherlock Holmes modelliert, sowohl, was sein Aussehen als auch was seine Vorgehensweise angeht. Von besonderer Bedeutung an *Der Name der Rose* ist, dass das Konzept der Geschichtsschreibung infrage gestellt wird (Ford 2000, 95). William von Baskerville arbeitet zwar wie ein Historiker, er versucht, aus bestimmten Fakten kausale Zusammenhänge zu erschließen, die ihm erlauben, die Vergangenheit zu rekonstruieren. Seine Deduktionen erweisen sich am Ende allerdings als falsch. Zwar kann er den Mörder stellen, es erweist sich jedoch, dass William der Mordserie eine (apokalyptische) Ordnung unterstellt hatte, die es nicht gab, die sich der Mörder aber zunutze machte, indem er den Detektiv dazu verleitete, eine Folge von Ereignissen so zu interpretieren (als Detektiv oder als Historiker), als ob es eine solche Ordnung gegeben hätte. Wie im Anti-Detektivroman demonstriert wird, erweist sich die Voraussetzung des Detektivs, sich in einer geordneten Welt zu bewegen, als unzutreffend (625).

Weitere Spielarten des historischen Kriminalromans

Neben den beiden wichtigsten Typen des historischen Kriminalromans sollte man noch den besonders in den angloamerikanischen Ländern beliebten kontrafaktischen Geschichtsthriller aufführen, der „alternative und hypothetische Geschichtsverläufe erzählt (Saupe 2009, 269). Historische Romane dieser Art werden auch als „Uchronie" oder als „parahistorischer Roman" bezeichnet (Fludernik 2006, 41). Ein bekanntes Beispiel für diese Art von historischem Kriminalroman ist *Fatherland* (1992) von Robert Harris, das auf der kontrafaktischen Annahme aufbaut, dass das Dritte Reich den Zweiten Weltkrieg gewonnen hätte. Der Roman spielt im Jahr 1964 und die Ermittlerfigur ist Beamter der Berliner Kriminalpolizei und gleichzeitig Offizier der SS. Eine vierte Spielart des historischen Kriminalromans ist der dokumentarische historische Kriminalroman „in der Tradition der Pitavalgeschichten". Hier wird „ein quellenmäßig belegbares geschichtliches Ereignis, dessen dominanter Zeitbezug historisch und nicht zeitgenössisch ist" geschildert (Saupe 2009, 270).

11. Der Kriminalroman in Deutschland

Tradition und Traditionsbruch: Der angeblich fehlende deutsche Kriminalroman

In vielen frühen Beiträgen zur Geschichte des Kriminalromans wird behauptet, dass es eine Tradition detektivischen Schreibens in Deutschland nicht gebe (Gerteis 1953, 133; Naumann 1971, 248–250) und auch in neueren Publikationen hält sich dieser Mythos immer noch hartnäckig (Leonhardt 1990, 21). Dabei hatte Hans-Otto Hügel bereits 1978 den „Nachweis einer ungebrochenen eigenständigen deutschsprachigen Tradition der Detektivgeschichte bis ins Dritte Reich hinein" erbracht (Neuhaus 2005, 11). Hügel hatte zeigen können, dass die deutsche Detektiverzählung bis 1945 im Bewusstsein des Lesepublikums gewesen sei, dann aber habe es einen Traditionsbruch gegeben und das Lesepublikum habe sich nur noch für Übersetzungen aus der angloamerikanischen Krimiproduktion interessiert (Hügel 1978, 207). Als Resultat davon musste sich der „deutsche Kriminalroman in Ost und West [...] nach 1945 neu erfinden" (Wörtche 2008, 21).

Die Entwicklung in Deutschland im 18. und 19. Jahrhundert

Dass sich die Meinung, es gäbe keine Tradition des Kriminalromans in Deutschland, bis heute halten konnte, hat verschiedene Gründe. Einmal ist dafür wahrscheinlich die gerade in Deutschland starke Trennung zwischen ernsthafter, ‚hoher' Literatur und bloßer Unterhaltungs- oder Massenliteratur verantwortlich zu machen. Texte, wie E.T.A. Hoffmanns „Das Fräulein von Scudery" (1819), Annette von Droste-Hülshoffs *Die Judenbuche* (1842), Theodor Fontanes *Unterm Birnbaum* (1885) oder Jakob Wassermanns *Der Fall Mauritius* (1928) wurden dem Bereich der Hochliteratur zugeordnet und gerieten für eine mögliche Einordnung in die Tradition kriminalliterarischen Erzählens gar nicht erst in den Blick. Zum anderen hatten sich in Deutschland im 18. und 19. Jahrhundert dokumentarische Erzählweisen etabliert, die in der Nachfolge der *Pitaval*-Tradition das Verbrechen möglichst realistisch wiedergeben und dabei sowohl die sozialen und psychologischen Hintergründe von Kriminalität beleuchten als auch die Funktionsweise des Strafwesens erläutern wollten. Justiz- und sozialkritische und didaktische Absichten standen dabei nicht selten im Vordergrund, wie etwa in den Kriminalerzählungen von Friedrich Schiller („Der Verbrecher aus verlorener Ehre", 1792), von Adolph Müllner (*Der Kaliber. Aus den Papieren eines Criminalbeamten*, 1829) oder von Jodocus Donatus Hubertus Temme (1798–1881). Solche Texte unterschieden sich deutlich von der in den anderen europäischen Ländern und in den USA dominanten Entwicklung der Detektiverzählung oder des Detektivromans in der Nachfolge von Poe und Conan Doyle.

Der Kriminalroman während der Nazizeit

Neuere Forschungen haben gezeigt, dass die Annahme, während der Nazizeit habe es keine Kriminalromane gegeben, falsch ist: „Der Kriminalroman erfreute sich auch im nationalsozialistischen Deutschland einer außerordentlichen Popularität" (Würmann 2004, 146). Zwar gab es im Dritten Reich zumindest nach 1938 eine „intensive Krimiproduktion" (Hickethier 1986, 20), aber bezeichnenderweise bestand diese oft darin, dass deutsche Autoren unter englischklingenden Pseudonymen Kriminalromane schrieben, die in amerikanischen Großstädten oder in London spielten. Darin manifestiert sich die sowohl von regimetreuen Kritikern wie von den Verlagen geteilte Meinung, dass die englischen und amerikanischen Vorbilder unerreicht seien (Würmann 2004, 149–150). Kriminalromane deutscher Autoren, die in Deutschland spielten, wollten vor allem ein positives Bild der Polizeiarbeit vermitteln und die Leserschaft zur Wachsamkeit und zur Zusammenarbeit mit der Polizei aufrufen, wenn es gegen „Feinde im Innern" ging, seien es Kriminelle, politische Gegner oder psychopathische Serienmörder (Linder 2003). Nach dem Beginn des Krieges verschob sich dann der Schwerpunkt auf die Gattung des Agentenromans, in dem es vor allem darum ging, die „Heimat" vor feindlichen Spionen zu schützen.

Der Neue deutsche Kriminalroman

Abgesehen von den beiden Schweizer Autoren Friedrich Glauser, der in der Nachfolge von Georges Simenon gesehen wird (vgl. Kap. V.2), und Friedrich Dürrenmatt, der eher Anti-Detektivromane geschrieben hat (vgl. Kap. IV.7 und V.3), gibt es unter den oben genannten Einschränkungen keine Autorinnen oder Autoren von deutschsprachigen Kriminalromanen aus der ersten Hälfte des zwanzigsten Jahrhunderts, die ein weiteres Publikum fanden. Das änderte sich erst, als etwa seit der zweiten Hälfte der sechziger Jahre in der von Richard K. Flesch betreuten Reihe der rororo-Thriller die Romane einer Reihe von jüngeren westdeutschen Autoren und Autorinnen wie Hansjörg Martin (1920–1999), Friedhelm Werremeier (geb. 1930, Ps. Jacob Wittenbourg), Irene Rodrian (geb. 1937), Felix Huby (Ps. für Eberhard Hungerbühler, geb. 1938) oder Michael Molsner (geb. 1939) zu erscheinen begannen. In diesen Kriminalromanen bildete die bundesrepublikanische Wirklichkeit den Hintergrund für solide konstruierte, den Alltag des bürgerlichen Lesepublikums reflektierende und spannende Geschichten um Verbrechen und ihre Aufklärung. Sympathisch gezeichnete Ermittlerfiguren als Polizeikommissare aus dem (klein-)bürgerlichen Milieu boten sich zur Identifikation an. Die ersten Romane waren in einem unprätentiösen, leichten Stil geschrieben, der die Leser vor keine allzu anstrengenden Lektüreanforderungen stellte. Später wurden dann die sozialkritischen Aspekte der Romane immer dominanter, so dass die Texte vieler Autoren und Autorinnen dann dem Bereich des „Sozio-Krimi" zugeordet wurden.

Hansjörg Martin

Hansjörg Martin war bereits ein einigermaßen erfolgreicher Autor von Kinder- und Jugendbüchern gewesen, bevor er zum „Nestor des deutschsprachigen Kriminalromans" (Alberts/Göhre 1999, 31) avancierte. Seinen ersten Kriminalroman *Gefährliche Neugier* (1965) hat er laut eigener Aussage als Resultat einer Wette geschrieben und beim Münchner Goldmann Verlag eingereicht, der damals deutsche Autoren für seine Krimi-Reihe suchte (Alberts/Göhre 1999, 26). Als der Verlag dann aber ein enttäuschendes finanzielles Angebot für das Manuskript machte, verkaufte Martin es zunächst an den *Stern*, in dem es als Fortsetzungsroman herauskam und dann an den Rowohlt Verlag, wo es in der Thriller-Reihe veröffentlicht wurde. Die biographisch vermittelte realistische Darstellung eines bestimmten Milieus ist ein Kennzeichen von Martins frühen Romanen. Der durch seine Kriegserlebnisse traumatisierte Ermittler stößt im Lauf seiner Recherchen auf einen Drogenhändlerring in der norddeutschen Provinz, es gibt noch mehrere Morde und Mordversuche und am Ende entkommt der Ermittler selber nur knapp den Tätern. Das alles wird durch eine Liebesgeschichte abgerundet, deren klischeehaftes Ende schon zur Zeit der Veröffentlichung einen Publikumsgeschmack bedient haben dürfte, der im Krimi hauptsächlich leichte Unterhaltung suchte. Martin hat zwischen 1965 und 1999 im Jahresdurchschnitt zwei Kriminalromane geschrieben. Daneben war er für Funk und Fernsehen tätig. Seine späteren Kriminalromane wurden Gegenstand von zum Teil vernichtender Kritik, die ihm u.a. fehlende sprachlich-stilistische Fähigkeiten, Banalität und Durchsichtigkeit der Plots vorwarf (Schmidt 2009, 941). Martin selber hat das Schreiben von Kriminalromanen als „Brotarbeit" (Alberts/Göhre 1999, 31) verstanden, dabei aber sei es ihm – in den Worten Elfriede Jelineks – immer darum gegangen, „die trübgraue Soße deutschen Provinzbürgertums mit seiner Bigotterie, Verlogenheit, Heuchelei, Habsucht sowie Neid" (zit. nach Alberts/Göhre 1999, 18) zu zeigen und dieses Mentalitätsmuster anzuprangern.

Friedhelm Werremeier

Friedhelm Werremeier arbeitete nach dem Studium der Publizistik zunächst als Gerichtsreporter und brachte es als Prozessreporter und als Experte für Kriminalberichterstattung bis zum Ressortleiter beim *Stern*. Bis auf seinen ersten Roman *Ich verkaufe mich exklusiv* (1968) sind alle seine Kriminalromane Polizeiromane mit dem Hamburger Hauptkommissar Paul Trimmel als Protagonisten. Trimmel ist nicht nur die erste erfolgreiche Serienfigur im deutschen Kriminalroman, sondern auch der erste *Tatort*-Kommissar. Nachdem Werremeiers Roman *Taxi nach Leipzig* im Februar 1970 in the Reihe rororo-Thriller veröffentlicht worden war, wurde der erste *Tatort* am 29. November desselben Jahres unter dem gleichen Titel ausgestrahlt. *Taxi nach Leipzig* handelt von einer Kindertauschgeschichte zwischen West- und Ostdeutschland, bei der Trimmel auf eigene Faust ermittelt. Auch wenn nach juristischen Maßstäben im Zentrum des Geschehens ein Mord steht, lässt Trimmel den Täter am Ende laufen, weil er dessen Motivation verstehen kann. Zwischen 1968 und 1982 erschienen vierzehn Trimmel-Romane, die alle auch als *Tatort*-Folgen realisiert wurden. Werremeier habe mit den Trimmel-Romanen bzw. -*Tatorten* „eine kriminelle Sittengeschichte Deutschlands am Beispiel der Freien und Hansestadt Hamburg" geschrieben, wurde kommentiert (Alberts/Göhre 1999, 54). Hervorgehoben wurde auch das feine Gespür des Autors für jeweils aktuelle und kontroverse Themen: So legte er 1972 den Roman *Platzverweis für Trimmel* vor, gerade als der Bestechungsskandal in der Fußball-Bundesliga die ersten Schlagzeilen machte. In *Ein EKG für Trimmel* stand 1972 das Thema Organtransplantation im Mittelpunkt und in *Trimmel macht ein Fass auf* ging es 1973 um einen Giftmüllskandal. Da die Trimmel-Romane bereits als Vorlagen für *Tatort*-Drehbücher geschrieben wurden, hat man fernsehtypische narrative Verfahren in ihnen ausgemacht, wie die Dominanz des Dialogs vor erzählerischen Passagen und überhaupt eine „Nähe zu filmischen Darstellungstechniken" (Nusser 1996, 43).

Irene Rodrian

Als dritte der für den Neuen Deutschen Kriminalroman kennzeichnenden AutorInnen soll noch kurz Irene Rodrian vorgestellt werden. Die meisten ihrer Romane stellen nicht eine Ermittlerfigur in den Mittelpunkt, sondern sind aus der Perspektive des Täters geschrieben. Sie steht deshalb eher in der Tradition des Psychothrillers nach Patricia Highsmith und stellt Täter dar, die durch Sozialisation und Milieuzugehörigkeit in die Kriminalität getrieben werden, also Opfer der Umstände geworden sind. Im Ansatz sozialkritisch ausgerichtet, bleibt das Interesse der Autorin aber auf die individuellen Nöte ihrer jeweiligen Hauptfigur konzentriert. In einer ihre Kriminalromane charakterisierenden Bemerkung hat sie das selber so ausgedrückt: „Gesellschaftliche Analyse im Krimi halte ich für unmöglich. [...] Ich habe einen Horror vor Unterdrückung und Gewalt, ich versuche, herauszufinden, was einen Menschen dazu bringen kann, einen anderen zu verletzen, zu töten. Whodunnits interessieren mich nicht, nur das Wie-konnte-es-dazu-kommen. Dabei gehört meine Sympathie immer dem Opfer, das kann auch der Täter sein" (Rodrian 1985, 99). Rodrian wurde kritisiert dafür, dass es in ihren Kriminalromanen nur zur „bloßen Veranschaulichung von Determiniertheiten" (Nusser 1996, 47) bei den Tätern reicht, ohne dass tiefergehende Motivations- und Handlungszusammenhänge deutlich werden. In den neunziger Jahren schrieb sie dann vorwiegend Kinderbücher, bis sie mit *Meines Bruders Mörderin* 2002 eine neue Serie über ein von fünf Frauen in Barcelona geführtes Detektivbüro startete.

Der Sozio-Krimi

Die Bezeichnung „Sozio-Krimi" (auch Soziokrimi oder Soziokriminalroman) wird oft synonym mit der Bezeichnung „Neuer deutscher Kriminalroman" verwendet (Brönnimann 2004, 50). Auch die AutorInnen, die man zu beiden Kategorien zählt, sind im wesentlichen dieselben: Irene Rodrian, Friedhelm Werremeier, Michael Molsner, Horst Bosetzky (geb. 1938), der seine Kriminalromane bis 1981 unter dem Pseudonym „-ky" veröffentlichte und Richard Hey (1926–2004) gehören zu den Wichtigsten. Im Allgemeinen herrscht auch Übereinstimmung darüber, dass der Soziokrimi seine beste Zeit zwischen 1970 und 1980 hatte (Jahn 1997, 43; Bönnimann 2004, 69). Im Soziokrimi steht im Vordergrund „die Schilderung von Verbrechen und deren Ursachen in bezug auf die gesellschaftlichen und politischen Rahmenbedingungen; Aufklärung, Analyse und Kritik im Gewand der klassischen Kriminalliteratur" (Jahn 1997, 38). Seine politischen Voraussetzungen werden im gesellschaftlichen Umbruch in Deutschland Ende der sechziger, Anfang der siebziger Jahre gesehen (Bönnimann 2004, 50). Als wichtige Inspirationsquelle und Vorbild gilt der zehnbändigen Romanzyklus von Sjöwall/Wahlöö (vgl. Kap. V.8), im Original 1965–1975 und in deutscher Übersetzung seit 1968 erschienen.

Horst Bosetz(-ky) als wichtigster Autor des Sozio-Krimis

Horst Bosetzky ist wahrscheinlich der wichtigste Autor des Sozio-Krimis. Als Professor für Soziologie an einer Fachhochschule brachte er einen beruflichen Hintergrund mit, der ihn geradezu prädestinierte, Sozio-Krimis zu schreiben. Auch besteht das fiktionale Personal seiner frühen Kriminalromane zum großen Teil aus Lehrenden und Studierenden der Soziologie, die damit eine von vornherein auf die Analyse gesellschaftlicher Zusammenhänge ausgerichtete Sichtweise in die Romane einbringen. Die meisten seiner in den siebziger und achtziger Jahren geschriebenen Romane spielen entweder in Berlin (*Ein Toter führt Regie*, 1974; *Einer will's gewesen sein*, 1978; *Feuer für den großen Drachen*, 1982; *Friedrich der Große rettet Oberkommissar Mannhardt*, 1985) oder in der fiktiven norddeutschen Kleinstadt „Bramme" (*Stör die feinen Leute nicht*, 1973; *Es reicht doch, wenn nur einer stirbt*, 1975; *Kein Reihenhaus für Robin Hood*, 1979; *Älteres Ehepaar jagt Oberregierungsrat K.*, 1987). Bekannt wurde „-ky" besonders durch die Bramme-Romane. In ihnen ist gerade die Oberschicht die gesellschaftliche Sphäre, in der das Verbrechen entsteht. Die Kleinstadt „Bramme" ist ein übersichtlicher Schauplatz, um gesellschaftliche Machtstrukturen zu veranschaulichen und zu zeigen, wie die Mitglieder der Oberschicht ihre Interessen schützen. Straftaten werden begangen, um unbequeme Wahrheiten nicht an den Tag kommen zu lassen oder um die gesellschaftliche Stellung zu halten. Wie bei Sjöwall/Wahlöö geht es um die Kritik an einer kapitalistischen Gesellschaft, die durch eine immer noch im Grunde faschistische Mentalität geprägt ist.

Der Regio-Krimi

Der Regional-Krimi oder Regio-Krimi ist eine in Deutschland viel beachtete und auch erfolgreiche Untergattung des Kriminalromans. Seitdem die ersten Regionalkrimis seit Mitte der achtziger Jahre von kleinen Verlagen auf dem Markt für Kriminalromane lanciert wurden, hat sich daraus ein großes Marktsegment mit sehr unterschiedlichen Ansprüchen, Qualtitätsniveaus und Lesererwartungen entwickelt. Verlage wie Emons in Köln und Grafit in Dortmund brachten zuerst Reihen wie den „Köln-Krimi" oder den „Revier-Krimi" heraus. Die Romane spielten in Städten oder Regionen wie Köln und dem Ruhrgebiet, die neuen Schauplätze des Kriminalromans kamen also zunächst aus der westdeutschen Provinz. Dass diese Romane so erfolgreich sein konnten, beruhte zum Teil auf spezifisch deutschen Voraussetzungen. Einmal hatte die deutsche Nachkriegsliteratur bei Heinrich Böll, Günter Grass, Marin Walser, Uwe Johnson oder Siegfried Lenz „einen stark regionalistischen Grundzug" (Vogt 2010, 21). Zum anderen war auch hier das Medium Fernsehen von großer Bedeutung: Der seit 1970 ausgestrahlte *Tatort* hatte mit seinen der föderalen Struktur geschuldeten ständig wechselnden Sendern, die dem *Tatort* ebenso ständig wechselnde Schauplätze vorschrieben, dem Kriminalroman die Regionalität gleichsam vorgemacht.

Merkmale des Regio-Krimis und Gründe für seinen Erfolg

Der Begriff des Regio-Krimis ist eine scheinbar paradoxe Erscheinung: Einerseits wird er von den Verlagen sehr erfolgreich als Marketing-Strategie benutzt, um bestimmte Käufergruppen gezielt anzusprechen. Andererseits wird die Zuordnung zum Regio-Krimi oft als Kennzeichen mangelnder Qualität gesehen, weshalb sich Autoren und Autorinnen meist dagegen wehren, als Verfasser solcher Texte identifiziert zu werden. Erklären kann man diese Unvereinbarkeit der Begriffsverwendung mit der in der deutschen Tradition stark verwurzelten Vorstellung, dass massenhafter Erfolg und hoher Qualitätsanspruch bei kulturellen Erzeugnissen wie literarischen Texten sich gegenseitig ausschließen und auch damit, dass gerade beim Regionalkrimi die Qualitätsunterschiede sehr groß sind. Die Skala reicht hier von Texten, die ein bestimmtes Lokalkolorit zeichnen und auf den Wiedererkennungseffekt rechnen oder die sich als literarische Reiseführer anbieten, über Romane, die sich auf mittlerem Niveau bewegen bis zu ästhetisch anspruchsvollen Kriminalromanen, die innovative narrative Techniken und Strukturen verwenden, um komplexe Themen darzustellen. Im Begriff der „Region", der ältere Konzepte wie „Heimat" oder„Provinz" verdrängt hat, gibt es keinen Gegensatz zwischen dem ländlichen Schauplatz und der „Metropole" mehr, deshalb können Regio-Krimis in Großstädten wie München oder Köln spielen oder im Ruhrgebiet oder in der Eifel. Landschaft, kulturelle Tradition, Mentalität und der jeweilige Dialekt stehen in jedem Fall im Vordergrund. Neben den bereits genannten Gründen für den Erfolg des Regio-Krimis lässt sich noch anführen, dass in diesen Romanen ein durch die seit den neunziger Jahren stark forcierte Globalisierung erzeugtes kompensatorisches Bedürfnis nach Identitätsfindung im lokalen Alltag, nach „Sicherheit in überschaubaren topographischen, sozialen oder auch kulturellen Räumen" (Vogt 2007, 4) bedient wird.

Autoren und Autorinnen des Regionalkrimis

Einer der erfolgreichsten Autoren von Regio-Krimis ist Jacques Berndorf (geb. 1936, Ps. für Michael Preute), der mit seinen „Eifel-Krimis" seit 1989 (*Eifel-Blues*) eine ganze Reihe von Romanen mit dem Journalisten Siggi Baumeister als Ermittlerfigur vorgelegt hat. Jürgen Kehrers (geb. 1956) Romane um den Münsteraner Privatdetektiv Georg Wilsberg, von denen der erste 1990 erschien (*Und die Toten lässt man ruhen*), wurden Vorbild für eine Fernsehserie. Der auch als Drehbuchautor aktive Felix Huby ist bekannt geworden durch seinen Stuttgarter Polizeikommissar Bienzle, der einer der beliebtesten *Tatort*-Kommissare wurde. Zu den Autoren und Autorinnen von anspruchsvollen Kriminalromanen mit sozialkritischer Absicht, die man unter dem Regionalkrimi einordnen könnte, gehören Ulrich Ritzel (geb. 1940), Friedrich Ani (geb. 1959) mit seinen Tabor Süden-Romanen, Oliver Bottini (geb. 1965), Uta-Maria Heim (geb. 1963) und der besonders durch seine innovative Sprachgestaltung auffallende Jörg Juretzka (geb. 1955). Auch der historische Regionalkrimi sollte hier wenigstens erwähnt werden, hier könnte man neben vielen anderen Robert Hültner (geb. 1950), Andrea Maria Schenkel (geb. 1963) und Frank Schätzing (geb. 1957) nennen.

Der Kriminalroman in der ehemaligen DDR

Die Forschungsliteratur zum DDR-Krimi ist überschaubar: Zwar gibt es eine ganze Reihe von Aufsätzen zum Thema (Jäger 1978, Jäger 1983, Rix 1986, Mittmann 1997, Meier 1999, Hillich 2005, Schaur 2009), aber erst zwei Dissertationen aus dem Jahr 1998 haben versucht, die Kriminalliteratur der DDR systematisch und in weiteren Kontexten literaturwissenschaftlich aufzuarbeiten (Kehrberg 1998, Germer 1998). Die Entwicklung des Kriminalromans in der DDR war immer von der Kulturpolitik der Regimes abhängig. Die wechselnden Vorgaben dieser Kulturpolitk in Hinsicht auf die Unterhaltungsliteratur bestimmte deshalb auch, was im Kriminalroman möglich war und was nicht. Als Voraussetzung und Ausgangslage galt: Verbrechen sind immer Folgeerscheinungen der kapitalistischen Gesellschaftsordnung. Im „real existierenden Sozialismus" der DDR gab es keine kapitalistischen Eigentumsverhältnisse mehr, also konnte es auch keine Kriminalität geben. Wenn Verbrechen trotzdem begangen wurden, steckten entweder westliche Agenten dahinter oder es handelte sich um Überreste faschistischer oder kapitalistischer Denkweisen, die im Täter dafür verantwortlich waren. Noch 1969 sprach der Staatsanwalt Hasso Mager in seinem Essay „Krimi und crimen" dem Kriminalroman in der DDR jede Möglichkeit der weiteren Entwicklung ab (was ihn nicht davon abhielt, selber später ein prominenter Autor von Kriminalromanen zu werden). Man hatte aber zu dieser Zeit bereits erkannt, dass die Unterhaltungsliteratur und damit auch der Kriminalroman sich instrumentalisieren ließ, um die Bevölkerung bei der Stange zu halten. Seit 1968 erschienen Kriminalromane und Heftserien in mehreren Reihen: „K"-Reihe, „NB-Romane", „Gelbe Reihe", „DIE-Reihe" (Delikte, Indizien, Ermittlungen). Seit 1970 wurde gerade „die Produktion von Heft-Krimis" forciert (Rix 1986, 73). Seit der Lockerung der Kulturpolitik Anfang der siebziger Jahre entstand dann „eine blühende Krimi-Szene, die ein Gesellschaftsbild voller Korruption und Kleinkriminalität bot, wie sie in den Tageszeitungen nicht vorkamen" (Neuhaus 2005, 13). Etwa zur gleichen Zeit wurde die DDR selbst zum Schauplatz des Verbrechens (Rix 1986, 76). Autoren wie

Gert Prokop, Hartmut Mechtel, Barbara Neuhaus, Tom Wittgen oder Klaus Möckel machten auf Missstände innerhalb der DDR-Gesellschaft, wie die eingeschränkte Reisefreiheit, die Mangelwirtschaft oder den „Mangel an Mitbestimmung und Demokratie" (Hillich 2005, 111) aufmerksam, indem sie diese Missstände zum Auslöser für Verbrechen machten. Während der achtziger Jahre konnten im Kriminalroman Themen wie Prostitution, Homosexualität oder das Sektenwesen diskutiert werden, die in den vom Regime kontrollierten Medien verschwiegen wurden (Hillich 2005, 105). In den siebziger und achtziger Jahren gab es zwar eine ungemein große Beliebtheit des DDR-Krimis bei seinen Lesern (Hillich 2005, 105), aber die in den Kriminalromanen enthaltene Kritik ging nie über „Symptomkritik" hinaus, d.h. Kritik am politischen System selber wurde nicht geduldet (Hillich 2005, 115).

Abschließende Bemerkungen zum deutschen Kriminalroman der Gegenwart

Seit der Etablierung des Neuen deutschen Kriminalromans in der zweiten Hälfte der sechziger Jahre war ein starkes sozialkritisches Element Kennzeichen des deutschen Kriminalromans. Gegenüber dieser realistisch-kritischen Tradition konnte sich der Detektivroman als spielerisch-verfremdende Gattung kriminalliterarischen Erzählens in Deutschland lange nicht etablieren. Der deutsche *„Bindestrich-Krimi"* (Neuhaus 2005, 13), also der Polit-, Sozio-, Umwelt-, oder Philosophie-Krimi (bei Friedrich Dürrenmatt) gilt als spezifisch deutsche Variante des Kriminalromans am Ende des zwanzigsten und am Anfang des einundzwanzigsten Jahrhunderts. Besonders bei Autoren wie Horst Bosetzky („-ky") wurde deshalb eine „Tendenz zur Verbindung der Detektion mit den Varianten eines spezifischen Achtundsechziger-Weltbilds" festgestellt. Verloren ging dadurch aber zumindest zeitweise „eine spezifische dem Genre eigene Spieltradition", die bei den klassischen Autoren Poe, Gaboriau, Conan Doyle noch am Werk gewesen war (Neuhaus 2005, 14). In dieser Schule des Kriminalromans steht im Vordergrund „die europäische Tradition des Detektivromans als Spiel aus Freude am Spiel [...], wobei dieses Spiel ein literarisches ist, in dem sich Bücher vor allem mit anderen Büchern unterhalten" (Neuhaus 2005, 16). Hier geht es gerade nicht um die realistische Wiedergabe sozialer Wirklichkeit, obwohl solche Handlungselemente auch nicht ausgeschlossen werden. Als deutschsprachige Vertreter dieser Schule werden Gisbert Haefs (geb. 1950), Jakob Arjouni (1964–2013), Wolf Haas (geb. 1960) und Bernhard Schlink (geb. 1944) genannt. In diesem Verständnis des Detektivromans soll die Wirklichkeit nicht realistisch abgebildet, sondern sie soll spielerisch verfremdet werden.

V. Einzelanalysen beispielhafter Kriminalromane

1. Georges Simenon: Maigret und Pietr der Lette (1931)

Das Phänomen Simenon

Maigret-Romane und „romans durs"

Der Belgier Georges Simenon (1903–1989) war einer der produktivsten Romanautoren des 20. Jahrhunderts und ist immer noch einer der meistgelesenen Autoren von Kriminalromanen. Die enorme Schreibleistung Simenons ist legendär. Er hat zwischen 1921 und 1973, dem Jahr, als er aufhörte Romane zu schreiben, über vierhundert meist kurze Romane unter seinem eigenen Namen oder unter einer Vielzahl von Pseudonymen geschrieben. Simenon hat fünfundsiebzig Romane mit der Hauptfigur Kommissar Jules Maigret geschrieben. Außerdem gibt es achtundzwanzig Kurzgeschichten, in denen Maigret ermittelt und die zwischen 1936 und 1951 erschienen sind (Simenon 2009). Die Romane, in denen Kommissar Maigret nicht vorkommt, hat Simenon selber „romans durs" (harte Romane) genannt. Es handelt sich dabei um Romane, die das Innenleben einer (fast immer männlichen) Figur aufs Genaueste ausleuchten und eine Krisensituation dazu benutzen, diesen Menschen in einer für ihn und andere katastrophalen Situation zu zeigen. Diese Katastrophe kann ein Verbrechen sein, das ist jedoch nicht immer der Fall. Am Ende ist Simenons Protagonist entweder tot oder er steht einsam und verlassen da, ohne Perspektive auf sein weiteres Leben und ohne Hoffnung auf eine Besserung seiner Existenz.

Vielschreiber oder literarisches Genie?

Die Rezeption von Simenons Werk ist äußerst zwiespältig. Während besonders Autorenkollegen wie T.S. Eliot, Henry Miller, Kurt Tucholsky, Jean Améry oder André Gide und auch andere wie Charlie Chaplin, Federico Fellini oder Jean Renoir in ihm einen begnadeten Erzähler sahen, haben viele Kritiker ihn aufgrund der Vielzahl seiner Romane nie als ernsthaften Autor von Literatur akzeptiert. Die Beschränkung auf einen Wortschatz von etwa 2000 Wörtern in seinem Romanwerk wurde einerseits als programmatischer literarischer Minimalismus anerkannt, andererseits als Zeichen mangelnder Bildung gesehen. Auf der einen Seite sieht man ihn als Autor, der die Schriftstellerei von der Pike auf gelernt hat und dem es mit seinen späteren Romanen gelungen ist, den „homme nu" (den bloßen Menschen; im Gegensatz zum „homme habillé", dem „Menschen, wie er sich äußerlich präsentiert; Schmölders/Strich 1978, 190) in allen seinen psychologischen Facetten literarisch zu erkunden, auf der andern Seite herrscht die Meinung, dass er nie wesentlich über seine Anfänge als Schreiber von „galanten" Erzählungen und massenhaft hergestellter Trivialliteratur hinausgekommen ist. Simenon selber hat die Maigret-Romane als halb-literarische Texte, als eine Art Zwischenstation zwischen seinen Anfängen als Schreiber von Trivialliteratur und seinem Ziel, hochliterarische Romane zu schreiben, gesehen (Markham 1993, 147; Assouline 1997, 90–92).

Psychologische Kriminalromane

Die Maigret-Romane sind Kurzromane, die auf *einen* Fall konzentriert sind. Sie stellen einzelne Menschen und zwischenmenschliche Beziehungen vor, wie sie an der Oberfläche aussehen und wie es in Wahrheit um sie beschaffen ist. Durch das Verbrechen werden diese zwischenmenschlichen Konstellationen stärker konturiert; es stellt sich heraus, was ihr jeweiliges Wesen ist. Das Verbrechen ist ein Katalysator; es sorgt dafür, dass die Wahrheit der Beziehungen zwischen den Betroffenen ans Licht kommt. Maigret ist weniger eine Figur als ein Resonanzkörper; er liest die Anzeichen des Zerfalls der bürgerlichen Moral und formuliert sie (als Lösung des Verbrechens). Dem Verfall der kleinbürgerlichen Welt soll in der Aufklärung des Verbrechens noch einmal (ein letztes Mal?) Einhalt geboten werden. Gleichzeitig und dem entgegengesetzt manifestiert sich der Verfall der bürgerlichen Lebensformen und der zwischenmenschlichen Beziehungen durch das Geschehen des Verbrechens aber immer wieder unmissverständlich. Aufgrund der zentralen Stellung des Verbrechens, auch und gerade für die psychologischen Dimensionen der Figuren, sind die Maigret-Romane ohne Zweifel Kriminalromane, auch wenn sie, wie oft behauptet wird, eine Sonderstellung einnehmen oder sogar „für sich allein [stehen] auf dem Gebiet der Kriminalliteratur" (Symons 1972, 154). Simenons psychologische Verbrechensromane wurden wegweisend für Autoren und Autorinnen wie Friedrich Glauser, Patricia Highsmith, Margaret Millar oder Boileau/Narcejac und – in neuerer Zeit – Ruth Rendell oder Friedrich Ani.

Maigret und Pietr der Lette

Inhalt

In seinem Pariser Büro am Quai des Orfèvres wird Kommissar Maigret telegraphisch von der bevorstehenden Ankunft von Pietr, dem Letten, am Nordbahnhof unterrichtet. Ausgestattet mit einer genauen Personenbeschreibung wartet Maigret am Bahnsteig und lässt einen Mann an sich vorbeigehen, dessen Aussehen der Beschreibung entspricht. Im gleichen Moment wird jedoch die Bahnsteigssperre geschlossen, da im soeben angekommenen Zug ein Toter entdeckt wurde. Dieser Tote hat die gleichen körperlichen Merkmale wie Pietr, der Lette. Maigret fährt zum Hotel Majestic, in dem Pietr abgestiegen sein soll. Dort beobachtet er, wie sich Pietr, der als Reeder aus Bremen auftritt, mit dem amerikanischen Investor Mortimer-Levingston und dessen Frau trifft. Pietr, der sich auf Betrug im internationalen Maßstab spezialisiert hat und Chef mehrerer Banden sein soll, weiß, dass er von Maigret beobachtet wird, scheint daran aber weiter keinen Anstoß zu nehmen. Maigret, der in dem Luxushotel wie ein Fremdkörper wirkt, versucht, Mortimer-Levingston vor Pietr zu warnen, wird jedoch kühl zurückgewiesen. Während Maigret eine Spur an den kleinen Küstenort Fécamp verfolgt, bleibt sein jüngerer Kollege Torrence im Hotel, um die Beschattung von Pietr fortzusetzen. In Fécamp findet Maigret eine junge Frau, deren Mann angeblich Zweiter Offizier auf einem deutschen Handelsschiff ist. Beim Verlassen des Hauses bekommt Maigret kurz ein kleines Mädchen zu sehen, dass Pietr wie aus dem Gesicht geschnitten ist. Als ein schäbig angezogener Mann die Villa der Familie verlässt, folgt ihm Maigret zurück nach Paris, wo der Mann, ein Russe namens Fedor, in einem Hotel im „Getto" verschwindet. Dort tritt ihm herausfordernd Anna

Gorskin, die Geliebte des Mannes gegenüber. Bei der Beschattung von Mortimer wird Maigret von einem Schuss in die Brust getroffen, doch die Wunde ist nur ein Streifschuss. Im Hotel findet Maigret Torrence tot vor. Maigret kommt zu dem Schluss, dass nur ein Kellner Torrence ermordet haben könnte und so kommt er dem Killer, Pepito Moretto, auf die Spur. Als Maigret schließlich den angeblichen Pietr in seinem Hotelzimmer stellt, scheint dieser kurz vor einem Zusammenbruch. Im nächsten Moment fällt ein Schuss, der Mortimer tödlich verletzt. Nach dem einsetzenden Chaos und der Verhaftung von Anna Gorskin, die Mortimer erschossen hat, fährt Maigret wieder nach Fécamp, wo er den Russen davor bewahrt, Selbstmord durch Ertrinken zu begehen. Im Gespräch mit „Fedor" kommt zu Tage, was Maigret längst vermutet hatte: Fedor ist Hans Johannson, der jüngere Bruder von Pietr Johannson. Hans hatte seinen Bruder schon während der Zugfahrt von Brüssel nach Paris ermordet und war dann in Paris in seine Haut geschlüpft. Die meisten Maigret-Romane sind nach demselben Schema aufgebaut: Auf eine erste Phase, die Maigret in seiner vertrauten Umgebung zeigt, folgt das Verbrechen und die Untersuchung. Die dritte Phase besteht in dem Verhör des Täters, das oft dessen ganzes Leben, oder zumindest die wichtigsten Abschnitte daraus, rekapituliert und so das Zustandekommen des Verbrechens verstehbar macht (Geeraert 1991, 49–51). *Pietr der Lette* ist – abweichend vom eben beschriebenen Muster – jedoch eher entsprechend dem Schema des Detektivromans analytisch strukturiert. Der Mord an Pietr ist bereits passiert, noch bevor die Handlung einsetzt. Auf diesen Mord folgt die Ermittlung durch den Detektiv, der am Ende die Lösung des Rätsels herausfindet.

Die Hauptfiguren

Kommissar Maigret

Maigret ist „eine hochartifizielle, stilisierte Figur" (Wörtche 2008, 65), die in vielen Aspekten deutlich als Gegenfigur zum klassischen Detektiv konzipiert ist. Maigret ist kein einzelgängerischer Dandy und keine hochgezüchtete Denkmaschine sondern ein Durchschnittsmensch, der fest in seiner sozialen Umgebung verwurzelt ist. Er ist verheiratet, in mittleren Jahren, ist etwas korpulent und hat seine Vorlieben, wie bestimmte Mahlzeiten, Kleidungsstücke oder seine Pfeife, die ihn fest in einer Sphäre der bürgerlichen Gewöhnlichkeit verankern. Die ideologische Funktion dieser Stilisierung als Wertzuweisung sowie als Ansprache an eine bestimmte Publikumsschicht ist von Schulz-Buschhaus hervorgehoben worden (1975, 164). Maigrets Untersuchungsmethode besteht weder in einer genauer Auflistung von Tatortspuren, logischen Schlussfolgerungen, intuitiver Versenkung in Opfer oder Täter oder psychologischem Sicheinfühlen. Maigret ist ein stiller Beobachter des sozialen Umfelds von Opfer und vermutetem Täter. Er versucht so viel wie möglich über die Welt, in der sich das Opfer bewegt hat, herauszufinden. Wenn er, wie in *Pietr der Lette*, den möglichen Täter verfolgt, bleibt er mit unüberbietbarer Zähigkeit und Ausdauer auf dessen Spur und folgt ihm überall hin mit dem gleichen Ziel, möglichst viel über dessen Persönlichkeit und seine Beziehungen zu anderen Menschen zu erfahren. Als biographisch überdeterminierte Vaterfigur ist Maigret jemand, der (fast) alle Sünden (Verbrechen) vergibt (Becker 1977, 31). Von Simenon nach einem oft zitierten Ausspruch als „racommodeur de destins" (Simenon 1967, 88; „Schicksals-Flicker", Geeraert 1991, 44) oder als „redresseur des destins" (jemand, der

Schicksale wieder in Ordnung bringt) charakterisiert, ist Maigret zwar als Polizist ein Vertreter der staatlichen Macht, er verzichtet jedoch grundsätzlich darauf, die von ihm gestellten Täter als Manifestationen des Bösen zu verurteilen. Für ihn sind Mordfälle das Resultat von tragischen Verwicklungen, die in den meisten Fällen den einzelnen Menschen einfach überfordern und so in das Verbrechen treiben. Maigret versucht deshalb so weit wie möglich, die Tragik und den Schaden zu begrenzen, die durch das Verbrechen unvermeidlicherweise entstanden sind. In *Pietr der Lette* ermöglicht er Hans, sich das Leben zu nehmen, da er die Tragik seines Lebens versteht und den Selbstmord als gerechte Strafe und Ausweg billigt. Sogar dass Anna Gorskin wahrscheinlich straflos bleibt, obwohl sie Mortimer erschossen hat, stört Maigret nicht weiter. Der Tod des amerikanischen Milliardärs war die gerechte Strafe für seine Machenschaften und da Anna Gorskin lediglich das Instrument dieser Strafe war, ist sie in Maigrets Sinn nicht wirklich schuldig.

Der amerikanische Milliardär

Die Figur des Mortimer-Levingston, des amerikanischen Milliardärs, entspricht einem verbreiteten Bild des Parvenus, der sich aus einfachen Verhältnissen stammend hochgearbeitet hat und jetzt seinen Reichtum einsetzt, um noch reicher zu werden. Er bedient damit ein in Europa verbreitetes antiamerikanisches Stereotyp, das gleichwohl eine gewisse Faszination auf die Zeitgenossen ausgeübt hat, wie an der Erfolgsgeschichte von F. Scott Fitzgeralds Roman *The Great Gatsby* (1925) abzulesen ist. Mortimer ist zugleich auch ein Gangster, der Verbindungen zum organisierten Verbrechen hat. Der Mord an Torrence und das Attentat auf Maigret wurden in seinem Auftrag begangen. Er ist am ehesten noch eine Verkörperung des Bösen und er bekommt am Ende seine gerechte Strafe, wenn er von Anna Gorskin erschossen wird und an einer hässlichen Wunde qualvoll stirbt.

Die jüdische Frau

Als Maigret den vermeintlichen „Russen" Fedor verfolgt, kommt er in das „Getto" von Paris, wo er „Läden mit jiddischen Schriftzügen", koschere Metzgereien und „Auslagen mit ungesäuertem Brot" findet (59). Das Stadtviertel wird als verwinkelt und verdreckt beschrieben und ist von einer Fremdheit, die Maigret verwirrt. Als Verkörperung des Gettos kann Anna Gorskin gelten, die er dort trifft. Sie wird zugleich als Objekt der Begierde und des Abscheus beschrieben, als exotische und erotische Versuchung und als heruntergekommene Frau, von der Maigret weiß, „zu welcher Sorte" sie gehört. Schmutzig und vernachlässigt wie sie ist, ordnet Maigret sie sofort in die Kategorie von Frauen ein, die „leidenschaftlich und frech" sind und „Streit" suchen (62). Als Maigret sie nach dem tödlichen Schuß auf Mortimer festnehmen will, kommt es zum Kampf, bei dem Anna „wie gewöhnlich etwas entblößt war", und in Maigrets Sicht „mit ihren funkelnden Augen und ihrem trotzigen Mund großartig aussah" (133). Bei ihrer Vernehmung kann Maigret ihr „eine gewisse Sympathie" nicht verweigern: „Denn sie hatte Schneid!" (145). Obwohl sich bei ihr bereits die ersten Anzeichen von Alter und Krankheit bemerkbar machen, die Maigret bei osteuropäischen Frauen als typisch voraussetzt, kann er nicht umhin festzustellen: „Dennoch war sie schön, von einer gewöhnlichen, animalischen Schönheit" (147). Als sie dann noch einen hysterischen Anfall bekommt, der sie im nächsten Augenblick „häßlich" macht, ist die Liste der stereotypischen Merkmale der jüdischen Frau komplett. Sie ist gekennzeichnet durch Leidenschaft und Verkommenheit, sie ist unkontrollierbar und ihr Leben ist durch ihre Abstammung vorherbestimmt. In all dem ist sie der genaue Kontrast zu Madame Maigret, die den ganzen Roman lang zu Hause mit dem Essen auf ihren Gatten wartet und erst im letzten Kapitel einen kurzen Auftritt hat. Dort umsorgt sie den genesenden Maigret, schafft die ihm vertraute Umgebung und wird ansonsten bei ihren Fragen mit kurzen Antworten abgespeist.

Kontrast und Kontingenz

Zwei Welten

Die Welt, in der Kommissar Maigret sich bewegt, ist zweigeteilt. Das wird zum einen durch die Schauplätze des Romans deutlich. Kontrastiert wird hier Maigrets stets überheiztes Büro mit dem gusseisernen Ofen, den aus Bier und Sandwiches bestehenden Mahlzeiten und seiner Pfeife mit dem Luxus, den das Hotel Majestic verbreitet. In diesem Hotel ist Maigret für jedermann sichtbar ein Fremdkörper. „Maigrets pure Anwesenheit im Majestic hatte unvermeidlich etwas Feindseliges“, wird gleich bei seinem ersten Erscheinen dort vermerkt (18). Diese Feindseligkeit bezieht sich nicht nur auf den Unterschied der sozialen Ränge, sondern auch auf die Wertzuweisungen, die damit verbunden sind. Die Welt der Reichen und Aristokraten wird als oberflächlich und unmoralisch denunziert. Es ist die Welt der künstlerischen Moderne und der kapitalistischen Modernität, der „Jazzmusik“ (19) und des internationalen Geschäfts und auch des organisierten Verbrechens, wie die Anwesenheit von Pietr dem Letten signalisiert. Wie groß der Gegensatz dieser Welt zu Maigret und der Welt der Kleinbürger ist, die er vertritt, wird deutlich, als er im Fahrstuhl auf eine „sehr reife Dame“ in Begleitung eines „überaus gepflegte[n] junge[n] Mann[es]“ trifft und die Dame zu ihrem Partner sagt: „Diese Grandhotels werden immer unmöglicher! ... Nun schau dir das an!...“ Mit „das“ ist Maigret gemeint (118).

Das andere Paris

Maigrets Erfahrungen im „Getto“ von Paris wurden bereits erwähnt. Der Eindruck der Fremdheit, dem er dort ausgesetzt ist, geht jedoch über die Begegnung mit der Jüdin Anna Gorskin hinaus. Die Andersheit des Gettos gegenüber der ‚normalen‘ französischen Umwelt wird auf mehrfache Weise evoziert. Die Topographie ist etwa geprägt durch eine „unregelmäßig verlaufend[e] Straße, von der Sackgassen, Gäßchen und wimmelnde Hinterhöfe abgingen“ (59). Es herrscht dort ein babylonisches Sprachengewirr, das Maigret verunsichert, wenn er auf dem Schild des Hotels, in dem Fedor und Anna wohnen, „Informationen in Hebräisch, Polnisch und anderen, unverständlichen Sprachen“ sieht (59). Die kulturelle Fremdheit dieses Stadtviertels wird durch die Andersheit der verkauften Waren und ihrer Namen noch einmal betont. Das zweimal erwähnte Menschengewimmel in den dunklen Teilen der Stadt erinnert an Ungeziefer, das im Verborgenen dahinvegetiert. Was aber Maigret besonders erstaunt, ist die Nähe zu dem ihm bekannten und gewohnten Paris: „Kaum hundert Meter weiter befinden sich die Rue de Rivoli und die Rue Saint-Antoine, breite, helle Straßen mit ihren Omnibussen, ihren Schaufenstern, ihren Schutzmännern ...“ (64). Dieses Paris ist das des Baron Haussmann, der in der Mitte des 19. Jahrhunderts das moderne Stadtbild von Paris mit seinen Prachtstraßen entworfen hatte, es ist das Paris der Helligkeit und des von Schutzmännern überwachten geregelten Lebens. Dass sowohl das andere, das vormoderne, dunkle, fremdartige Paris und das seit dem 19. Jahrhundert modernisierte Paris noch nebeneinander existieren, macht das Erstaunen Maigrets aus.

Die „Theorie vom Riß"

Bei seinem Besuch im Küstenstädtchen Fécamp stößt Maigret auf eine Welt der gutbürgerlichen Geborgenheit und des geordneten Familienlebens. Obwohl der Familienvater Herr Swaan, hinter dem sich Pietr der Lette verbirgt, oft unterwegs ist, verströmt die kleine Villa mit ihrem gepflegtem Garten, dem Dienstmädchen und mit den „neuen Möbeln, wie sie in jedem kleinbürgerlichen Haushalt zu finden sind" (43), eine Atmosphäre des Gemütlichen, der Solidität und Honorität. Es gibt jedoch Anzeichen dafür, dass der Eindruck bürgerlicher Gutsituiertheit nur eine Fassade ist. Auf einem kleinen Tisch im Wohnzimmer fällt Maigret „ein herrlich ziselierter, silberner Somowar" auf, „der allein mehr wert war als das übrige Mobiliar zusammen" (44). Der Luxusgegenstand im ansonsten kleinbürgerlichen Interieur deutet darauf hin, dass hier etwas nicht stimmt. Als Maigret beim Verlassen des Hauses dann noch die kleine Tochter zu Gesicht bekommt, die „das lebendige Portrait von Pietr, dem Letten" ist (47), weiß er, dass dieser ein Doppelleben führt. Maigrets Erlebnis in Fécamp ist für ihn eine Bestätigung seiner „Theorie vom Riß" (50). Nach dieser Theorie ist jeder Kriminelle ein Bewohner zweier Welten oder Ordnungen. Jeder Verbrecher tritt zunächst einmal als „Spieler" auf, als „Gegner" der Polizei, es findet zwischen beiden ein „Kampf" statt um die „objektiven Gegebenheiten" des Verbrechens: Wer hat es begangen? Wie kann die Schuld abgestritten oder bewiesen werden? Die Polizei bedient sich dabei ihrer Methoden, unter anderen der Wissenschaft der Kriminalistik, die durch Namen wie „Bertillon", „Reiss" oder „Locard" ausgewiesen ist. Die Villa in Fécamp gehört jedoch zu „einer anderen materiellen und moralischen Ordnung". Hier kommt der Mensch zum Vorschein, der in jedem Kriminellen oder Spieler steckt. Abseits von der Welt der Verstellung und der falschen Identität lebt dieser Mensch hier in der Welt der Familie und des Zuhauses. Die an die entfremdete Lebensweise des modernen bürgerlichen Menschen erinnernde Aufspaltung in die öffentliche Sphäre des Existenzkampfes und die der privaten Häuslichkeit zeigt eine Fragmentierung an, die Bürgerlichkeit und Verbrechertum parallel setzt. Das in den Maigret-Romanen immer bedeutungstragende Wetter bringt an dieser Stelle Maigrets Gefühlshaushalt zum Ausdruck: Er ist nicht nur wegen des Unwetters „schlechtgelaunt" und „unglücklich" (51), sondern auch, weil für ihn wieder einmal hinter dem „Spieler" der „Mensch" sichtbar geworden ist und damit die unhintergehbare Tragik des Menschen.

Kontingenz

Wörtche hat darauf hingewiesen, „welche enorme Rolle die Kontingenz aller Geschehnisse für Simenons Konzept von Kriminalliteratur spielt" (2012, 63). In *Pietr der Lette* wird das bestätigt, wenn Maigret trotz des schlechten Wetters, seiner durchnäßten Kleidung und der Lächerlichkeit der Situation seinen Wachtposten vor der Villa in Fécamp bezieht und dort ausharrt. Nachdem er sich seine „nasse Pfeife" gestopft hat, kann er kein Streichholz zum Brennen bringen und „wenn nicht doch noch wie durch ein Wunder eines der Zündhölzer aufgeflammt wäre", dann wäre er „vielleicht" weggegangen – und alles wäre vielleicht anders ausgegangen (49). Dann hätte er nicht „Fedor" (Hans) aus der Villa herauskommen sehen, wäre ihm nicht zurück nach Paris gefolgt und hätte die Verbindung zwischen Pietr und Hans nicht herstellen können. Es hängt also alles vom Funktionieren eines nassen Streichholzes ab. Dementsprechend hält Hans ihm vor, dass es „der reine Zufall" war, der Maigret auf seine Spur gebracht habe (129) oder „eine

Reihe von Zufällen!" (130). Wenn der Detektiv derart auf den Zufall angewiesen ist und seine Ermittlungen in einer von Kontingenz beherrschten Welt stattfinden, dann hat das nichts mehr zu tun mit dem im klassischen Detektivroman vorgegebenen Verständnis der Welt als geordnetem System, das zwar vorübergehend durch das Verbrechen aus dem Gleichgewicht geraten kann, durch die Aufklärung des Falles aber immer wieder in die ihr gemäße Ordnung zurück gebracht wird. In den Kriminalromanen von Simenon bleibt immer ein Rest von menschlicher Tragik und ein Nachgeschmack von Kontingenz, die auch von einem fürsorglichen Detektiv wie Kommissar Maigret nicht aus der Welt geschaffen werden können.

2. Friedrich Glauser: Matto regiert (1936)

Kritik am Kriminalroman

In einem zu seinen Lebzeiten nicht veröffentlichten „Offenen Brief über die ‚Zehn Gebote für den Kriminalroman'" aus dem Jahr 1937 hat Glauser aufgeschrieben, was ihm an der traditionellen Produktion missfällt und wie dagegen ein guter Kriminalroman aussehen sollte. Er kritisiert vor allem, dass oft zu viel Gewicht auf Handlungsspannung gelegt wurde, bei der alles nur auf das Ende ankam. Im Zentrum stehe ein an Poes Dupin orientierter Detektiv, der nichts anderes als eine „Denkmaschine" oder, wie er auch abfällig genannt wird, ein „Schlaumeier" (Glauser 2001, 215, 219) sei. Dies ist jedoch zu wenig, laut Glauser könnte der Kriminalroman „höher" streben (216) und sich dem Roman als „Kunstwerk" annähern. Dazu müsste er die „Hauptanforderungen des Romans" erfüllen: „Fabulieren, Erzählen, Darstellen von Menschen, ihrem Schicksal, der Atmosphäre, in der sie sich bewegen" (214). Die „Spannung" des Kriminalromans als echtem Roman müsste sich auf alle diese Bereiche erstrecken, nicht nur auf die Identität des Täters, die als lediglich ein Handlungselement unter vielen von untergeordneter Bedeutung sei. Der Detektiv sollte keine reine „Denkmaschine" sein, sondern ein lebendiger Mensch mit seinen Fehlern, Vorlieben, Freuden und alltäglichen Sorgen. In seinen Kriminalromanen hat Glauser versucht, ein solches Erzählmodell zu verwirklichen. Als Vorbild und „Lehrer" galt ihm dabei Georges Simenon, dessen Kommissar Maigret Pate gestanden hat für die Figur des Wachtmeister Studer und dessen Kriminalromane „all das vereinigt [haben], was ich bei der gesamten Kriminalliteratur vermißt habe" (220). Bei seiner Kritik des Kriminalromans bezieht sich Glauser zwar nur auf einen bestimmten Traditionsstrang und vernachlässigt die schon zur Zeit der Abfassung des offenen Briefes ausdifferenziertere Gattungstradition. Gleichwohl wird deutlich, worum es ihm geht, nämlich um eine Anhebung des Niveaus des Kriminalromans und um Veränderungen, die ihn dem Roman ebenbürtig machen könnten.

Autobiographischer Hintergrund

Friedrich Glauser wurde nur 42 Jahre alt und die fünf Kriminalromane mit Wachtmeister Studer als Hauptfigur wurden erst in den letzten Jahren seines Lebens geschrieben. *Matto regiert* ist nach *Wachtmeister Studer* (als Buch veröffentlicht ebenfalls im Jahr 1936) der zweite Roman der Serie und spielt in einer „Irrenanstalt", wie Glauser in der Vorrede bemerkt. Er insistiert darauf, dass diese „Heil- und Pflegeanstalt" erfunden sei und dass sein Roman „kein Schlüsselroman" sei (9). Das mag zutreffen, dessen ungeachtet ist in dem Roman eine Fülle von autobiograpischem Material verarbeitet worden. Glauser hatte nicht nur bereits mehrere Aufenthalte in psychiatrischen Anstalten hinter sich, als er den Roman schrieb. *Matto regiert* wurde auch in einer Irrenanstalt verfasst. Der Autor war sowohl mit den Lebensgewohnheiten als auch den zu seiner Zeit üblichen Behandlungsmethoden und psychiatrischen Theorien vertraut. Die Figur des Herbert Caplaun trägt starke autobiographische Züge, wie den frühen Tod der Mutter, die Dominierung durch einen überstrengen Vater, das nicht anerkannte künstlerische Talent des Sohnes, seine psychischen Probleme, sein Alkoholismus, die Einlieferung in eine Anstalt und eine versuchte Psychoanalyse. Glausers Verhältnis zur Psychoanalyse bestand in einer „konfliktträchtigen Ambivalenz" (Stingelin 1993, 91): einerseits kannte er die wichtigen Studien von Freud und auch von Max Müller, seinem Analytiker, und war mit der Theorie vertraut, andererseits misslang seine eigene Analyse. Welche fatalen Folgen die Psychoanalyse als Teil eines Machtgefüges von Justiz und Psychiatrie haben kann, wurde von Glauser am eigenen Leib erfahren. Er hat diese Erfahrungen in *Matto regiert* literarisch verarbeitet.

Inhalt

Wachtmeister Studer wird eines frühen Morgens aus dem Bett geklingelt und in die bernische Heil- und Pflegeanstalt „Randlingen" beordert, weil dort ein Patient ausgebrochen und in der gleichen Nacht der Direktor verschwunden sei. Als Studer in der Anstalt eintrifft, wird er dort vom Stellvertreter des vermissten Direktors empfangen. Dr. Laduner erinnert ihn daran, dass sie sich „von Wien her" (13) kennen und obwohl Studer zuerst nicht weiß, was Laduner meint, erinnert er sich dann doch an diese Zeit, in der er noch „wohlbestallter Kommissar bei der Stadtpolizei" war, bevor er als Folge der Machenschaften eines gewissen Oberst Caplaun und einer nicht näher erklärten „Bankaffäre" (15) entlassen worden war und sich dann mühsam im Polizeidienst wieder hochdienen musste. Studer findet schon bald den toten Direktor in einem Heizungskeller, die näheren Umstände seines Todes und mögliche Verbindungen zu dem verschwundenen Patienten Pieterlen bleiben aber zunächst im Dunkeln. Im Laufe seiner Ermittlungen lernt Studer einige Mitglieder des Personals der Anstalt wie den Pfleger Gilgen und auch andere Patienten wie Herbert Caplaun kennen, der sich bei Dr. Laduner einer Psychoanalyse unterzieht. Herbert Caplaun ist auch der Sohn jenes Oberst Caplaun, dessen kriminellen Machenschaften bei gleichzeitig besten Verbindungen zu höchsten Kreisen Studer seine vormalige Entlassung zu verdanken hatte. Je besser Studer die Anstalt und ihren Betrieb kennen lernt, desto klarer wird ihm, dass Dr. Laduner, zusammen mit einem kleinen Kreis loyaler Mitarbeiter versucht hat, neue, reformerische Wege in der Psychiatrie einzuschlagen. Laduner erzählt ihm die Geschichte des „Demonstrationsobjektes" Pieterlen, der aus Verzweiflung sein eigenes Kind getötet hatte und an dessen Beispiel er Studer eine unheilvolle Verquickung von Justiz und Psychiatrie erläutert, die den Patienten ohne Rücksicht auf sein soziales Umfeld vorverurteilt bzw. als Verrückten abschreibt. Während Studer „beim Unbewußten zu Besuch" ist oder, wie ein Patient sagt, seine Ermittlungen „im Reiche Mattos" (157) betreibt, kommt es ihm immer mehr so vor, als ob er selber dem *genius loci* erliegt. Die „Kraftprobe" (278) zwischen ihm und dem Arzt Laduner, wer von beiden die ganze Wahrheit des Falles herausfinden wird, verliert Studer. Zwar kommt am Ende heraus, wer den alten Direktor der Anstalt getötet hat, aber Studer war zu einem falschen Ergebnis gekommen und ist zudem mitschuldig am Tod zweier weiterer Menschen. Dr. Laduner, mit dem sich Studer in einem Wettkampf um die Wahrheit befindet, kommt allerdings auch nicht viel besser weg. Seine Behandlungsmethoden fordern nicht nur mehr Todesopfer als die im Roman begangenen Verbrechen (Stingelin 1993, 100), sein Ehrgeiz verleitet ihn auch dazu, diese Verbrechen als Teil seiner Therapie an Herbert Caplaun anzuwenden, was nicht nur in sich selbst äußerst fragwürdig ist, sondern auch noch tödliche Folgen hat.

Unbewusstes, Unterweltsfahrt, Unheimliches

Wiederholt wird Studer darauf hingewiesen, dass er sich an einem besonderen Ort befinde, in „Mattos Reich“, dessen Ordnung mit den Gegebenheiten der normalen Welt außerhalb der Mauern der Anstalt nicht immer übereinstimmt. Er wird gleich zu Anfang vor dem Betreten der Anstalt von Laduner gewarnt, dass sie, nachdem „sie eintreten durch dieses Tor“ (20), „zum Unbewußten zu Besuch [kommen], zum nackten Unbewußten, […]: Sie werden eingeführt ins dunkle Reich, in welchem Matto regiert, Matto!“ (20–21). Matto sei der „Geist des Irrsinns“ (21). Das sei zwar „[p]oetisch“ gemeint, denn, wie Studer kurz danach einfällt, heißt „Matto […] ja verrückt auf italienisch. – Matto!“ (35), aber Studer, der laut Laduner „ein poetischer Fahnder“ ist (285), sollte sich durchaus einfühlen können in ein solches Reich. Wahnsinn und Poesie werden hier also ganz nach platonischem Verständnis (*Phaidros* 245a) als eng verwandte Phänomene angenommen. Das „dunkle Reich“, in das Studer eingeführt wird, ist jedoch nicht nur das des Unbewussten. Im Roman werden die einzelnen Abteilungen der fiktiven Anstalt „Randlingen“ mit Buchstaben bezeichnet. So steht „B“ für die Beobachtungsabteilung oder „K“ für die Abteilung, in der körperlich Kranke behandelt werden (30). Das Vorbild für „Randlingen“, die Anstalt Münsingen, in der Glauser auch selber behandelt worden war, verwendete für die Einteilung der Gebäude und Abteilungen dagegen römische Ziffern (Saner 1981, 150). Gerade weil Glauser sonst viele Details des Vorbildes für seine fiktive Irrenanstalt übernommen hat, fällt diese Abweichung auf. Der Wechsel von Zahlen zu Buchstaben eröffnet Bedeutungsmöglichkeiten, die bloße Zahlenangaben nicht angemessen markiert hätten. Ganz konkret sind die Abteilungen U 1 und U 2 für die unruhigen Patienten bestimmt (30). Wenn Dr. Laduner den Wachtmeister Studer dann aber auf einen Gang durch die Anstalt mitnimmt, der sich über mehr als sechzig Seiten hinzieht (31–96), um ihn dann schließlich „ins U [zu] führen“, wo er „manches verstehen“ wird (123), dann ist Studer nicht bloß „buchstäblich [!] bei dem Unbewußten zu Besuche“, sondern dann wird Studer von Laduner auch wie Dante von Vergil durch die Unterwelt geführt. Die von Homer, Vergil, Augustinus oder eben von Dante Alighieri her bekannte Unterweltsfahrt ist ein Erzählmodell, das auf eine alte und ehrwürdige Tradition zurückblickt. Glauser verwendet dieses Modell ganz wie die Vorbilder in didaktischer Absicht. Die Unterweltsfahrt realisiert einen Gestus des Zeigens, auch des Warnens, eines Appells an ein Einhalten, solange noch Zeit ist. Demjenigen, dem die Unterwelt gezeigt wird, soll klar werden, wohin es führt, sein Leben auf bestimmte Weise geführt zu haben, sei es im Schlechten, sei es im Guten. Es kommt darauf an, eine Entscheidung zu treffen, von möglichen Alternativen die richtige zu wählen, den moralisch einzig vertretbaren Weg einzuschlagen. Welche Entscheidung, welche Alternative und welcher richtige Weg damit gemeint sein könnten, wird weiter unten diskutiert. Die Bedeutungen eines Bereiches, der mit dem Buchstaben „U" bezeichnet wird, sind durch die beiden Sphären des „Unbewussten" und der „Unterwelt" jedoch noch nicht ausgeschöpft. Die durch den Schauplatz, die Handlung und die Interaktionen der Figuren erzeugte besondere Atmosphäre des Romans lässt sich durch die Kategorie des „Unheimlichen" beschreiben. Man kann deutliche Parallelen zwischen der von Freud (1919) als Beispiel für das Unheimliche analysierten Erzählung „Der Sandmann" (1816) von E.T.A. Hoffmann und *Matto regiert* feststellen. Der aus Glausers Biographie bekannte und in Hoffmanns Erzählung grundlegende Vater-Sohn Konflikt kehrt im Roman wieder als Kampf zwischen Herbert Caplaun und dem Oberst Caplaun. Die solcherart vorgegebenen ödipalen Konstellationen mit ihren guten und bösen Vaterfiguren sind in beiden Texten wichtig. Die Wirkungen des Unbewussten werden in beiden Texten durch die Psychoanalyse ausgelotet, bei Hoffmann durch Freud, in *Matto regiert* durch den Analytiker Dr. Laduner. Der Eindruck des Unheimlichen wird dadurch erzeugt, dass Menschen als fremdgesteuert erscheinen oder als Automaten (Olimpia in „Der Sandmann") auftreten, die menschliches Verhalten vortäuschen. Die wahrscheinlich schon 1919 in der Anstalt Münsingen entstandene Szenenfolge „Mattos Puppentheater" (Glauser 2000, 389) weist mit ihrem Titel darauf hin, dass auch die in „Mattos Reich" agierenden Figuren an Fäden hängen, d.h. vom Unbewussten gesteuert sind und daher als Automaten zu verstehen sind. Freud hatte das Unheimliche als Umschreibung und Umkehrung des allerheimlichsten Ortes, des Mutterleibs und der Sehnsucht nach ihm definiert. Glauser hatte seine Mutter im Alter von vier Jahren verloren. In der Lieder singenden Frau Laduner, die den einzigen Ruhepunkt im sonst chaotischen Leben der fiktiven Anstalt Randlingen bildet und auf Studer immer wieder besänftigend einwirkt, hat Glauser eine Mutterfigur gestaltet, die das Heimliche des Unheimlichen verkörpert.

Ein poetischer Kriminalroman

In einem Brief an die Redakteurin Martha Ringier schreibt Glauser im Januar 1937, dass er sich manchmal „wie ein abgehetzter Hase" auf der Flucht vor Hunden, die ihn hetzen, vorkomme. Die Hunde, das seien „Behörde, Amtvormundschaft, Psychiater, Strafanstaltsdirektoren". (Glauser 1991, 502 f). Im gleichen Brief bemerkt Glauser, worauf es in *Matto regiert* wirklich ankomme: „aber die Fabel im ‚Matto' ist ja wirklich nur eine Folie, damit die Leute das andere, das Wichtige: Pieterlen, Kollegialität, Organisation, Kampf zwischen alter und neuer Schule schlucken" (504). Solche vom Autor favorisierten Lesarten, die im Fall vom *Matto regiert* auch noch stark autobiographisch geprägt sind, sollten keineswegs als die einzig wahren Interpretationen eines Textes verstanden werden. Glauser selber hatte schon in einem Brief vom März 1936 darauf hingewiesen, dass *Matto regiert* zwar eigentlich nur „ein anspruchloses, ein bißchen boshaftes Buch über die heilige Psychiatrie werden" sollte, „ein Kriminalroman, wie es deren viele gibt", dass dann aber unerwarteterweise „das Ganze" umgeschlagen und „poetisch" geworden sei, weil die Figuren des Romans ein Eigenleben entwickelt hätten, was er als Autor gar nicht vorhergesehen habe. Das Resulat sei: „Es wird kein Kriminalroman, es wird eine andere Angelegenheit" (Glauser 1991, 194). Der Anspruch, keinen bloßen Kriminalroman geschrieben zu haben, sollte genauso kritisch überprüft werden, wie die spätere Leseanleitung, wonach es ausschließlich auf die Institutionenkritik ankomme. Auf der anderen Seite kann man eine solche Leseanleitung aber auch nicht vernachlässigen, zumal der Text reichlich Material bietet, einer solchen Lesart nachzugehen. Freilich gilt es, die Reichweite der von Glauser in *Matto regiert* angelegten Institutionenkritik über seinen individuallen Fall hinaus zu verstehen als Auseinandersetzung mit den Machtgefügen und den herrschenden Diskursen in Justiz, Psychiatrie und Pädagogik in der Schweizer Gesellschaft seiner Zeit. Dann ergibt sich vielleicht, was der Roman jenseits eines Kriminalromans sein könnte und was mit jener „andere[n] Angelegenheit" gemeint sein könnte, um die es laut Glauser wirklich geht.

Institutionenkritik

In *Matto regiert* stellt Glauser zwei Welten gegenüber, eine der Menschlichkeit und des Bemühens um gegenseitiges Verständnis auch in schwierigsten Lebenslagen und eine Welt der kalten bürokratischen Abläufe, die von Technokraten und Machtmenschen beherrscht wird. Die eine wird von Menschen wie Dr. Laduner, seiner Frau, seinen ihm treu ergebenen Mitarbeitern und einigen seiner Patienten bevölkert, die andere Sphäre ist die des alten Anstaltsdirektors, des Obersten Kaplaun und der meist anonym auftretenden Mächte der Psychiatrie und der Justiz. Während Dr. Laduner versucht, mit neuen Behandlungsmethoden – einschließlich der noch jungen Psychoanalyse – seinen Patienten zu helfen, stehen Psychiatrie und Justiz ganz im Bann eines Konservatismus, der jeder Neuerung nur mit Mißtrauen und Ablehnung gegenüber steht. Dies wird bereits in der Vorgeschichte deutlich, die Studer und Dr. Laduner verbindet. Als Studer noch „wohlbestallter Kommissar bei der Stadtpolizei gewesen war, damals, als die Geschichte noch nicht passiert war, jene Bankaffäre, die ihn den Kragen gekostet hatte, so daß er wieder von vorne hatte anfangen müssen, als einfacher Fahnder" (15), hatte er Dr. Laduner in Wien kennen gelernt. Dort hatte Laduner die Methoden eines Pädagogen studiert, der in einer „Anstalt für Schwererziehbare" (17) ein vielversprechendes Reformprojekt durchführte. Studer hatte damals für die Reformer „ehrliche Hochachtung empfunden …" (18). Das Projekt verlief dann jedoch offenbar wegen mangelnder Unterstützung durch die Behörden im Sande und Laduners Plan, „die Jugendfürsorge in der Schweiz [zu] reformieren" war zum Scheitern verurteilt, da man in der Schweiz statt Visionen zu verwirklichen nur „Maßnahmen" treffe, also Verwaltungsakte vollziehe, die dann gewöhnlich auch noch halbherzig oder gar nicht durchgeführt werden (16).

Struktur

Matto regiert ist zunächst nach dem traditionellen Schema des Detektivromans aufgebaut. Es beginnt damit, dass der Detektiv, Wachtmeister Studer, von dem vorliegenden Fall unterrichtet wird, sich an den Ort des Geschehens begibt und die ersten Befragungen vornimmt. Auch die relative Abgeschlossenheit des Tatortes, hier einer Irrenanstalt, entspricht vollauf dem klassischen Muster der Detektivgeschichten des *golden age*. Der mögliche Täterkreis ist dadurch von vornherein auf die Patienten, Betreuer und Besucher der Anstalt eingeschränkt und das Arbeitsfeld des Detektivs ist abgesteckt. Die ebenfalls aus dem klassischen Detektivroman stammende Vorstellung, wonach das Verbrechen ein Element des Chaos in die Welt bringt, und dass der Detektiv durch die Lösung des Falles die Ordnung wieder herstellt, würde dann auch bestätigt. Diesen Strukturmerkmalen des klassischen Detektivromans stehen allerdings Elemente gegenüber, die eine solche Einordnung zumindest stark relativieren wenn nicht sogar ganz außer Geltung setzen.

Das offene Ende

Ein weiteres Strukturmerkmal der klassischen Detektivgeschichte ist der Auftritt des Detektivs am Ende, wenn er, entweder gegenüber der Watson-Figur (wie bei Sherlock Holmes) oder vor versammeltem Publikum aller Verdächtigen (wie in den Hercule Poirot-Romanen von Agatha Christie), die Auflösung des Falles präsentiert und ihn damit zu einem allseits befriedigenden Ende bringt. Der Täter ist entlarvt, die Ordnung ist wiederhergestellt und das Rätsel, das das Verbrechen gestellt hatte, ist gelöst. Ganz gemäß diesem Schema will auch Studer am Ende von *Matto regiert* erzählen oder rekonstruieren, wie alles gewesen ist. Er will Laduner, den er in die Rolle der Watson-Figur drängt, die ganze Geschichte darlegen, es werde „etwa eine Stunde" dauern und „er, Studer, wolle gern die Wahrheit erzählen, falls der Herr Doktor die Wahrheit zu wissen wünsche ..." (272). Das entspräche ganz der gattungstypischen Auflösung des Falles – nur stimmt Studers Lösung nicht, seine „Wahrheit" ist falsch.

Negierung des klassischen Detektivromans

Obwohl Studers Version des Geschehens scheinbar schlüssig ist, muss er sich von Laduner vorwerfen lassen, dass seine Erzählung zu „undeutlich" sei (293). Bereits am Anfang seiner Erzählung hatte Laduner festgestellt, dass Studer „durch [seine] Ungeschicklichkeit zwei Menschen getötet" habe bzw. für ihren Tod verantwortlich gewesen sei. Es stellt sich heraus, dass Dr. Laduner von Anfang an wusste, wer für den Tod des Anstaltsdirektors verantwortlich war und worum es bei dem Verschwinden des Patienten Pieterlen gegangen war. Laduner wollte sich des Wachtmeister Studer versichern, damit nicht nur eine Aufklärung der begangenen Verbrechen gewährleistet werden konnte sondern auch eine Heilung von Herbert Caplaun. Außerdem ging es darum, seine Reformbestrebungen in der Psychatrie nicht zu gefährden und das Wohlergehen von ihm nahe stehenden anderen Personen nicht zu gefährden. In diesen komplizierten Balanceakt platzt Studer hinein wie ein Elefant in den Porzellanladen und zerstört Laduners sorgfältig austarierte Pläne. Studer muss sich anhören, dass er sich mit Laduner habe „identifizieren wollen": „Sie wollten an meine Stelle treten, den Seelenarzt spielen, in meine Haut schlüpfen..." Das sei jedoch fehlgeschlagen: „Aber sie haben gepfuscht, Studer, Sie haben mir ins Handwerk gepfuscht" (277). Am Ende muss Studer einsehen, dass Laduner Recht hat: „Plötzlich war alles klar. Er schämte sich. Er hatte gar nichts verstanden" (307). Laduner bekräftigt dies noch einmal: „Sie haben leider nichts begriffen, Studer" (309). Durch das verstandesmäßige Versagen wird Studer zur Watson-Figur und Laduner nimmt die Stelle des wahren Detektivs ein. Diese Umkehrung der traditionellen Rollen bestätigt auch strukturell noch einmal die Negation des Aufklärungsoptimismus und des Glaubens an die Wiederherstellbarkeit von Ordnungsgefügen, die dem klassischen Detektivroman zugrunde liegen (Vogt 2014, 243). Am Ende steht eine Geste der Schuld, der Verzweiflung und des Nicht-Sehen-Wollens: „Studer bedeckte die Augen mit der Hand..." (311). Zu den von Glauser kritisierten Institutionen gesellt sich nicht zuletzt auch noch die Gattung des Kriminalromans selber, der in seiner handlungszentrierten Struktur und seinen aufklärerischen Ansprüchen radikal infrage gestellt und somit zu jener „andere[n] Angelegenheit" oder zum „Kunstwerk" wird, das Glauser beim Schreiben anvisiert hatte.

3. Friedrich Dürrenmatt: Der Richter und sein Henker (1952)

Dürrenmatts Krimi-Corpus

Medienübergreifende Textproduktion

Friedrich Dürrenmatt hat schon früh eine Praxis betrieben, die erst für die neuere Zeit typisch geworden ist: Gemäß der unspezifischen Bedeutung des Begriffs „Krimi" Texte zu produzieren, die gattungs- und auch medienübergreifend die Muster der Kriminalgeschichte verwenden, um ein breiteres Publikum zu erreichen. Die ersten beiden Texte dieses Krimi-Corpus, *Der Richter und sein Henker* und *Der Verdacht*, wurden zuerst in Zeitschriften veröffentlicht, bevor sie dann als Kurzromane zu *bestsellern* und *longsellern* wurden. Der dritte Text, *Die Panne*, erschien zuerst als Erzählung und als Hörspiel (1956) und dann als Theaterstück (1979). Der vierte Text, *Das Versprechen*, wurde zuerst als Drehbuch für einen Spielfilm (*Es geschah am hellichten Tag*, 1957) konzipiert, bevor Dürrenmatt dann den Schluß radikal änderte, um ihn 1958 als Roman erscheinen zu lassen. Ein weiterer Roman zum Thema Verbrechen und Gerechtigkeit, *Justiz*, wurde schon 1957 begonnen aber erst 1985 abgeschlossen. *Der Pensionierte*, an dem Dürrenmatt zwischen 1969 und 1972 und dann noch einmal im Jahr 1979 arbeitete, blieb „Fragment eines Kriminalromans" (so der Untertitel). Auch wenn Dürrenmatt primär nicht als Autor von Kriminalromanen gilt, zeigt diese Aufstellung doch, dass er sich immer wieder mit der Gattung beschäftigt hat. Er hat dabei „immer komplexere Variationen des Schemas ‚Detektivroman' entwickelt", wobei jedoch die späteren Texte „nur noch entfernt die Logik des Genres anklingen lassen" (Weber 2006, 77).

Parallelen zum Gesamtwerk

Wie das Beispiel von *Die Panne* zeigt, hat Dürrenmatt die ihn beschäftigenden Themen wie die Möglichkeit von Gerechtigkeit, die Rolle des Zufalls oder die Unvollkommenheit des Menschen in verschiedenen literarischen Formen durchgespielt. In Dürrenmatts Werk findet man sich einer „umfassenden Verbrechens-, Schuld- und Gerichtsthematik" gegenüber (Weber 2014, 172). Die Durchgängigkeit dieser Themen im Gesamtwerk und ihre jeweiligen ästhetisch-programmatischen Folgerungen stellen deshalb eine enge Beziehung zwischen den Kriminalromanen und dem dramatischen Werk her, insbesondere was Dürrenmatts Theorie der Komödie betrifft (Knapp 1993, 41). Die gleichen seiner Weltsicht entstammenden Kritikpunkte lassen Dürrenmatt die ästhetischen und ideologischen Voraussetzungen des Illusionstheaters sowie des politischen Lehrstücks wie auch die Gattungskonventionen des Kriminalromans zurückweisen.

Von der Gelegenheitsarbeit zum kanonischen Text

Es ist bekannt, dass der unmittelbare Anlass für Dürrenmatt, seine ersten beiden Kriminalromane zu schreiben darin bestand, einen finanziellen Engpass zu überwinden. Er war 1950 in Geldnöte geraten und brauchte dringend eine neue Einnahmequelle (Knapp 1993, 39). Den größten Vorschuss für ein Romankonzept erhielt er von der Zeitschrift *Schweizerischer Beobachter*, und so erschien dort zunächst *Der Richter und sein Henker* in vierzehntäglichem Abstand vom 15. Dezember 1950 bis 31. März 1951 (Arnold 1981, 13 f.). Auch *Der Verdacht* wurde als Fortsetzungsroman 1951/52 dort publiziert, bevor der Text als Roman herauskam. Beide Romane, besonders aber *Der Richter und sein Henker*, waren dann so erfolgreich, dass sie im Lesekanon der Schulen bis heute ihren festen Platz haben, was durch die große Zahl von didaktischen Handreichungen belegt wird, die dafür angeboten werden. Darüber hinaus wird *Der Richter und sein Henker* auch im Unterricht für Deutsch als Fremdsprache immer wieder verwendet. Der auch internationale Erfolg deutet darauf hin, dass es Dürrenmatt gelungen ist, mit seinen Kriminalromanen Texte abzuliefern, die über den Status von bloßen „Gelegenheitsarbeiten" hinausreichen (Spycher 1972, 124; Knopf 1988, 49).

„Philosophische" Kriminalromane

Die Kommentatoren sind sich einig, dass Dürrenmatt beim Schreiben seiner ersten beiden Kriminalromane „die Gattungskonventionen weitgehend beachtete" (Tschimmel 1981, 179). Es wird jedoch zugleich darauf verwiesen, „dass das Kriminalistische nur ein Mittel und nicht das Ziel ist, wenngleich das Basisschema der Gattung nie völlig aufgegeben wird". Denn es gehe in den Kriminalerzählungen um „für Dürrenmatt sehr wichtige Themen wie Gerechtigkeitssinn und Politisierung des Polizeiapparats" (Spedicato 2005, 145). Deshalb und weil der Kriminalroman bei Dürrenmatt als „Experimentierfeld für Zusammenhänge von Gerechtigkeit und Recht, Erzähllogik und Weltbild oder Evidenz und Beweisbarkeit der Wahrheit" (Weber 2014, 173) eingesetzt wird, werden diese Texte auch als „philosophische" Kriminalromane oder als „Gedanken-Krimis" (Vogt 2011) bezeichnet .

Der Richter und sein Henker

Ähnlichkeiten zu Simenon und Glauser

Als „Anregung" für Dürrenmatts ersten Kriminalroman wurde Simenons 1949 erschienener Maigret-Roman *La première enquete de Maigret (1913)* (dt. *Maigrets erste Untersuchung*) identifiziert (Arnold 1981, 158). Es gibt in der Tat zahlreiche inhaltliche Parallelen zwischen den beiden Texten, doch wichtiger noch dürften die Ähnlichkeiten zwischen den Hauptfiguren sein. Dürrenmatts Kommissär (wie die schweizerische Bezeichnung heißt) Bärlach und Simenons Maigret sind verwandte Charaktere. Auch zwischen Bärlach und Glausers Wachtmeister Studer gibt es Übereinstimmungen, allerdings bestand Dürrenmatt darauf, dass er bei der Abfassung des Romans die Texte von Glauser noch nicht kannte. Die Unterschiede zwischen Bärlach und Wachtmeister Studer sind allerdings auch sonst sehr viel ausgeprägter als die Ähnlichkeiten (Vogt 2011, 230). Als älterer, behäbiger Polizeidetektiv, der seine eigenen Vorstellungen von Recht und Gerechtigkeit hat, weist Bärlach jedenfalls Züge auf, die bei seinen Vorgängern schon in bewusster Abkehr von den Kennzeichen des klassischen Amateurdetektivs gewählt wurden.

Inhalt

Der Roman beginnt mit dem Auffinden einer Leiche. Der Polizeileutnant Schmied wird erschossen in seinem an einer Landstrasse abgestellten Mercedes aufgefunden. Schmieds Vorgesetzter, Komissär Bärlach, geht zuerst in Schmieds Wohnung und stellt dort eine Akte sicher, über die man zunächst nichts weiter erfährt. Da es um die Gesundheit von Bärlach nicht gut bestellt ist, bekommt er als „Stellvertreter" den jungen Polizisten Tschanz an die Seite gestellt. Aus verschiedenen Indizien geht hervor, dass Schmied öfter einen gewissen Gastmann besucht hat, der in der Nähe des Tatorts ein abgelegenes Haus besitzt. Als Bärlach und Tschanz das Haus beschatten, wird Bärlach von einem riesigen Hund angegriffen. Bevor Bärlach ernsthaft verletzt werden kann, erschiesst Tschanz den Hund. Es gelingt Bärlach und Tschanz jedoch nicht, bis zu Gastmann vorzudringen, sie werden von seinem Anwalt, Oberst von Schwendi, abgewimmelt. Als Bärlach nach dem Begräbnis von Schmied nach Hause kommt, wartet dort der Mann, der sich jetzt Gastmann nennt, auf ihn. In ihrem rückblickenden Gespräch erinnern sie sich der Wette, die sie vor mehr als vierzig Jahren eingegangen waren: Bärlach hatte damals behauptet, dass die meisten Verbrechen aufgeklärt werden können, weil der Zufall und die Unmöglichkeit, menschliches Verhalten exakt vorauszusagen, eine perfekte Planung von Straftaten vereiteln. Gastmann hatte dagegen gehalten, dass gerade die „Verworrenheit der menschlichen Beziehungen“ (67) die meisten Verbrechen „ungeahndet“ und „ungeahnt“ bleiben lasse. Wenig später beging Gastmann vor den Augen Bärlachs einen Mord, den Bärlach ihm jedoch nicht nachweisen konnte. Seitdem hat Gastmann immer neue Verbrechen begangen und Bärlach versuchte vergeblich, ihn dafür zur Verantwortung zu ziehen. Da Bärlach sich todkrank weiß, war Schmied, der Material über Gastmann sammelte, seine letzte Chance, Gastmann zu überführen. Nach dem Tod Schmieds sieht Barlach nur noch einen Ausweg: Er versteht es, Tschanz so zu manipulieren, dass dieser Gastmann erschießt. Damit ist Bärlach zum Richter über Gastmann geworden und hat Tschanz als Henker auf diesen angesetzt. Bärlach weiß nämlich, dass es Tschanz war, der Schmied ermordet hatte, weil er auf den Erfolg des Kollegen eifersüchtig gewesen war. Am Ende begeht Tschanz Selbstmord, nachdem er erfahren hat, dass Bärlach ihn benutzt hat, um Gastmann zu richten.

Struktur

Dürrenmatt wiederholt in *Der Richter und sein Henker* das Strukturschema der klassischsten aller Detektivgeschichten. Denn es ist ja ausgerechnet der Mörder (Tschanz), der den Mord aufklären soll. Dies war aber auch jene Identiät von Detektiv und Täter gewesen, die dem *Ödipus Rex* des Sophokles zugrunde gelegen hatte. Der Roman ist analytisch aufgebaut, mit dem Auffinden der Leiche von Schmied am Anfang und der beginnenden Ermittlung durch Bärlach als Detektivfigur, dem Tschanz helfen soll. Es gibt zwei Vor-Geschichten, die vor dem Einsetzen der Handlung liegen und die gemäß der analytischen Struktur des Textes im Prozess der Detektion ans Licht kommen. Die erste Vorgeschichte ist allerdings eher eine bloße Tatsache: Dass Tschanz auf Schmieds Herkunft, seine Bildung und seine beruflichen Erfolge eifersüchtig war und einen krankhaften Ehrgeiz hatte, es dem beneideten Kollegen gleichzutun, wird lediglich mitgeteilt (26, 113f., 116). Bärlach wusste um Tschanz' Neid gegenüber Schmied und brauchte nicht erst herauszufinden, warum Tschanz ein Motiv für den Mord gehabt haben könnte. Die zweite Geschichte, die vor dem anfänglichen Mord liegt, basiert auf der Wette zwischen Bärlach und Gastmann und umfasst die mehr als vierzig Jahre, die zwischen der Wette und der Gegenwart der Handlung liegen und in denen es Bärlach nicht gelungen war, Gastmann eines Verbrechens zu überführen. Diese Geschichte hat zunächst allerdings überhaupt nichts mit dem Mord an Schmied zu tun. Erst als Bärlach Tschanz für seine Zwecke instrumentalisiert, um Gastmann hinzurichten, wird eine Verbindung zwischen dem Mord an Schmied und dieser Vorgeschichte hergestellt. Die Zusammenhänge zwischen dem Verbrechen, das aufgeklärt werden soll (dem Mord an Schmied) und dem, was vorher geschehen war, entsprechen also nicht dem, was in analytisch aufgebauten Detektivromanen normalerweise herausgefunden wird.

Abweichungen vom Strukturschema des Detektivromans

Dieser Befund wird ergänzt durch eine Reihe von anderen strukturellen und inhaltlichen Merkmalen, die für eine Detektivgeschichte untypisch sind. Das fängst schon damit an, dass die Spuren des Mordes an Schmied von dem Dorfpolizisten Clenin aus Verwirrung und Unvermögen beseitigt werden, was einige Interpreten als „Parodie" auf den Kriminalroman ausgelegt haben (Arnold 1981, 162). Des Weiteren weiß der Detektiv von Anfang an, wer der Mörder war (oder er hat zumindest einen starken Verdacht). Es geht dann lediglich darum, dass der Mörder die entscheidenden „Indizien" (22) liefert, um den Verdacht zu bestätigen (der Weg, den er zum Tatort fährt und die Kugel, mit der Schmied getötet wurde und die aus der gleichen Waffte stammt, mit der Tschanz den Hund von Gastmann erschießt). Was noch schwerer wiegt: Bärlach ermittelt nicht, er verweigert geradezu die Detektion. Er stellt zwar die Akte sicher, die Schmied über Gastmann zusammengestellt hatte (12) und er findet die Kugel, die Schmied getötet hat (17), aber er besichtigt die Leiche nicht und er liest nicht einmal das Protokoll (20). Dass er nicht wirklich ermittelt, ist zwar nur folgerichtig, wenn er schon weiß, wer der Täter ist, aber es widerspricht trotzdem den Gattungskonventionen des Detektivromans (wie natürlich auch die Tatsache, dass der Detektiv von vornherein weiß, wer der Täter ist). Bärlach ist hauptsächlich daran interessiert, Gastmann endlich seine verdiente Strafe zukommen zu lassen. Der Prozess der Detektion wird ersetzt durch eine genau geplante beabsichtigte Tötung, was im Titel auch schon anklingt.

Die Wette

In *Der Richter und sein Henker* wetten Bärlach und Gastmann darum, wie Kontingenz sich beim Begehen eines Verbrechens auswirkt. Genau genommen handelt es sich um eine zweifache Kontingenz: Die Wette betrifft die Unberechenbarkeit menschlichen Verhaltens und die Rolle des Zufalls beim Begehen von Verbrechen und deren Aufklärung. Sowohl Bärlach als auch Gastmann setzen Kontingenz als eine das menschliche Dasein bestimmende Kategorie voraus, sie *interpretieren* die „Verworrenheit der menschlichen Beziehungen" nur jeweils entgegengesetzt. Während Bärlach darauf besteht, dass „die meisten Verbrechen zwangsläufig zutage" (67) treten müssen, behauptet Gastmann, dass „die überaus größte Anzahl der Verbrechen" nicht nur nicht bestraft sondern auch gar nicht als solche bemerkt werden. Der Gewinner der Wette ist Gastmann. Denn Bärlach ist es während seiner über vierzig Jahre langen Karriere als Kriminalist nicht gelungen, Gastmann eines Verbrechens zu überführen. Dass Bärlach ihn selber richtet und töten lässt, ist Eingeständnis dafür, dass er die Wette verloren hat, denn die Wette ging darum, dass Bärlach Gastmann mindestens ein Verbrechen „beweisen" könnte (69). Deshalb lacht Gastmann noch im Moment seines Todes (Arnold 1981, 165; Knapp 1993, 43).

Schuld

Schon durch das Eingehen der Wette macht sich Bärlach an den Verbrechen von Gastmann mitschuldig. Denn ohne diese Wette wäre Gastmann gar nicht motiviert gewesen, seine kriminelle Laufbahn, die mit einem Mord begann, überhaupt einzuschlagen. Mit den titelgebenden Aktionen des Richtens und der Tötung Gastmanns macht Bärlach sich dann noch weiter schuldig. Er verliert außerdem auch, weil sein eigener sorgfältig geplanter Mord (an Gastmann) nur dann verborgen bleiben kann, wenn Gastmann recht hat: Mit dem Mord an Gastmann handelt Bärlach genau so, wie es Gastmanns Überzeugung entspricht. Bärlach widerlegt sich am Ende selbst. Deshalb kann konstatiert werden: „Dass der Detektiv sich in offenkundiger Weise in Schuld verstrickt, dass er ironischerweise nicht seine eigene Wett-These, sondern die seines Gegners belegt, das macht die gattungskritische und innovative Gestaltung Bärlachs aus“ (Tschimmel 1981, 181).

Die Rolle des Zufalls

Der Zufall spielt, wie gesehen, zusammen mit den Unwägbarkeiten menschlichen Verhaltens, die entscheidende Rolle in der Wette zwischen Bärlach und Gastmann. In der Handlung wird das dahingehend konkretisiert, dass Bärlachs Pläne, Gastmann endlich zu fassen, durch eine Figur mit dem Namen „Tschanz“ zunichte gemacht werden. Man hat angemerkt, dass das französiche Wort „chance“ auf deutsch „Zufall“ bedeutet (Richter 1993, 143, Fn. 5). Gerade Tschanz ist es aber auch, der Bärlachs letzte Chance (Gelegenheit) Gastmann zu bestrafen zunichte macht. Bärlach konnte nicht wissen, dass Tschanz aus seinem „lächerlichen, verbrecherischen Ehrgeiz“ (116) heraus Schmied gerade dann ermorden würde, als er Gastmann auf die Spur gekommen ist. Bärlachs Plan geht also nicht auf, weil er die psychische Disposition von Tschanz nicht richtig eingeschätzt hat und aus seiner Position vielleicht gar nicht einschätzen konnte, weil für ihn das Motiv von Tschanz für den Mord an Schmied nicht vorstellbar („lächerlich“) war. Ob diese Unfähigkeit eines erfahrenen Kriminalisten, die Denkweise eines seiner eigenen Untergebenen richtig einzuschätzen glaubwürdig ist, wäre freilich diskutierbar.

Das Gespräch mit dem Schriftsteller

Im Mittelpunkt von Dürrenmatts Kriminalromanen stehen lange Dialoge von zwei Kontrahenten über erkenntnistheoretische, weltanschauliche oder philosophische Fragen. Neben zwei Gesprächen zwischen Gastmann und Bärlach ist das in *Der Richter und sein Henker* auch die Unterhaltung zwischen Bärlach und dem Schriftstellter, bei der zwar auch Tschanz zugegen ist aber eher die Rolle des Katalysator hat als derjenige, der die Frage nach Gastmanns Charakter auf den Punkt bringt. Der Schriftsteller ist als „ironisches Selbstporträt“ Dürrenmatts gedeutet worden (Knapp 1993, 42) und stellt Reflexionen über den Status und die Funktion der (schweizerischen) Literatur an (77, 81). Als „dunkle Masse“, die bei der Unterhaltung im Hintergrund des Zimmers bleibt, während die beiden Polizisten im Licht des Fensters für ihn gut sichtbar bleiben, kehrt er schon am Anfang des Gesprächs die Verhörsituation um: Es sind die Polizisten, die sich beobachtet fühlen (und Angst davor haben, „in ein Buch“ zu kommen). Für den Schriftsteller hingegen stehen die Polizisten als Objekte seiner Beobachtung auf der gleichen Stufe wie Gastmann, es ist „*sein* Beruf, den Menschen auf die Finger zu sehen“ (81). Das macht ihn einerseits dem Detektiv ähnlich. Wichtiger für die Einordnung von *Der Richter und sein Henker* in die Tradition des Kriminalromans sind jedoch seine Überlegungen zur Persönlichkeit Gastmanns. Dem Schriftsteller zufolge ist Gastmann ein Mensch, „der nun wirklich ein Nihilist ist“ (82). Gastmann ist in seinem verbrecherischen Handeln nicht motiviert durch die üblichen Motive „Geld […], eine Frau […] oder Macht …“ Sogar die Entscheidung, gut oder böse zu handeln, beruhe bei ihm auf bloßem Zufall. Damit wird er für einen Detektiv ungreifbar: „Bei ihm ist das Böse nicht der Ausdruck einer Philosophie oder eines Triebes, sondern seiner Freiheit: der Freiheit des Nichts“ (83). Wenn Gastmann die Verkörperung eines „Programm[s]" (82) ist, wird er für Bärlach zu einem bloßen Schemen, zu einer abstrakten Idee, die für ihn nicht fassbar ist. Deshalb besteht er darauf, dass es ihm um den „wirklichen Gastmann" geht, um einen konkret existierenden und handelnden Menschen, der vom Gesetz belangt werden kann. Die Frage aber, ob die Vorstellung („das Bild") des Schriftstellers von Gastmann als kollektives Gedankenkonstrukt („[u]nserer Träume") des Nihilismus zutreffend ist oder Bärlachs Insistieren darauf, es mit einem realen Menschen zu tun zu haben, bleibt am Endes des Gesprächs offen: Der Schriftsteller verweigert die Antwort und versteigt sich sogar zu der Behauptung: „Es ist schließlich die Aufgabe der Polizei, diese Frage zu untersuchen" (83). Damit aber wäre jede polizeiliche Aufklärungsarbeit schlichtweg überfordert. Polizisten und Detektive sind gerade keine philosophischen Untersuchungsrichter. Sie bewegen sich im Bereich der Tatsachen, nicht der metaphysischen Unwägbarkeiten. Ein Kriminalroman, der dies verlangen würde, wäre kein Kriminalroman mehr, auch und gerade wenn die Forderung von einem Schriftsteller kommt.

Dürrenmatt und der Anti-Kriminalroman

Am Ende seines Essays „Theaterprobleme" (1954) denkt Dürrenmatt über die prekäre Situation von Kunst in der Gegenwart nach und kommt zu dem Schluss, dass man mit dem Schreiben von Kriminalromanen vielleicht eine Möglichkeit hat „Kunst da [zu] tun, wo sie niemand vermutet" (Dürrenmatt 1980, 71–72). Dies beinhaltet den Anspruch, Kriminalromane zu schreiben, die mehr als nur reine Schemaliteratur sind bzw. den Kriminalroman als bloße Trivialliteratur hinter sich zu lassen. Dürrenmatts Kriminalromane sind denn auch als Anti-Kriminalromane interpretiert worden, sie seien „zumindest von ihrer Intention her, als Aufhebung und Überwindung dieser Gattung angelegt" (Knapp 1993, 41). Im Vergleich mit der traditionellen Detektivgeschichte „erscheinen Dürrenmatts Kriminalerzählungen als irrational, antiaufklärerisch, weil sie die traditionelle Detektion durch zufällige Begebenheiten, die die vernünftigen Pläne der Detektion zunichte machen, als falsch zurückweisen" (Knopf 1988, 48–49). Mit Anspielung auf den Untertitel „Requiem auf den Kriminalroman" des dritten Romans *Das Versprechen* heißt es: „Schon die beiden ersten Kriminalromane Dürrenmatts sind Abgesänge auf die Gattung, indem sie in der Hauptfigur das Schema der Gerechtigkeit negieren" (Knopf 1988, 58).

4. Jörg Fauser: Der Schneemann (1981)

Entstehungskontext

Die Kenntnis des Entstehungskontextes ist für das Verständnis von Jörg Fausers Roman *Der Schneemann* hilfreich. Als Fauser Ende 1979 mit der Arbeit an diesem Roman beginnt, hat er bereits einige Bücher veröffentlicht, ein großer Erfolg und die Anerkennung als ernst zu nehmender Autor war ihm allerdings noch nicht beschieden gewesen. Für sein neues Projekt nahm er sich vor, seine bis dahin bevorzugte autobiographische Schreibweise aufzugeben und sich im Genre des Kriminalromans zu versuchen. Ökonomische Gründe mögen dabei durchaus eine Rolle gespielt haben, denn Fauser hatte bis dato mit seinem Schreiben nur wenig Geld verdient. Vorbildhaft für den neuen Roman sollte die amerikanische Schule des *hard-boiled* Krimis sein, besonders was den vorgeblichen Realismus dieser Art von Literatur betraf.

Allerdings setzte das voraus, dass Fauser die Beschreibung ihm gut bekannter zeitgenössischer Milieus in den Vordergrund stellen würde, also die bundesrepublikanische Wirklichkeit am Ende der siebziger Jahre des zwanzigsten Jahrhunderts. Genau dies wird im Roman auch unternommen.

Inhalt

Die Handlung des Romans spielt während eines Zeitraums von nur vierzehn Tagen und der Protagonist Siegfried Blum reist in dieser Zeit von Valleta auf der Insel Malta über München, Frankfurt und Amsterdam bis ins belgische Ostende, wo dann auch seine Geschichte an ihr Ende kommt. Am Anfang des Romans treffen wir Blum auf Malta, wo er versucht, einen Koffer mit Pornoheften möglichst profitabel an den Mann zu bringen. Dies misslingt, durch einen Zufall gerät Blum jedoch in den Besitz von fünf Pfund hochwertigen Kokains. Da die Polizei auf Malta bereits auf ihn aufmerksam geworden ist und er sich zudem sehr genau bewusst ist, dass die wahren Besitzer des Kokains nach dem wertvollen Drogenvorrat suchen werden, verlässt er fluchtartig Malta und reist zunächst nach München. Damit beginnt eine Odyssee, während der Blum immer wieder versucht, Käufer für das Kokain zu finden, damit er sich seinen Lebenstraum von einer kleinen Bar auf den Bahamas erfüllen kann. Während der ganzen Zeit, in der er unterwegs ist, glaubt Blum ständig, Spuren seiner Verfolger wahrzunehmen. Auch als er in Frankfurt eine junge Frau namens Cora trifft, mit der er eine engere Beziehung eingeht und die versucht, ihm beim Verkauf des Kokains zu helfen, kann er sich nie ganz vom Misstrauen ihr gegenüber befreien. Alle Bemühungen, seinen Vorrat an Kokain zu einem hohen Preis abzusetzen, scheitern jedoch, so dass er von einer Stadt zur nächsten reist. In München und Frankfurt kommt er in Kontakt mit Managern und Machern aus Kultur, Wirtschaft und Politik. Kokain ist zwar ein Statussymbol unter diesen Eliten, zum großen Deal kommt es jedoch nicht. In Amsterdam stößt er auf die Verflechtung von internationalem Rauschgifthandel und Geheimdiensten. Schließlich in Ostende angekommen, wird er von drei Männern, die er schon auf Malta getroffen hatte, gestellt und das Kokain wird ihm wieder abgenommen. Er steht am Ende zwar alleine da, und sein Traum von einem gemütlichen Leben auf den Bahamas ist geplatzt, aber immerhin ist er noch am Leben.

Erzählweise

Erzählt wird der Roman durchgehend aus der Perspektive der Hauptfigur in der dritten Person. Diese personale Erzählweise ermöglicht es, eine ganz bestimmte Sichtweise zu etablieren, die für diesen Roman kennzeichnend ist: Blum ist ein *Beobachter*, der nach einer Abwesenheit von mehreren Jahren in die Bundesrepublik der beginnenden achtziger Jahre zurückkommt und diese *vergleicht* mit dem Land, das er Anfang der siebziger Jahre verlassen hatte. Diese Erzählkonstellation verortet den Roman historisch, thematisch und funktionell. Der Roman thematisiert die Zeit nach dem reformerischen Aufbruch der im Zuge der Generation der 68er versuchten Öffnung der westdeutschen Gesellschaft hin zu demokratischeren Strukturen und entwirft ein Panorama dieser Gesellschaft in einer Zeit der Erschöpfung und des Verfalls. Wegen seiner sozialen Stellung als Kleinkrimineller und Drogenhändler, der von den oberen Gesellschaftsschichten ausgeschlossen ist, nimmt der Protagonist als Beobachterfigur dabei eine Perspektive von unten ein, was an den *picaro* der gleichnamigen Romantradition des 16. Jahrhunderts oder den Schelmenroman (bekanntestes deutschsprachiges Beispiel: *Simplicius Simplicissimus* [1668]) erinnert.

Intertextualität

Das ständige Unterwegs-Sein der Hauptfigur setzt den Roman in Bezug zu einer ganzen Reihe von weiteren Texten und Gattungen und eröffnet dadurch einen Raum von *intertextuellen Verweisen.* So gibt es Ähnlichkeiten mit dem besonders von Strindberg her bekannten Stationendrama der Jahrhundertwende oder zu Georg Kaisers Stationendrama *Von morgens bis mitternachts* (EA 1917), in dem eine Atmosphäre des Gehetzt-Seins erzeugt wird, der Fausers Siegfried Blum ebenso ausgesetzt ist wie der Kassierer in Kaisers Stück. Durch Blums Verwicklung in undurchsichtige Machenschaften und das Motiv der Suche (engl. *quest*) nach einem idealen Ort (hier: dem beschaulichen Leben auf einer Südseeinsel) ergeben sich Bezüge zur Abenteuergeschichte und zur literarischen Dystopie. Weil Blum ständig unterwegs ist, von Stadt zu Stadt kommt und in billigen Hotels und Pensionen wohnt, hat seine Geschichte auch Ähnlichkeiten mit dem *road movie* oder der *road novel,* wie etwa Kerouacs *On the Road* (1957), einem der wichtigsten Texte der *Beat Generation.* Wie die Helden Kerouacs bewegt sich Blum in einer Gegenwelt aus Drogen, Jazzmusik und erotischen Abenteuern, wie diese lehnt er die bestehenden gesellschaftlichen Normen und Konventionen ab, ist nirgends sesshaft, bleibt überall, wo er sich aufhält, einer, der nicht dazu gehört, ein Außenseiter. Dies macht ihn einerseits einsam und ausgeschlossen, ermöglicht ihm andererseits aber einen kalten, objektiven, analytischen, durch keinerlei Anhänglichkeiten getrübten Blick auf die Welt der Etablierten und Saturierten. Der Nachname des Protagonisten erinnert in seiner Lautung, auf die auch mehrmals im Text explizit hingewiesen wird, an Leopold Bloom aus James Joyce' *Ulysses* (Waine 1993, 103) und damit auch an Homers *Odyssee*, dessen Held nach zehnjähriger Abwesenheit in die Heimat zurückkehrt, nur um festzustellen, dass sich dort eine Atmosphäre der Korruption und der sittlichen Verwahrlosung breit gemacht hat.

Gattungszugehörigkeit als Problem

Der Schneemann wurde charakterisiert als „eine Mischung aus Kriminal- und Agentenroman, die an Vorbilder wie Raymond Chandler und Ross Thomas einerseits, Graham Greene und Eric Ambler andererseits erinnert" (Vogt 2014, 198). Diese Kennzeichnung ist deshalb gerechtfertigt, weil im Mittelpunkt des Geschehens der Versuch steht, mittels der Verkaufs von Kokain das große Geld zu machen. Die ältere Gattungskonvention, wonach nur ein Mord oder ein ähnlich schweres Verbrechen in einem Kriminalroman vorkommen darf, hat, wenn sie überhaupt jemals ernst genommen wurde, keine Gültigkeit mehr. Noch wichtiger für eine Charakterisierung als Kriminalroman ist jedoch, dass der Roman aus der Perspektive eines Berufkriminellen erzählt wird. Die Darstellung des Bewusstseins der Hauptfigur erzeugt eine Atmosphäre des Gehetzt-Werdens, der ständigen Angst vor Entdeckung und gleichzeitig der Hoffnung auf den großen Coup, der den Rückzug in eine ideale Welt ermöglicht. Die Angst des Protagonisten, nicht nur vor der Polizei, sondern mehr noch vor Widersachern, die im Geheimen arbeiten, die nicht sichtbar werden, deren Anwesenheit aber vorausgesetzt wird, das Nicht-Wissen, wem man vertrauen kann und wer gegen einen arbeitet, sind Elemente des Agentenromans, die die Bewusstseinslage des Protagonisten bestimmen. Dass sich Blum in seiner Vorstellung in einer Welt von Schatten bewegt, die ihn umgeben und ihn bedrohen und denen er so gut wie möglich auszuweichen versucht, bringt den Text einerseits in die

Nähe des Schauerromans, macht ihn aber andererseits wegen des Motivs der Jagd auf den Verbrecher zum Kriminalroman.

Der Titel

Die Mehrdeutigkeit des Titels *Der Schneemann* ist ein wichtiges Element des Romans und kann (nach Waine 1993, 107–8) so erläutert werden: Einerseits hört sich der Titel wie ein Kinderbuchtitel oder der Titel eines Volksmärchens an, würde dann also auf Textsorten verweisen, die letztlich für Orientierung und Sinngebung in einer komplexen und schwer zu durchschauenden Welt stehen. Andererseits aber ist „Schnee" ein umgangssprachliches Wort für die Droge Kokain und der „Schneemann" ist derjenige, der die Droge beschafft und verteilt. Als Drogenhändler ist der Schneemann eine Bedrohung gerade für junge und unerfahrene Menschen. Darüber hinaus kann man einen wirklichen Schneemann verstehen als Metapher für Einsamkeit und Isolation, für ein Außenseitertum, das an Kälte und menschliche Vereinzelung erinnert. Die Vergänglicheit eines Gebildes aus Schnee angesichts der fortschreitenden Jahreszeit erzeugt ebenfalls ein Moment der Bedrohung und Verletzlichkeit. Übertragen auf den Protagonisten verweist der Titel schließlich auch auf ein Moment der Sozial- und Zeitkritik: als Mensch bewegt er sich in einer Welt der (emotionalen und klimatischen) Kälte, er existiert in einer Gesellschaft, der menschliche Wärme und Solidarität abhanden gekommen sind. Diese Vielfalt der Verweisungszusammenhänge, die sich in ihren positiven und negativen Ausprägungen widersprechen, machen schon den Titel als wichtigen Paratext zum semantischen Vorboten einer fiktionalen Welt, die undurchschaubar und orientierungslos ist, in der es nur Irrfahrten und Täuschungen geben kann und in der das Individuum droht verloren zu gehen.

Die Hauptfigur

Siegfried Blum, dessen vieldeutige Charakterisierung als „Schneemann" dem Roman den Titel gibt, ist nicht nur wie bereits erwähnt eine Beobachterfigur mit Anklängen an die Tradition des Pikaro und die Gattung der *road novel*, er trägt auch als literarische Figur jenseits dieser eher strukturell wichtigen Züge einige wenige aber trotzdem signifikante Merkmale. Zwar erfährt man nicht viel über ihn und das Wenige, das man erfährt, wird auch erst an später Stelle mitgeteilt, aber auch diese spärlichen Informationen lassen das Bild eines Menschen entstehen, der auf bestimme Weise beschädigt ist und deshalb stellvertretend für eine ganze Generation steht. An zwei Stellen im Roman werden biographische Details über Blum mitgeteilt, einmal von ihm selber und das andere Mal aus einer Akte über ihn. Etwa nach zwei Dritteln der Geschichte phantasiert Blum seine eigene Täterbeschreibung, als er im Fernsehen die Sendung „Aktenzeichen XY… ungelöst" sieht. Wie oft in diesem Roman spiegelt sich Blum in den Medien Film oder Fernsehen und stellt sich dabei vor, wie er selber eine Rolle übernehmen würde. In seiner Selbstcharakterisierung während der Fernsehsendung beschreibt er sich als einen Vertreter des „in den 70er Jahren häufig hervorgetretenen Typus der akademisch gebildeten, aber im bürgerlichen Leben gescheiterten Existenz" (152), der in die Kriminalität abgestiegen und der Droge Kokain verfallen ist. Spätestens hier wird deutlich, dass Blum sich selber als stellvertrend für eine grössere Gruppe, als „Typus" versteht oder als Beispiel für jene in den siebziger Jahren „häufig" zu sehenden Fälle von jungen Menschen, denen es nicht gelingt, „wieder im bürgerlichen Leben Fuß zu fassen" (152). Die durch die sprachlichen Klischees akzentuierte Außensicht auf ihn wirft auch ein Licht auf diese bürgerliche Gesellschaft selbst, die Menschen wie ihm offenbar keine attraktiven Angebote zur Integration und zur Eingliederung bieten konnte. Blum sieht überall nur „Betrug und Verrat, Verrat und Betrug…" (147). Sein durch den Chiasmus hier auch rhetorisch hervorgehobener Verfolgungswahn verhindert, dass Blum Beziehungen zu anderen Menschen aufbauen kann. Davon ist besonders sein Verhältnis zu Cora betroffen, die ihn wirklich gern hat und ihm helfen möchte. Seine Paranoia erlaubt es Blum aber nicht, Coras wahre Gefühle für ihn zu erkennen. Blums Unfähigkeit zu zwischenmenschlichen Beziehungen, sein Einzelgängertum und seine Überzeugung, dass alle anderen nur durch materielle Interessen in ihren Handlungsweisen motiviert sind, verweisen auf die Beziehungslosigkeit dieser Gesellschaft in dieser Zeit. Die Figur Blum wird zur Metonymie (*pars pro toto*) für Entfremdung im Westdeutschland der siebziger Jahre. Oder, mit den Worten des durch die personale Erzählinstanz vermittelten Protagonisten, mit denen er ganz am Ende seine Geschichte resümiert: „Ihm war ja nichts passiert. Und das, was ihm passiert war, passierte allen jeden Tag" (242). Blum ist ein *exemplum*, ein stellvertretendes und repräsentatives Beispiel, ein *Jedermann*.

Sozial- und Zeitkritik

Fausers Schneemann reist durch die Bundesrepublik der späten siebziger Jahre des zwanzigsten Jahrhunderts. Was er dabei beobachtet, ist eine Welt im Verfall. Auch hier gibt es einen Hintergrund, der – bei allen historischen Unterschieden – als literarisches Modell gedient haben könnte. Fauser hat die Romane Joseph Roths als Beschreibungen der Verfallsgeschichte seiner Zeit gelesen. Bei Roth ging es um den von ihm beklagten Untergang der habsburgischen Monarchie als Modell für ein politisch geeintes und kulturell vielfältiges Europa. Reflexe der Trauer um das Scheitern dieses Modells finden sich in Fausers Essay über Joseph Roth, in dem Fauser die traumatische Erfahrung Roths vom Untergang des kosmopolitischen Habsburgerreiches und von der faschistischen Übernahme Europas analysiert: „Europa ging zugrunde. Es ist nicht wiedergekehrt. Wir sitzen heute auf Ruinen und halten sie für Reichtum. […] Nichts haben wir, wohin wir zurückkehren können. Die Visionen sind alle. Selbst die Erde ist vergiftet, bald speit sie uns aus." (*Der Strand der Städte, Blues für Blondinen*, 93). Diese einseitige Sichtweise der späten siebziger Jahre blendet aus, was an reformerischen Bemühungen und Offenheit für neue Erfahrungsmöglichkeiten und Organisationsformen angestrebt und zum Teil auch verwirklicht wurde. Michael Rutschky hat dafür in seinem „Essay über die siebziger Jahre" (Untertitel) die Formeln *Erfahrungshunger* (so der Titel) und „Utopie der Unbestimmbarkeit" (52) geprägt. All das kommt bei Fauser nicht vor, was allerdings nicht bedeutet, dass er an der Realität vorbei geschrieben hat. Ihm kommt es auf die polemische Sichtweise seiner Hauptfigur an, die als Außenseiter und desillusionierter Einzelgänger im zwischenmenschlichen und gesellschaftlichen Abseits verharrt und aus dieser Anti-Haltung eine Lebensphilosophie gemacht hat, die ihm einerseits jedwedes emotionale oder gesellschaftliche Engagement erspart, ihn andererseits an dieser pathologischen Vereinzelung aber auch leiden lässt.

Satire auf den Kulturbetrieb der BRD

Dem Kulturbetrieb in der Bundesrepublik gilt eine besonders beißende Satire im elften Kapitel des Romans. Um sein Kokain zu verkaufen, geht Blum in München zu einer Party bei einem berühmten Schriftsteller. Die Mitglieder der kulturellen Elite erscheinen ihm als „die Macher in Halbseide: Filmemacher, Büchermacher, Kunstmacher, Modemacher, Zeitungsmacher, Weichmacher, Anmacher" (59). Die Reihung mit den beiden der Sprache der Werbung und der Umgangssprache entnommenen letzten beiden Bezeichnungen zeigt Blums Verachtung für diese im Jargon der Zeit „Macher" genannten Künstler und Intellektuellen, die ihre durch Subventionen gesicherten Pfründe verwalten und auch nicht davor zurückschrecken, Geld vom Geheimdienst anzunehmen, denn: „‚Auch der BND mischt in der Kulturpolitik mit' ‚endlich'."

Poetik

Fausers Poetik, die dem *Schneemann* zugrunde liegt, hat zwei Hauptmerkmale: das Insistieren auf der Wichtigkeit des realistischen Schreibens und den Versuch, Texte zu schreiben, die den Lesern die Freiheit gewähren, moralische Fragen ohne Rückgriff auf vorgegebene Doktrinen selbständig zu überdenken und zu entscheiden. In den Essays „Die Ambler-Lektion" und „Auf der Suche nach der verborgenen Wahrheit" (beide enthalten in dem Band *Der Strand der Städte, Blues für Blondinen*) hat Fauser dokumentiert, an welche Vorbilder er sich beim Schreiben von realistischer Literatur gehalten hat: Es sind die Kriminalromane oder „Thriller" der angloamerikanischen Schule von Autoren wie Dashiell Hammett, Raymond Chandler oder Eric Ambler. Nur in dieser Tradition und im Anschluss an sie sieht Fauser die Möglichkeit, der Wirklichkeit mit literarischen Mitteln beizukommen. Besonders in Deutschland, dem „Volk der Dichter und Denker" („Die Ambler-Lektion", 253), sieht er hier noch einen großen Nachholbedarf. Es ist für Fauser bezeichnend, „... daß ausgerechnet ein Genre der Trivialliteratur, nämlich der Kriminalroman, der Thriller, diese Wirklichkeit schlüssiger diagnostiziert als alles Bauchnabelpopeln deutschen Dichtergeweses". Wie die Redeweise vom „diagnostizieren" verrät, versteht Fauser unter literarischem Realismus weder eine bloße Abbildungs- oder Widerspiegelungspoetik, noch eine Schreibweise, die die abstrakten und verborgenen Strukturen und Machtmechanismen einer Gesellschaft entblößt, sondern eine Schreibart, die ganz konkret und schnörkellos die grundlegenden Motivationen benennt, von denen die Handlungsweisen der Figuren in seinem Roman gelenkt werden. Inwieweit ihm dies im *Schneemann* gelungen ist, kann man diskutieren, der Anspruch auf eine solche Funktion von realistischer Literatur wird jedenfalls erhoben und zwar in deutlicher Abgrenzung gegen die während der siebziger Jahre vorherrschende Literatur der Neuen Subjektivität, wie sie von Autoren wie Peter Handke oder Botho Strauss vertreten wurde.

Angestrebte Rezeptionshaltung

Welche Rezeptionshaltung Fauser sich von seiner Leserschaft erhoffte bzw. welche Art von Rezeption seines Romans er dieser Leserschaft ermöglichen wollte, wird aus einer Bemerkung klar, in der er erläutert, was ihn an der Figur des Philip Marlowe aus den Romanen von Raymond Chandler faszinierte: Er konstatiert, „daß in diesen Büchern von einer fast verlorengegangenen Freiheit die Rede ist, der Freiheit, sich eine eigene Moral zurechtzumachen, wo Moral schon ein Witzwort ist, und für sie den Kopf hinzuhalten". („Auf der Suche nach der verborgenen Wahrheit", in: *Der Strand der Städte, Blues für Blondinen*, 33). Hier wird formuliert, was man den poetisch-moralischen Kern von Fausers Werk nennen könnte: Literarische Texte sollen den Lesern ermöglichen zu erkennen, dass sie grundsätzlich frei darüber entscheiden können, welcher Moral sie folgen. Es ist diese Freiheit von vorgegebenen oder dogmatisch auftretenden Moralsystemen, die sein Roman vermitteln will. Biographischer Hintergrund für solch eine Poetik war Fausers Aversion gegen die linken Strömungen der sechziger Jahre, die alle mit einem Alleinvertretungsanspruch auf die politische Moral auftraten. Das Zentrum seiner Poetik ist es, Texte zu schreiben, die jene Freiheit zur moralischen Selbstfindung ermöglichen, die für ihn ein höchstes Gut darstellten. Darin unterscheidet er sich von seinen Vorbildern wie Raymond Chandler, dessen Held zwar auch Moralist ist, der jedoch seinen Lesern nicht die Wahl lässt, ihre eigenen Moralvorstellungen zu finden (Waine 1993, 110).

Rezeption und Verfilmung

Die Publikation des *Schneemann* verhalf seinem Autor zum „Durchbruch". Zwar waren die Rezensenten unmittelbar nach dem Erscheinen des Romans noch geteilter Meinung, was die Qualitäten des Textes betrifft (Penzel, Waibel 181–183), sehr bald schon wird *Der Schneemann* jedoch zu einem „Klassiker" (177). Hauptgrund dafür war die Tatsache, dass Fausers Roman sich mit seiner Kopplung von Realismus, Schnoddrigkeit und Zynismus so wohltuend vom zu dieser Zeit in der Bundesrepublik vorherrschenden Genre des Soziokrimi unterschied, der sowohl die Bekämpfung des Bösen als auch das Befolgen der korrekten Moral gleichsam mit der Holzhammermethode einbläuen wollte. Im Soziokrimi wurden alle gesellschaftlichen Übel, und damit natürlich auch jedwede Art von Kriminalität, auf dysfunktinale gesellschaftliche Strukturen zurück geführt. *Der Schneemann* musste in einem solchen literarischen Umfeld einfach geradezu befreiend wirken, da er nicht die Auswüchse von komplizierten gesellschaftlichen Machtverhältnissen in den Vordergrund stellte sondern die Abenteuer eines kleinen Mannes, der irgendwie versucht, sich in der entfremdeten und kalten Bundesrepublik durchzuschlagen und seinen Traum vom Leben auf den Bahamas zu verwirklichen. *Der Schneemann* wurde 1984 mit Marius Müller-Westernhagen in der Hauptrolle verfilmt. Der Film (Drehbuch: Matthias Seelig; Regie: Peter F. Bringmann) hielt sich nur locker an die Romanvorlage und stieß teilweise auf harte Kritik, trotzdem erhöhte er den Bekanntheitsgrad des Autors. Als Jörg Fauser dann im Jahr 1987 unter niemals ganz geklärten Umständen bei einem Unfall ums Leben kam, trug das wesentlich dazu bei, dass *Der Schneemann* und sein Autor zu einer Art Kult-Phänomenen wurden und bis heute geblieben sind.

5. Patrick Süskind: Das Parfum. Die Geschichte eines Mörders (1985)

Ein postmoderner Roman

Das Parfum hat Züge des Entwicklungsromans und des Künstlerromans, des Bildungsromans und des Gesellschaftsromans, des historischen Romans und des Kriminalromans (Braun 2010, 183), aber alle diese Zuordnungen sind gebrochen durch die teils parodistische, teils pasticheharte Verarbeitung von Stilelementen früherer Literaturepochen. Die postmoderne Intertextualität des Romans ist sein hervorstechendstes Merkmal (Ryan 1990, Steinig 2003).

Inhalt und Struktur

Das Leben als Kreislauf

Erzählt wird das Leben der Hauptfigur Jean Baptiste Grenouille, das sich in fünf Stationen (Paris, der Vulkan Plomb du Cantal in der Auvergne, Montpellier, Grasse, wieder Paris) kreisläufig entwickelt. Dieses Leben wird von drei großen Krisen erschüttert, an die sich jeweils ein Ortswechsel anschließt.

Geburt und Jugend

Geboren wird Grenouille am 17. Juli 1738 auf einem Pariser Fischmarkt, dem früheren Cimetière des Innocents. Seine Mutter wirft das Neugeborene einfach zu den Fischabfällen, er überlebt die seine Entwicklung bestimmende „Geburt im Abfall" (27) nur dadurch, dass er durch sein Geschrei auf sich aufmerksam macht. Am Anfang des Romans steht also ein versuchter Kindesmord (Willems 1993, 230). Seit frühester Jugend ist Grenouilles Geruchssinn außergewöhnlich stark entwickelt. Gleichzeitig hat er keinen eigenen Körpergeruch. Er wächst auf als Findelkind, bei Ammen und einer Ziehmutter, der es ebenfalls an jeder menschlichen Wärme mangelt. Als billige Arbeitskraft wird er im Alter von acht Jahren an den Gerber Grimal verkauft. Seine zunächst auf wenige Straßen und Stadtviertel beschränkte Welt erschließt sich ihm über seinen Geruchssinn. Als er am 1. September 1753 plötzlich einen außergewohnlichen Duft wahrnimmt, folgt er ihm und findet ein Mädchen als Quelle dieses Geruchs. Um ihn zu besitzen, erwürgt er das Mädchen und eignet sich ihren Geruch als Erinnerung an (56).

Lehrjahre und erste Krise

Im Besitz eines umfassenden Archivs von Düften, plant Grenouille seine weitere Karriere. Es gelingt ihm, den alternden und verbrauchten Parfumeur Baldini von seinen Fähigkeiten zu überzeugen. Grenouille wird als Lehrling angestellt und verhilft Baldinis Geschäft zu einer neuen Blütezeit. Als Grenouille jedoch versucht, statt aus Pflanzen auch aus toten Gegenständen Duftstoffe zu destillieren, scheitert er kläglich und wird todkrank. Diese lebensbedrohende Krise wird erst überwunden, als er erfährt, dass es noch andere Mittel als das Pressen und das Destillieren gibt, „um aus einem Körper [!] Duft zu gewinnen" (136). Grenouille verbringt drei Jahre bei Baldini, nach denen er den Gesellenbrief bekommt und dann Paris verlässt. In der nächsten Nacht bricht die Brücke Pont au Change ein und das auf ihr gebaute Haus Baldinis verschwindet samt Einwohnern in der Seine. Damit endet der erste Teil des Romans.

Rückzug in die Natur

Zu Beginn des zweiten Teils wandert Grenouille nach Süden und kommt schließlich am „menschenfernste[n] Punkt" Frankreichs, dem Vulkan Plomb du Cantal in der Auvergne, an (152). Hier lebt er in einer Höhle, genießt die Abwesenheit der menschlichen Zivilisation und ihrer Gerüche und erlebt in einer regelrechten Welterschaffungsphantasie seine eigene Allmacht als Schöpfer einer Welt aus Gerüchen. Es ist genau die Zeit des Siebenjährigen Krieges (1756–1763), die Grenouille in der Natur verbringt und in der er äußerlich auf den Zustand eines Tieres regrediert, während er in seiner Phantasie Gelage und Orgien aus Düften feiert. Dieser Zustand wird jedoch durch ein weitere existentielle Krise erschüttert. Grenouille realisiert, dass er sich selbst nicht riechen kann, was er als „Katastrophe" (170) erfährt. Diese Erkenntnis treibt ihn zurück in die menschliche Zivilisation.

Parfums als Maske und Herrschaftsinstrument

Er kommt nach Montpellier und wird dort als Wilder und „Waldwesen" (177) bestaunt. Dem Marquis de la Taillade-Espinasse dient er als willkommenes „Demonstrationsobjekt" für seine abstruse Theorie der „Erdfluidumverseuchung" (179). Grenouille lernt wieder, sich in der Gegenwart von

Menschen zu bewegen, seine absolute Geruchlosigkeit hebt er auf, indem er einen Duftstoff erfindet, der ihn als ganz normalen Menschen erscheinen lässt. Das geheime Ziel seiner Wünsche ist es jetzt aber, ein Parfum zu schaffen, dass alle Menschen zwingen würde, ihn zu lieben und mit dem er die Menschen beherrschen könnte. Am Ende des zweiten Teils verlässt er heimlich Montpellier und macht sich auf, um die Stadt Grasse zu erreichen, das Mekka der Parfumiers.

Die Entdeckung des absoluten Geruchs

Kaum in Grasse angekommen, riecht Grenouille plötzlich „etwas mörderisch Gutes" (214). Dieser Duft kommt von einem Mädchen und Grenouille beschließt, diesen Duft zu besitzen. Zwei Jahre soll sich das Mädchen noch entwickeln können, dann wird ihr Duft perfekt sein. Diese zwei Jahre benutzt Grenouille, um seine Techniken des Einfangens von Duftstoffen zu vervollkommnen. Er tritt in das Geschäft der Madame Arnulfi ein und lernt von deren Gesellen Druot, wie man Essenzen aus feinsten Blüten gewinnt. Grenouille begeht vierundzwanzig weitere Morde an Mädchen und jungen Frauen, um Menschen „parfümistisch zu verarbeiten" (239), d.h. ihren Körpergeruch einzufangen. Diese Morde lösen eine Massenhysterie in der Stadt aus, die aber schnell wieder aufhört, als die Mordserie aufhört.

Der Kampf um Laure

Laure Richis ist das Mädchen, dessen Duft Grenouille unbedingt haben muss, um sein Parfum zu kreieren, das ihm die Herrschaft über alle Menschen verschaffen soll. Doch Laures Vater Antoine hat Grenouilles Plan durchschaut, obwohl er nicht weiß, *wer* der Täter ist. Richis tut deshalb alles, um den Mord an seiner Tochter zu verhindern. Als er sie schon fast ihrem zukünftigen Ehemann zugeführt hat, gelingt es Grenouille doch noch mit Hilfe seines untrüglichen Geruchssinns, Laure zu finden, sie zu ermorden und ihren Duft zu stehlen.

Grenouille wird zum Tod verurteilt

Grenouilles Tat ist dieses Mal jedoch nicht ohne Zeugen geblieben. Nach kurzer Zeit wird er verhaftet, es wird ihm der Prozess gemacht und er wird zum Tod verurteilt. Seine Hinrichtung wird jedoch zu seinem Triumph: Weil er das inzwischen hergestellte perfekte Parfum angelegt hat, wird er von der Menge, die ihn eigentlich als Massenmörder hängen sehen wollte, auf einmal vergöttert.

Triumph und endgültige Niederlage

Im Moment seines größten Triumphes muss sich Grenouille allerdings eingestehen, dass auch sein perfektes Parfum nichts anderes als eine Maske ist. Sein wahres Selbst wird von keinem anderen Menschen wahrgenommen, weil er keinen Eigengeruch hat. Damit hat sein Leben jeden Sinn verloren. Diese dritte große Krise in seinem Leben ist auch die letzte.

Rückkehr nach Paris und Tod

In der Nacht stiehlt sich Grenouille aus dem Haus von Antoine Richis, der ihn an Sohnes statt aufgenommen hatte und macht sich auf den Weg nach Paris. Er begibt sich um Mitternacht an die Stätte seiner Geburt, den früheren Friedhof Cimetière des Innocents und übergießt sich mit dem Parfum, das ungehemmte Liebe in allen Menschen auslöst. Die auf dem Platz ansässigen Diebe und Mörder zerreißen ihn und fressen ihn auf. Grenouille findet den Tod an dem Ort, an dem er geboren wurde. Der Kreis hat sich geschlossen. Die absolute Lieblosigkeit seiner Mutter bei seiner Geburt hat er in einem Akt der Umkehrung in seine eigene Einverleibung verwandelt. Die zu Kanibalen mutierten Verbrecher haben, als sie ihn aufgefressen haben, „zum ersten Mal etwas aus Liebe getan" (320).

Lesarten des Romans

Ein postmoderner Unterhaltungsroman

Obwohl die ersten Rezensionen hinsichtlich der Einschätzung der literarischen Meriten von Süskinds Roman noch durchaus gespalten waren, hat sich schon bald die Meinung durchgesetzt, dass *Das Parfum* ein postmoderner Unterhaltungsroman von gehobener Qualität sei (Willems 1993, 223). Das war umso bemerkenswerter, als man im deutschsprachigen Kulturraum traditionellerweise gewohnt war, die Verbindung von literarischer Qualität und Unterhaltung (und kommerziellem Erfolg!) als Widerspruch in sich selbst zu verstehen. *Das Parfum* hat – im Verein mit den programmatischen Bestrebungen der Postmoderne – wesentlich dazu beigetragen, diese in anderen Sprachen und Kulturen unbekannte scharfe Trennung in literarische Hochkultur und bloße Unterhaltung zu überwinden. Mittlerweile ist der Roman fest im Literaturkanon der Schulen und Unversitäten verankert, hat ein millionenfaches internationales Publikum gewonnen und gilt als eines der immer noch wenigen Beispiele von deutscher Literatur der neueren Zeit, in der eine interessante Geschichte erzählt wird, die auch eine nicht-deutschsprachige Leserschaft fesseln kann.

Eine Parabel auf politische Verführbarkeit

Die Hinrichtungsszene gegen Ende des Romans, in der es Grenouille mit Hilfe seines perfekten Parfums gelingt, sich alle Zuschauer hörig zu machen, ist als „als Parabel auf totalitäre Politik-Inszenierungen und deren Verführungskraft" (Steinig 2003, 170) gelesen worden. Auch einen literarischen Vorläufer oder Intertext hat man schnell identifiziert: Die Ähnlichkeit der Situation zu der in Thomas Manns Erzählung „Mario und der Zauberer" (1930) ist in der Tat nicht von der Hand zu weisen (Willems 1993, 232).

Aufklärungssatire

Die Zeit, in der die Handlung des Romans spielt, ist die der Aufklärung. Sein Ort ist Frankreich, die Nation, von der die Aufklärung ihren Ausgang nahm und die einige der wichtigsten Aufklärer hervorgebracht hat. Bei Süskind wird diese Welt aber schon auf den ersten Seiten des Romans als eine Welt des Gestanks dargestellt. Die von Horkheimer und Adorno analysierte „Dialektik der Aufklärung" wird hier also in eine olfaktorische Dimension übertragen. Was sonst meist mit der visuellen Metapher der „Schattenseiten der Aufklärung" gemeint ist, jene Verdrängungsprozesse, falschen Projektionen und Re-Mythologisierungen, die aus der Aufklärung selber hervorgehen und sie immer wieder in Frage stellen, erscheint hier in der Welt des Geruchs und der Spekulationen über gasförmige Gegenstände. Verdeutlicht wird das in der satirischen Darstellung des Marquis de la Taillade-Espinasse, der als Wissenschaftler nicht nur eine abstruse Theorie vertritt, sondern der darüber hinaus seine pseudo-wissenschaftliche Arbeit nur zum Zweck gesellschaftlicher Anerkennung treibt. Gegen Ende seines Lebens verrät sich diese Art von Lehre als das, was sie ist, als Religionsersatz. Seine „Jünger" (207) warten vergebens auf ihn, als er (in leichter Anlehnung an Empedokles) nackt den höchsten Berg der Pyrenäen besteigt, um sich gemäß seiner Theorie der „Vitalluft" verjüngen zu lassen. Aufklärung ist in ihr Gegenteil, den Glauben an mythologische Heilserwartung umgeschlagen.

Schuld und Normalität

Nach den sexuellen Ausschweifungen in Grasse im Anschluss an das „Wunder" (299) von Grenouilles Offenbarung, die er mit Hilfe seines perfekten Parfums inszeniert hatte, nach dem „unheimlichen Gefühlsrausch" (302), der alle ergreift und dem „Bacchanal" (303) wachen die Bewohner der Stadt am nächsten Morgen „mit einem entsetzlichen Kater" auf. Alle wollen so schnell wie möglich vergessen, was passiert ist, „denn die Schande war zu offensichtlich und zu allgemein“ (312). Diese Beschreibung erinnert an die Situation in Deutschland nach dem Zweiten Weltkrieg und dem Holocaust. Hinter der Verallgemeinerung: „Und alle waren so, denn alle waren schuldig“ (313) könnte man einen Verweis auf die nach 1945 kontrovers diskutierte These von der Kollektivschuld der Deutschen sehen. Die das Kapitel abschließende Bemerkung des Erzählers: „Und bald hatte sich das Leben gänzlich normalisiert“ (314), nachdem die Bewohner von Grasse das Geschehen verdrängt und vergessen haben, ist ein Kommentar auf die Entstehungszeit des Romans. Die „Normalisierung“ der deutschen Vergangenheit war eines der Schlüsselworte der sogenannten geistig-moralischen Wende von 1982, als eine konservative Regierung unter Helmut Kohl die bis dahin regierende Koalition von Liberalen und Sozialdemokraten ablöste. Das Problem der deutschen Schuld war damit freilich nicht aus der Welt geschaffen, wie kurz darauf schon der Historikerstreit von 1986/87 zeigte.

Das Parfum – ein Kriminalroman?

Mordfälle aber kein Kriminalroman

Seinen ersten Mord begeht Grenouille schon als Jugendlicher und hat damit ein Erweckungserlebnis: In diesem Moment erkennt er seine Bestimmung, „die Welt der Düfte zu revolutionieren“ (57) und „der größte Parfumeur aller Zeiten“ (58) zu werden. Zum Massenmörder oder *serial killer* wird er dann erst im dritten Teil des Romans und auch das bleibt eigentlich nur eine eher kurze Episode. Der finale Mord an Laure Richis schließlich leitet das Ende auch seines Lebens und damit des Romans ein. Die Morde selbst sind aus Grenouilles Sicht nicht mehr als Mittel zum Zweck, über seine Motivation gibt es von Anfang an keine Zweifel und auch als moralisches Problem werden sie nie thematisiert. Ist diese „Geschichte eines Mörders“ also überhaupt ein Kriminalroman? In den meisten Kommentaren zu dem Roman wird diese Frage eher verneint. So heisst es etwa: „if this was a detective story, there was curiously little mystery involved“ (Ryan 1990, 397). In der Tat gibt es kaum ein Rätsel, das die Leser im Sinne des klassischen Detektivromans herausfordern würde. Nur nach dem Mord an Laure Richis, als es zum ersten Mal in Grasse „zu planvoller und ersprießlicher Zusammenarbeit“ der Obrigkeiten kommt (284), wird ein Prozess der Detektion geschildert, zu dem die Befragung von Zeugen, das Ermitteln von Indizien, eine steckbriefliche Beschreibung, und das Aussetzen einer Belohnung gehören (284–86). Nach wenigen Seiten ist dieser Prozess aber auch schon abgeschlossen, Grenouille wird verhaftet und es erweist sich, dass die gegen ihn sprechenden Indizien „überwältigend“ sind (287). Aber auch ohne dass man *Das Parfum* unbedingt als eng definierten Detektivroman verstehen müsste, sind die Anhaltspunkte für eine weitergehende Einordnung als Kriminalroman eher spärlich, weil„die Gattungsmerkmale eines ‚Krimis‘ im modernen Sinn“ (Ziemßen 2014, 778) fehlen.

Der Kriminalroman als zitiertes Gattungsmuster

Einen wertvollen Hinweis auf die Rolle, die die Gattung Kriminalroman in *Das Parfum* spielt, hat Willems geliefert. Das „Muster“ des Kriminalromans werde hier „vor allem als das prominente Paradigma eines spannend-handlungsorientierten“ Erzählens verwendet. Das Fehlen von „spezifischen Merkmalen“ (des Kriminalromans) falle dann nicht so sehr ins Gewicht, denn in der Hauptsache gehe es in dem Roman um die „Rekonstruktion einer linear-handlungsorientierten Erzählweise". Für dieses in der Postmoderne typische Projekt werden dann noch andere Texte genannt, die ebenfalls die Gattung Kriminalroman zugrunde legen, um diese bestimmte Weise des Erzählens wiederzubeleben. Der „Ahnherr eines solchen Handlungsmuster zitierenden Schreibens" sei Jorge Luis Borges, der mit seiner Erzählung „Der Garten der Pfade, die sich verzweigen" einen Text geschrieben habe, der „die Struktur des Thrillers zitiert" (1993, 238). Auch wenn also einzelne, spezifische Gattungsmerkmale des Kriminalromans in *Das Parfum* fehlen, kann es zu interessanten Einsichten führen, den Roman als Krimi zu lesen. Das soll im Folgenden versucht werden.

Das Parfum als „Die Geschichte eines Mörders"

Der Untertitel „Die Geschichte eines Mörders" kündigt an, dass der Roman erzählt, wie und warum Grenouille zu einem Mörder wird. Im Vordergrund würde dann die Psychologie des Verbrechers stehen. Gattungstheoretisch wäre *Das Parfum* dann als Kombination von Kriminalroman und psychologischem Roman einzuordnen. Diese Sichtweise ließe sich vielleicht auch rechtfertigen, denn der Roman beginnt mit der Geburt und Sozialisation des Protagonisten als Geschichte einer Deprivation und die Verweigerung jeder Art von Zuneigung und menschlicher Wärme macht aus Grenouille einen Menschenhasser und Mörder. Seine absolute Vereinsamung seit seiner Geburt und sein übermenschlich ausgebildeter Geruchssinn definieren ihn als Person und motivieren alle seine Handlungen. In seinem weiteren Leben handelt er deshalb fast nur noch in Übereinstimmung mit seiner frühkindlichen Prägung oder man könnte auch sagen er handelt instinktmäßig. Deshalb wird im Laufe des Romans immer wieder der Vergleich mit einer Zecke herangezogen, um Grenouilles Verhalten zu charakterisieren (27, 29, 90, 168, 242, 244). So wie der Roman insgesamt sich als postmoderner Text lesen lässt, der sich auf parasitäre Weise an eine Fülle von Intertexten anschliesst, so erscheint Grenouille als „Zeck", also als ein Tier, das seinen Instinkten folgt, um zu überleben und das nicht mit moralischen Maßstäben gemessen werden kann. Auch eine psychologische Dimension geht seiner Existenz ab, weshalb Grenouille als Figur „ganz apsychologisch" (Ziemßen 2014, 778) erscheinen mag.

Der Künstler als Verbrecher

Grenouille als genialen Künstler zu sehen und *Das Parfum* demgemäß als Künstlerroman zu lesen liegt nahe. Als jemand, der sich um die Moralität seiner Handlungsweise nicht schert, gerade weil er sich als Künstler außerhalb bürgerlicher Normen und Konventionen versteht, wird Grenouille zu einer Figur, die in der Moderne seit Mitte des 19. Jahrhunderts vermehrt auftritt. Das Verbrechen in einen engen Zusammenhang mit der Kunst zu bringen, ist Teil dieser Sichtweise. Mit Blick auf *Das Parfum* wurde darauf hingewiesen, dass dieser Zusammenhang bereits in Thomas de Quinceys Aperçu vom Mord „als eine schöne Kunst" gestiftet wurde und dass das „durch das Genie des Täters legitimiert[e] Verbrechen" und „die Faszination am Bösen" Hand in Hand gehen können (Bogdal 1993, 133). Zum Thema „Der Künstler als Verbrecher" (Steinig 2003, 164–169) bietet sich als von Süskind zitierter Intertext die Erzählung„Das Fräulein von Scuderi" von E.T.A. Hoffmann an, in der„die ausbeuterische, antagonistische Beziehung der Kunst zum Leben" vorgeführt wird (165). Darüberhinaus stehe das Thema „art as criminality" und der geniale aber amoralische Künstler in der Tradition von „Das Fräulein von Scuderi" auch in Thomas Manns Roman *Be-*

kenntnisse des Hochstaplers Felix Krull (Entstehung 1910–1954) im Mittelpunkt (Ryan 1990, 401).

Spannungsbögen

Der Kriminalroman ist zwar nicht die einzige literarische Gattung, in der Spannung (*suspense, mystery*) eine große Rolle spielt (man denke etwa an den Abenteuerroman oder das analytische Drama), aber in bestimmten Untergattungen des Kriminalromans wie dem Agentenroman oder dem psychologischen Verbrechensroman (*thriller*) ist die Erzeugung von Spannung das Hauptmoment der Handlung. In *Das Parfum* werden insbesondere im dritten Teil des Romans Spannungsbögen aufgebaut, die sich auf den zu erwartenden Mord an Laure Richis beziehen und die Leser in jenen Zustand von angstvoller Erwartung versetzen, der als Spannung erlebt wird. Erzähltechnisch realisiert werden diese Spannungsbögen zum einen durch Angaben zum Bewusstseinszustand des Protagonisten, konkret gesprochen, durch seine Begierde, sich den Duft des Mädchens „wahrhaftig an[zu]eignen; ihn wie eine Haut von ihr ab[zu]ziehen und zu seinem eigenen Duft [zu] machen" (218). Genau das wird später auch geschehen, allerdings weiß Grenouille hier noch nicht, *wie* er das bewerkstelligen kann.

Fazit: *Das Parfum* als postmoderner Zitatroman

Der Roman *Das Parfum* ist ein postmodernes Konglomerat von Pastiche und Parodie, bei dem die Verwendung des Gattungsmusters Kriminalroman zeigt, dass diese populäre Gattung auch innerhalb einer Textkollage von hochliterarischen Texten eine wichtige Funktion haben kann. Die Handlungsmuster des Kriminalromans, seine Spannungsbögen, seine sprachlich-rhetorischen Eigenheiten und zum Teil sogar seine ideologischen Kontexte werden verwendet, um ein hochartifizielles Erzählkonstrukt zu erzeugen, das von Kritikern und Lesern gleich hoch geschätzt wird. Auch wenn *Das Parfum* kein Kriminalroman im eigentlichen Sinn ist, zeigt der Roman, wie interessant es sein kann, Texte zu lesen, die gattungstheoretisch auf der Schwelle von Kriminalroman und postmodernem Zitatroman anzusiedeln sind.

6. Henning Mankell: Die fünfte Frau (2000, schwed. Orig. 1997)

Die schwedische Tradition des gesellschaftskritischen Kriminalromans

Die Romane von Henning Mankell (geb. 1948) stehen in der Tradition des schwedischen gesellschaftskritischen Kriminalromans, wie er vor allem durch das Autorenteam May Sjöwall (geb. 1935) und Per Wahlöö (1926–1975) bekannt wurde. In ihrem zwischen 1965 und 1975 erschienenen zehnbändigen Romanzyklus „Roman über ein Verbrechen" beschrieben Sjöwall/Wahlöö aus marxistischer Sicht den schwedischen Wohlfahrtsstaat: Verbrechen werden verursacht durch soziale und politische Faktoren wie Armut, mangelnde Bildung, Chancenlosigkeit und Bevormundung durch staatliche Stellen. Kriminalität wird verstanden als logische Folge einer ihrerseits kriminellen Klassengesellschaft, der schwedische Wohlfahrtsstaat wird als „Sozialfaschismus" defamiert, als gleichgeschaltete Gesellschaft, in der die Massen mit scheinbaren Zugeständnissen politischer und ökonomischer Mitbestimmung und mit billiger Unterhaltung ruhig gehalten werden. Die Eliten, einschließlich der Polizeiführung, sind korrupt, der alte und der neue Faschismus unterhöhlen zunehmend die schwedische Gesellschaft. Kurz: der schwedische Staat und die schwedische Nachkriegsgesellschaft *sind* das

Verbrechen, das im Titel des Romanzyklus genannt wird. Von diesen zehn Kriminalromanen des Autorenduos Sjöwall/Wahlöö wurde auch der deutsche Sozio-Krimi maßgeblich beeinflusst, obwohl die ideologische Stoßrichtung hier weniger stark ausgeprägt war (vgl. Kap. IV.11).

Die Wallander-Romane

Die fünfte Frau ist der sechste Roman in der Serie mit Kurt Wallander als Hauptfigur, die eigentlich nach acht Bänden abgeschlossen sein sollte. Danach folgten aber dann auch noch der Erzählungsband *Wallanders erster Fall* (2002, schwed. Orig. 1999), der das Leben Wallanders vor der Handlung des ersten Romans schildert, die Romane *Vor dem Frost* (2011, schwed. Orig. 2002) und *Der Feind im Schatten* (2010, schwed. Orig. 2009) und die Erzählung *Mord im Herbst* (2013, zuerst 2004), in denen Wallanders Tochter Linda, die inzwischen Polizistin geworden ist, ihren Vater zunehmend als Hauptfigur verdrängt. Im Vorwort zu *Wallanders erster Fall* schreibt Mankell, dass der Untertitel der Serie eigentlich „Romane über die europäische Unruhe" lauten müsste, denn die Romane hätten „stets nur ein einziges Thema variiert: Was geschieht in den 90er Jahren mit dem europäischen Rechtsstaat? Wie kann die Demokratie überleben, wenn das Fundament des Rechtsstaats nicht mehr intakt ist?" (9). Was er damit genau meint, bleibt unklar, er setzt anscheinend bei seiner Leserschaft die Kenntnis dessen voraus, was er mit der Unterhöhlung des Rechtsstaates meint. Mankells Äußerungen in Interviews, aber auch die Lektüre der Romane lässt deutlich werden, dass es hierbei um Verschärfungen des Asylrechts, die Abschottung Schwedens und Europas gegenüber der Einwanderung aus Afrika, der Einfluss neoliberaler und global operierender Wirtschaftsinteressen auf die Politik sowie die zunehmende Aufhebung sozialer Gerechtigkeit, eine allgemeine Politikmüdigkeit, Fremdenfeindlichkeit, Rassismus und die Ausbeutung der Dritten Welt geht. Indem er der Romanserie noch nachträglich einen Untertitel gibt, knüpft Mankell an Sjowall/Wahlöö an, die ihren Romanzyklus als Kritik an der schwedischen Gesellschaft verstanden wissen wollten. Die Wallander-Romane spielen in der südschwedischen, an der Ostsee gelegenen Provinzstadt Ystadt, nicht weit von Malmö und dem dänischen Kopenhagen.

Inhalt und Struktur

Der Prolog

In einem Prolog (S. 9–17) wird zunächst aus der Sicht eines jungen algerischen Mannes erzählt, wie er und eine Gruppe von islamischen Terroristen in der algerischen Stadt El Oued vier christliche Nonnen ermorden, um ihrer Forderung, das Land von Ausländern zu befreien Nachdruck zu verleihen. Sie treffen jedoch überraschenderweise noch auf eine fünfte Frau, offenbar eine Touristin, die bei den Nonnen übernachtet hat. Auch diese fünfte Frau wird kurzerhand getötet. Die Perspektive schwenkt dann zu einer anonym bleibenden weiblichen Figur, die im schwedischen Ystad einen Brief von einer algerischen Polizistin bekommt, in dem der Mord an den Frauen berichtet wird. Die titelgebende fünfte Frau war die Mutter der Empfängerin des Briefes und hieß Anna Ander. Der Mord wurde aus politischen Gründen vertuscht, der Verfassserin des Briefes hatte jedoch ihr Gewissen keine Ruhe gelassen und deshalb wollte sie die Tochter über die Umstände des Todes ihrer Mutter aufklären. Bei der Tochter löst der Empfang des Briefes einen Entschluss aus, der anscheinend schon lange in ihr gereift hatte. Um was es sich konkret handelt, wird allerdings nicht mitgeteilt.

Die ersten beiden Morde

Was da geplant und von langer Hand vorbereitet wurde, bleibt indessen nicht lange unbekannt. Der achtundsiebzigjährige Gelegenheitsdichter, Hobbyornithologe und frühere Autohändler Holger Ericksson wird auf grausamste Weise umgebracht und auch der etwas jüngere Blumenhändler und passionierte Ochideenliebhaber Gösta Runfelt verschwindet zunächst, als er gerade zu einer Reise nach Afrika aufbrechen wollte. Runfelt wird mehrere Wochen in einem gemauerten Backofen gefangen gehalten, systematisch ausgehungert und dann erwürgt in einem Waldstück aufgefunden. Kommissar Kurt Wallander ist gerade von einem Italienurlaub mit seinem Vater zurückgekommen. Dort hatten sich die beiden wieder etwas einander angenähert, nachdem sie schon lange ein gespanntes Verhältnis zueinander gehabt hatten, das darauf zurückgeht, dass der Vater die Berufswahl Wallanders nie akzeptiert hatte. Jetzt sieht sich Wallander mit seinem Team von MitarbeiterInnen einem äußerst rätselhaften Fall gegenüber, bei dem die Brutalität der beiden Morde zwar auf denselben Täter schließen lassen, die beiden Opfer aber scheinbar nichts miteinander zu tun hatten.

Wallanders private Probleme

Erschwert wird die Arbeit für Wallander durch die ungelösten Probleme in seinem Privatleben: Er kommt nicht darüber hinweg, dass seine Frau Mona sich von ihm getrennt hat (obwohl das schon einige Jahre zurückliegt), er leidet unter der distanzierten Beziehung zu seiner Tocher Linda, die sich nur selten bei ihm meldet, und das Aufrechterhalten einer engeren Beziehung zu der Universitätsdozentin Baiba, die in Riga wohnt und die er während eines früheren Falles (*Hunde von Riga*, 1993, schwed. Orig. 1992) kennengelernt hatte, erweist sich als schwierig. Er ernährt sich ungesund, kommt kaum zum Schlafen und ist sich über den Verlauf seines weiteren Lebens nicht im Klaren. Am Ende des ersten Teils des Romans (S. 21–169) stirbt auch noch sein Vater für ihn unerwartet und dieser Tod stürzt ihn in Selbstzweifel und Schuldgefühle.

Die Jagd auf den Täter

Im langen zweiten Teil des Romans (S. 173–542) wird die mühsame Arbeit des Teams von Kommissar Wallander und die Jagd auf den Täter geschildert. Langsam stellt sich heraus, dass die beiden Opfer doch etwas gemeinsam hatten: Beide waren brutale Männer, die besonders Frauen gegenüber gewaltsam und sadistisch gehandelt hatten. Runfelt hatte seine Frau schwer misshandelt und sie entweder in den Selbstmord getrieben oder selber umgebracht. Ericksson hatte wahrscheinlich eine in Schweden wohnende Polin, Krista Haberman, ermordet. Jedenfalls werden später die Überreste ihrer Leiche auf seinem Grundstück gefunden. Die Arbeit an der Ermittlung setzt auch die Mitarbeiter von Wallander in Szene, den Spezialisten für die Spurensicherung Nyberg, Wallanders Assistenten Martinsson, Svedberg und Hansson und nicht zuletzt die junge und begabte Polizistin Ann-Britt Höglund. Je länger die Ermittlungen andauern, desto klarer zeichnet sich ab, dass die Morde von einer Frau begangen wurden. Wallander macht sich deshalb öfter die Sichtweise seiner Kollegin zunutze, um Opfer und Täterin aus einer weiblichen Perspektive sehen zu lernen.

Die Reaktion der Bevölkerung auf die Morde

Schon bald nach dem Bekanntwerden der brutalen Morde gibt es erste Anzeichen, dass sich sogenannte „Bürgerwehren“ bilden, da ein Teil der Bevölkerung der Polizei nicht mehr zutraut, sie vor dem Serienmörder zu schützen. Das Ressentiment gegen die Polizei führt schließlich dazu, dass Martinssons junge Tochter von älteren Mitschülern in der Schule attackiert wird. Martinsson ist so schockiert von diesem Angriff, dass er den Polizeidienst aufgeben will. Wallander gelingt es zwar, ihn von diesem Entschluss wieder abzubringen, aber die Empörung über den unmotivierten Übergriff ist bei allen Kollegen groß. Als dann auch noch ein harmloser Mitbürger, der sich bloß verfahren hatte und nach dem Weg fragen wollte, von Mitgliedern einer sich als Bürgerwehr verstehenden Gruppe von Schlägern fast totgeschlagen wird, geht Wallander rücksichtslos vor: Er verhaftet die Mitglieder der Gruppe und gibt sogar illegalerweise der Presse einen Hinweis, damit bei der Verhaftung ein Fotograf anwesend ist.

Der dritte Mord und die Ergreifung der Täterin

Noch vor den durch die allgemeine Hysterie ausgelösten Angriffen auf Unschuldige war ein drittes Mordopfer gefunden worden: Auch Eugen Blomberg war ein Mann, der seine Ehefrau über Jahre hinweg körperlich misshandelt hatte. Er wird in einem mit Bleigewichten beschwerten Sack aus einem See gezogen. Es stellt sich heraus, dass er der Vater eines Kindes ist, das die junge Katarina Taxell gerade erst geboren hat. Über die Verbindung zu Katarina Taxell gelingt es den Beamten dann endlich, mehr über die Identität der Täterin herauszufinden. Nachdem sie ermittelt haben, dass die Mörderin als Kellnerin bei den Schwedischen Eisenbahnen arbeiten muss, geht alles recht schnell: Aus Dienst- und Fahrplänen geht hervor, dass es sich bei der Täterin um die siebenundvierzigjährige Yvonne Ander handeln muss. Als Leser erinnert man sich an den Namen der älteren Frau, deren Ermordung in Algerien im Prolog berichtet wurde: es war Anna Ander, also die Mutter der Täterin. Nachdem die Identität der Täterin festgestellt wurde, versucht Wallander zusammen mit seinen Kollegen Martinsson und Hansson sie auf einem Bahnsteig festzunehmen, als sie gerade ihr viertes Opfer unter einen Zug stoßen will. Dieser Mord kann zwar verhindert werden, die Täterin kann jedoch entkommen (und schlägt dabei Martinsson und Hansson derart zusammen, dass beide ins Krankenhaus müssen). Dann kommt es zu einem regelrechten *showdown*: Yvonne Ander hatte, ohne dass dies recht bemerkt worden war, auf dem Bahnsteig Hansson seine Dienstpistole abgenommen. Ann-Britt Höglund und Wallander wollen sie auf dem Grundstück von Ericksson verhaften, wo sie sich auf den schon am Anfang des Romans prominent in Szene gesetzten zur Vogelsichtung erbauten Beobachtungsturm zurückgezogen hatte. Doch dabei schießt sie Wallanders Kollegin in den Bauch, bevor Wallander sie mit einem Schuß ins Bein außer Gefecht setzen kann. Ann-Britt Höglund überlebt die gefährliche Schussverletzung zwar, aber Wallander gibt sich die Schuld daran, dass er sie in eine solche Gefahr gebracht hat.

Der Epilog

Einen Monat nach der Verhaftung von Yvonne Ander setzt der letzte Teil des Romans (S. 545–564) ein. Nachdem sie so lange geschwiegen hat, gelingt es Wallander, ihr langsam die Motive für ihr Handeln zu entlocken. Sie litt schon seit ihrer Kindheit an traumatischen Erlebnisssen, denen Gewalttaten gegen Frauen zugrunde lagen. Während ihres Arbeitslebens als Krankenschwester vertiefte sich der Eindruck bei ihr immer mehr, dass Männer ungestraft Brutalitäten an Frauen verüben konnten, die bis zum Mord gingen. Schon lange hatte sie Vorbereitungen getroffen um einen Rachefeldzug gegen Männer zu führen, in deren Leben sie Gewaltakte gegen Frauen gefunden hatte und bei denen sie überzeugt war, dass die staatliche Justiz nichts unternehmen würde. Als sie dann die Nachricht von der Ermordung ihrer

Mutter durch fanatisierte Männer in einem fremden Land erreichte, brachen alle Dämme: Sie verbrachte noch ein Jahr damit, den Tod ihrer Mutter zu betrauern und um alle Vorbereitungen zu treffen und einen genauen Zeitplan für ihr weiteres Handeln aufzustellen und dann schlug sie zu.

Der Schluss des Romans

Nachdem sie Wallander das alles erzählt hat, begeht Yvonne Ander Selbstmord. Wallander, der sich wie bei keinem seiner bisherigen Fälle bemüht hat, die Denkweise und das Handeln der Täterin zu verstehen, bleibt zurück, ohne sich darüber im Klaren zu sein, ob er dieses Ziel wirklich erreicht hat. Yvonne Ander hat ihm einen kurzen Brief hinterlassen, in dem sie als „Abschied" die Frage stellt, wer den Mörder ihrer Mutter sucht. Ob dieser Abschied als „Frage oder Anklage" (563) zu verstehen sei, bleibt offen.

Typenkombination als übergeordnetes Strukturmerkmal

Die fünfte Frau kann als exemplarisches Beispiel für den neuen „Standardtyp" (Vogt 2010, 26; vgl. auch Kap. I.5) des Kriminalromans der neunziger Jahre gelten. Hier werden Elemente des Detektivromans (analytische Struktur, der Mord am Anfang als Rätsel, daher Betonung der Rätselspannung, eine im Mittelpunkt stehende Detektivfigur), des Polizeiromans (Darstellung der Arbeit der Polizei im Team) und des Thrillers (Teile des Romans werden aus der Perspektive der Täterin und der Opfer erzählt, im Laufe der Handlung geschehen noch weitere Morde, die Ermittler geraten dabei selbst in Gefahr) kombiniert. Zwar wissen die Leser durch die im Prolog mitgeteilten Informationen, dass es sich bei der Täterin um die Tochter von Anna Ander handeln muss, die Zusammenhänge mit den Mordopfern bleiben jedoch lange im Dunkeln, weil man nichts weiter über das Leben von Yvonne Ander erfährt. Das Wissen um diese Zusammenhänge ergibt sich für Detektivfigur und Leser erst am Ende des Romans.

Die Perspektiven der Opfer und der Täterin

Am Anfang des Romans wird die Handlung einige Seiten lang aus der Perspektive der beiden ersten Opfer Holger Eriksson (21–29) und Gösta Runfelt (56–62) erzählt (dem dritten Opfer, Eugen Blomberg, wird keine perspektivische Erzählung zugestanden). Diese im Vergleich zum Gesamtumfang des Romans eher kurzen Abschnitte dienen in erster Linie dazu, die Grausamkeit und die für die Opfer unverständliche Brutalität der Mordtaten hervorzuheben. Das zweite Opfer, Gösta Runfelt, wird sogar durch Nahrungsentzug gefoltert, was diesen Eindruck noch verstärkt. Mit etwa dreißig Seiten Umfang ist dann die Erzählung aus der Perspektive der (zunächst anonym bleibenden) Täterin Yvonne Ander zwar rein quantitativ eher unterrepräsentiert, dies wird aber zumindest teilweise aufgehoben dadurch, dass in diesen Passagen besonders eindringliche Abschnitte der Handlung wie der Entschluss zur Tat oder die Erinnerung an traumatische Erlebnisse erzählt werden.

Wallander als Reflektorfigur

Im traditionellen Detektivroman wird das Geschehen meist aus der Perspektive einer Watson-Figur erzählt. Dadurch wird eine gewisse Distanz zum Prozess der Detektion erzeugt, denn die Leser erfahren nicht unmittelbar, was im Denken des Detektivs vorgeht (vgl. Kap. IV). In den Wallander-Romanen, wie in vielen neueren Kriminalromanen auch, wird der überwiegende Teil der Handlung aus der Perspektive der Detektivfigur wiedergegeben. Der Eindruck der Nähe zu dem, was gerade passiert, ist so viel stärker. Vor allem aber wird die Bewusstseinsdarstellung durch erzählerische Techniken wie erlebte Rede und inneren Monolog intensiviert. Die Leser werden in die Gedankenwelt der Figur hineinversetzt und die Identifikation mit der Figur wird eindringlicher, eine Erfahrung, die viele Leser und Leserinnen bei den Romanen von Mankell gemacht haben. Wenn die Romanhandlung aus der Sicht einer Reflektorfigur (Stanzel; vgl. Bode 2011, 182–189) vermittelt wird, dann ist das Bewusstsein dieser Figur das einzige Medium, durch das die Leser Zugang zur Welt des Romans haben. Die Perspektive dieser Figur ist in der Regel durch emotionale, wahrnehmungsbedingte oder ideologische Faktoren eingeengt oder beschränkt. Das ist auch bei Kurt Wallander der Fall. Er ist kein verlässlicher Zeuge, da er politische Realitäten oft nicht wahrnimmt oder nicht wahrnehmen will (Massey 2011, 54). Diesen Umstand gilt es, bei der Lektüre zu berücksichtigen.

Gesellschaftskritik

Schweden als zerstörte Idylle

Nach der Entdeckung des ersten und dem Verschwinden des zweiten Mordopfers denkt Wallander, dass so etwas in seiner Heimat nicht geschehen dürfte (93). Er hat also das Gefühl, Zeuge der Zerstörung eines idyllischen Zustandes der Unschuld zu sein. Immer wieder fragen Wallander und andere Figuren des Romans, warum die Gewalt so zugenommen hat, ob es „keine Grenzen [gab] für das, was in diesem Land geschehen konnte" (80), „warum es so schwer sei, in Schweden zu leben" (297), oder was „eigentlich los [sei] in diesem Land" (344). Die Antworten auf diese Fragen bleiben jedoch vage. Ein typisches Beispiel dafür ist Wallanders Antwort auf die Frage, woher diese Gewalt komme. Er antwortet, dass es „kaum böse Menschen" gebe, „dagegegen gibt es böse Umstände" (429–430). Nur sehr selten werden diese „Umstände" konkreter benannt, wenn etwa Schweden als Wegwerfgesellschaft bezeichnet wird, wo auch Menschen verbraucht und weggeworfen werden (298) oder wenn Wallander an die „Wohnblocksiedlungen" denkt (234), in denen viele Menschen gezwungen sind zu wohnen. Die Gesellschaftskritik bleibt jedoch meist unbestimmt, was die Ursachen für den Verfall Schwedens betrifft.

Verlust des staatlichen Gewaltmonopols

Am ehesten wird noch anschaulich, wie es zu der Gewalt kommt, für die eigentlich der Staat das Monopol haben müsste und das von der Polizei ausgeübt wird. Sowohl die Bürgerwehren, die für immer brutalere Gewalttaten verantwortlich sind (193, 226, 277) als auch Yvonne Ander, die Männer tötet, die Gewalt gegen Frauen ausgeübt haben und dafür nicht bestraft wurden (549), nehmen das Gesetz in die eigene Hand, weil sie sich von der staatlichen Autorität in Gestalt der Polizei und des Justizapparates nicht mehr geschützt sehen. Mankell versteht das als Verlust von vernunftgemäßem Handeln. Einer ansonsten im Roman nicht weiter vorkommenden Person, einem „alten Kommissar", an den sich ein Kollege von Wallander erinnert, legt er Worte in den Mund, die wie prophetische Weisheiten erscheinen: „Er sagte immer, dass ein guter Wille, der nicht mit Vernunft einhergeht, größere Katastrophen anrichtet" als böswillige oder dumme Handlungen. Dieser alte Kommissar, der eindeutig als Vater- und Autoritätsfigur stilisiert wird, hatte „Schwedens Wohlstand" als „verdeckten Morast" (356) beurteilt.

Wallander als Repräsentant Schwedens

Kurt Wallander spiegel als literarische Figur den Zustand des Landes wider, in dem er lebt. Er denkt von sich selber: „Er war im guten wie im schlechten ein Polizist auf Landesniveau" (219). Die metonymische Beziehung zwischen Bewohner und Land rechtfertigt also die Feststellung: Wallander *ist* Schweden oder, wie ein Kommentator zusammenfasst: „Wallander is a monument of the diseased consumer society, working overtime and fattening his body with a cholesterol overload" (Tapper 2009, 65). Welches Bild Schwedens dadurch erzeugt wird, kann man an einer Stelle ablesen, wo Wallander zusammen mit seinen KollegInnen das Grundstück von Holger Ericksson absucht: Ihm kommt der Gedanke, dies sei ein „Bild seines Lebens [...]. Mein Leben als Polizeibeamter in Schweden in den letzten Jahrzehnten des 20. Jahrhunderts. Ein früher Morgen, Dämmerung, Herbst, Nebel, klamme Kälte" (458). Ort, Zeit, Tageszeit, Lichtverhältnisse, Jahreszeit, Wetter, Temperatur werden angegeben und die Suche wird so in ihrer ganzen tristen Atmosphäre eingefangen. Wallander erfährt die Situation als existenzielle Bestimmung seines Lebens: „In diesem Lehm werde ich umherstapfen, bis ich falle." In *Die fünfte Frau* fallen Menschen zu Tode, es gibt Mordfälle und das Land insgesamt erscheint als gefallen oder im Abstieg begriffen (Lingard 2006/7, 107). Wenn Wallander durch den Lehm watet, verweist das auch auf den oben erwähnten „verdeckte[n] Morast" (234), der die schwedische Gesellschaft unterhöhlt habe.

7. Heinrich Steinfest: Nervöse Fische (2004)

Inhalt

Ein grotesker Fund

Nervöse Fische beginnt mit einer absurd-grotesken Szene: Auf dem Dach eines Wiener Hochhauses wird im Swimmingpool die Leiche eines Mannes gefunden, dessen Körper durch Bisswunden entstellt ist, die eindeutig von einem Hai stammen. Chefinspektor Richard Lukastik, sein Assistent Peter Jordan und auch der Polizeiarzt Dr. Paul stehen vor einem Rätsel: Wie stirbt jemand mitten in Wien durch einen Haiangriff? Den ermittelnden Beamten erscheint der Fall „obskur" (18) und „grotesk" (31), vielleicht auch als Beispiel für jene „schwachsinnige[n] Inszenierungen" (31), die man in Wien anscheinend gewohnt ist.

Eine Spur führt in die Provinz

In dem Swimmingpool hat die Polizei ein maßangefertigtes Hörgerät von seltener Qualität gefunden. Eine weitere Ermittlerin, Edda Boehm, die eigentlich nur für die Spurensicherung zuständig ist, findet heraus, dass dieses Gerät von einem Egon Sternbach gekauft wurde, der in dem nordwestlich von Wien gelegenen Ort Zwettl im Waldviertel wohnt. Lukastik schickt Jordan und Boehm nach Zwettl, um Sternbach zu finden und zu befragen. Als Lukastik dann aber später in seinem Stammlokal zu Abend isst, bekommt er einen Anruf von Jordans Handy, auf dem nur eine eigenartige Musik und ominöse Geräusche zu hören sind, die darauf schließen lassen, dass jemandem Gewalt angetan wird.

Im Waldviertel, „am Endpunkt der Zivilisation"

Besorgt um das Schicksal seiner Untergebenen, fährt Lukastik noch in der Nacht nach Zwettl. Dort, wo er sich am „Endpunkt der Zivilisation" (109) angekommen fühlt, findet er den in geradezu futuristischer Architektur erbauten Gebäudekomplex „Rolands Teich" vor, der eine Tankstelle, einen Supermarkt und eine Gaststätte mit Übernachtungsmöglichkeiten in sich vereinigt. Er trifft Egon Sternbach, der dort ein Zimmer hat und erfährt von ihm die Identität des Toten, bei dem es sich um den Graphologen Tobias

Oborin handelt. Sternbach führt ihn zum Haus von Oborin, wo sie auf dessen Geliebte, die junge Ungarin Esther Kosáry, treffen. Lukastik zwingt Sternbach, Esther nach Ungarn zu fahren, weil er sie aus den Ermittlungen heraushalten will. Dann aber erfährt Lukastik, dass Sternbach ihn angelogen hat: Das bei dem toten Oborin gefundene Hörgerät gehört Sternbach. Den aber hat ausgerechnet Lukastik mit einer wichtigen Zeugin weggeschickt. Lukastik findet eine Notiz von Sternbach, in der dieser ihn auf einen in der Nähe gelegenen Bunker aus dem Zweiten Weltkrieg hinweist. Dort findet Lukastik dann auch unverletzt, allerdings gefesselt, seine beiden verschwundenen Mitarbeiter.

Am „Nullpunkt"

Wenig später erhält Lukastik einen Anruf. Es ist Esther Kosáry, die ihm mitteilt, dass Sternbach sie in einer Ortschaft ungefähr in der Mitte zwischen Zwettl und Wien abgesetzt habe. Lukastik begibt sich an diesen Ort, den er für sich „Nullpunkt" nennt. Esther richtet ihm von Sternbach das Wort „*Pferdefuß*" aus. Als er eine Hinweistafel bemerkt, die für ein „Hotel zum goldenen Huflattich" mit angeschlossenem Sanatorium wirbt, muss ihn erst jemand anders eher zufällig darauf hinweisen, dass Pferdefuß und Huflattich dasselbe sind. Im Sanatorium angekommen, wird Lukastik bereits von der Direktorin Frau Dr. Gindler erwartet. Diese eröffnet ihm, dass Sternbach ihn treffen möchte, allerdings nicht sofort. Als Lukastik dann endlich mit Sternbach reden kann, legt dieser ein Geständnis ab: Er habe Oborins Tod „verschuldet" (234). Unmittelbar danach begeht Sternbach Selbstmord, nicht ohne jedoch vorher Lukastik eine Adresse in dem Hochhaus gegeben zu haben, auf dessen Dach das Opfer entdeckt worden war.

Zurück in Wien

Lukastik fährt zurück nach Wien, sagt aber niemandem etwas von Sternbachs letztem Hinweis. Kurz nachdem er die Wohnung betreten hat, wird er niedergeschlagen. Er findet sich, gefesselt und in einen Taucheranzug mit Sauerstoffflasche gesteckt und mit Bleigewichten beschwert, in einem fast undurchsichtigen Gewässer wieder, umgeben von Haifischen. Als Lukastik nicht zu einer Besprechung im Polizeipräsidium erscheint, fängt sein Assistent Peter Jordan an ihn zu suchen. Lukastik hatte eine herausgerissene Seite aus Wittgensteins *Tractatus logico-philosophicus*, den er immer bei sich trägt, in die Eingangstür der Wohnung geklemmt. Jordan findet diese Wohnung und erfährt bei der Befragung der Bewohner, dass man Lukastik, der sich als Egon Sternbach ausgegeben hatte, gemäß dessen Wünschen in dem unter der Wohnanlage befindlichen unterirdischen See versenkt habe. Dieses obskure Bestattungsritual hatte Sternbach für sich geplant, dann aber dazu verwendet, um Lukastik noch nach seinem Tod eine Falle zu stellen. Jordan rettet Lukastik. Die Behörden beschließen, die näheren Umstände des Mordfalles vor der Öffentlichkeit geheim zu halten. Der unterirdische See wird zubetoniert, die in ihm lebenden Haie, die sich genetisch an diese Umgebung angepasst hatten, werden ein Opfer der Vertuschung des Falles.

Struktur

Nervöse Fische als *police procedural*

Auf den ersten Blick handelt es sich bei *Nervöse Fische* um ein analytisch erzähltes *police procedural* (vgl. Kap. IV.6). Jenes „gute Dutzend Personen" (5), die am Anfang auftreten, und zu denen Chefinspektor Lukastik als der „Mann, der hier das Sagen hatte" (5, 6), sein Assistent Jordan, der Polizeiarzt Dr. Paul, die Beamten von der Spurensicherung und sogar zwei Taucher gehören, machen den Personenkreis aus, der in einem typischen *police procedural* bei seiner Arbeit gezeigt wird. Der Schauplatz ist zunächst eine für diese Gattung typische Großstadtszenerie, hier noch gesteigert durch die Anonymität „einer Gebäudeanlage, die aus mehreren solcher Wohntürme" bestand und in der „ein in Fragen alltäglicher Auseinandersetzungen gemäßigter Mittelstand" wohnt (9). Im langen Mittelteil des Romans wechselt der Schauplatz jedoch und wird verlagert zu einer ganzen Reihe von Örtlichkeiten, die durch ihre jeweilige Besonderheit ausgezeichnet sind (die durch ihre Architektur hervorgehobene Tankstelle, das Haus des Opfers, eine Klosteranlage, ein Ort, dem der Name „Nullpunkt" gegeben wird, ein Sanatorium). Auch diese Erweiterung und Individualisierung des Raumes entspricht dem Realismus des *police procedurals*, das Räume als „offen" darstellt und in dem den Ermittlern „eine erhöhte Mobilität" (Feuchert 2008, 169) abverlangt wird.

Diggression als Strukturprinzip

Die obige Wiedergabe des Inhalts wird dem Text des Romans insofern nicht gerecht, als hier keineswegs eine fortlaufende Handlung erzählt wird. Der Ablauf wird vielmehr immer wieder unterbrochen durch Assoziationen und Reflexionen der Hauptfigur und durch essayistische Passagen, in denen der auktoriale Erzähler spricht. Als Beispiel für die gedanklichen Abschweifungen des Helden kann eine Passage am Anfang gelten, in der Lukastik versucht, eine Erklärung für die unmöglich erscheinende Tatsache zu finden, dass in Wien jemand durch einen Hai-Angriff umgekommen ist. Er erinnert sich an eine Zeitungsmeldung, die berichtet hatte, dass man in einem niedergebrannten Waldstück die Leiche eines Tauchers gefunden hatte, der durch ein Löschflugzeug dorthin gelangt war. Die Erinnerung an diese Zeitungsmeldung hat mit der Aufklärung des Falles nicht das Geringste zu tun, sie dient jedoch zum einen der Charakterisierung von Lukastik als jemandem, der darauf besteht, dass auch „hinter der Skurrilität, ja Regelwidrigkeit eines ersten Eindrucks eine vollkommen logische, Punkt für Punkt nachvollziehbare, eine wahre, eine gott- und geisterlose Abfolge von Geschehnissen stehen konnte, nein, stehen musste" (11–12). Zum anderen wird hier eine Aussage über die Gattungszugehörigkeit des Textes gemacht: Da es eine natürliche Erklärung geben muss, haben wir einen Kriminalroman und nicht eine Schauergeschichte vor uns.

Eine andere Art von Spannung

Eines der zahlreichen Beispiele, in denen der auktoriale Erzähler den Handlungsablauf unterbricht, um kurze essayistische Passagen einzustreuen, findet sich in der Mitte des Romans, als die Polizei versucht, den flüchtigen Sternbach mittels Straßensperren zu fangen. Alle Beteiligten sind sich darin einig, dass Sternbach versuchen würde, nach Wien zu kommen. Der Erzähler nimmt dies zum Anlass, einen Kurzessay über die Rolle von Wien, „die geliebte oder gehaßte Hauptstadt", einzuschieben. Im Gegensatz zu den anderen größeren Städten Österreichs sei Wien eine „Abschußrampe in die Welt gewissermaßen", weil man das Gefühl habe, von dort jederzeit aufbrechen und „in die Freiheit" flüchten zu können (172). Wieder hat diese Digression nichts mit der Lösung des Falles zu tun (zumal die Annahme, Sternbach würde versuchen, nach Wien zu gelangen, sich als falsch herausstellt). Überblickt man die Handlungsstruktur des Romans, dann zeigt sich, dass wesentliche Elemente des detektivischen Schemas wie die Etablierung eines Kreises von Verdächtigen, die Eliminierung falscher Spuren und die allmähliche Einkreisung des Täters fehlen. Diese Elemente werden ersetzt durch ein Geflecht von Abschweifungen, sodass für die Leser die Frage nach der Lösung des Rätsels immer mehr aus dem Blick gerät und abgelöst wird durch die Neugier darauf, welche Ideenassoziation (der Hauptfigur) oder welcher essayistische Einschub (des Erzählers) den Lauf der Handlung als nächstes unterbrechen wird. Die Rätselspannung als Strukturprinzip wird verdrängt durch die Spannung auf die nächste Unterbrechung der Aufklärungsgeschichte. Wie in anderen Kriminalromanen von Steinfest dienen die Erinnerungen und Assoziationen des Protagonisten und die essayistischen Einschübe des Erzählers dazu, die „Nicht-Linearität der Erzählung" zu etablieren, den „Spielcharakter des Textes" hervorzuheben, und „die Selbstreferentialität der Texte sichtbar werden" zu lassen (Sturm-Trigonakis 2012, 83).

Die Ermittlerfigur

Lukastik als Anhänger von Ludwig Wittgenstein

Chefinspektor Lukastik trägt immer ein Exemplar von Ludwid Wittgensteins (1889–1951) *Tractatus logico-philosophicus* (1918/1921) mit sich herum. Dabei gesteht er durchaus ein, dass er viele Passagen des kurzen philosophischen Textes nicht versteht. Trotzdem dient ihm der *Tractatus* als Orientierungshilfe. Bei seiner Arbeit als Polizist wird er vor allem dadurch motiviert, „die vermeintliche Exklusivität eines Verbrechens" aufzuheben. Es geht ihm darum, „aus dem Besonderen einer kriminellen Handlung das Allgemeine wie das Alltägliche herauszuschälen. Das war sein großer Antrieb: Entmystifizierung" (35). Lukastik, der ein „Feind aller Rätsel" (182) ist, handelt dementsprechend nach der im *Tractactus* unter „Punkt 6.5" aufgeführten Maxime: „*Das Rätsel* gibt es nicht." Gerade in Krisensituationen, wie dem anfänglichen Fund der Leiche oder während er auf dem Weg zu seinem letzten Treffen mit Sternbach ist, wiederholt er für sich den Satz „Das Rätsel gibt es nicht" (72, 231) wie ein Mantra. Ein fiktionaler Ermittler, der schon die bloße Existenz des Begriffs „Rätsel" leugnet, verneint damit auch die Möglichkeit der Textgattung, die ihm seine Daseinsberechtigung gibt. Der Kriminalroman als Rätselroman wird dadurch *ad absurdum* geführt.

Andere Besonderheiten der Ermittlerfigur

Der Roman bleibt nicht dabei stehen, Lukastik als Wittgensteinianer zu zeichnen, der die Existenz von Rätseln leugnet. Als siebenundvierzigjähriger Junggeselle lebt er mit seinen Eltern und seiner Schwester zusammen. Mit seiner Schwester hatte er in ihrer beider Jugend ein sich über mehrere Monate erstreckendes inzestuöses Verhältnis, bei dem keiner der beiden ausgeprägte Schuldgefühle hatte (68). Zuerst hatte er Musikwissenschaften studiert, war dann jedoch auf die Kriminalistik umgeschwenkt, nicht aber, um der Gerechtigkeit zu dienen, sondern weil er die Arbeit des Kriminalisten als der musikalischen Komposition wesensverwandt gesehen hatte. Ermittlungsarbeit erfährt er als ästhetisches Erlebnis (36). Dabei ist bekannt, dass er „alles andere als ein konsequenter Denker" ist (147). Dafür erstaunt er seine Mitarbeiter„aber immer wieder" dadurch, wie er„mit elefantenhafter Wucht die Reinheit von Tatorten beeinträchtigte" (166). Er leistet sich immer wieder „Eigenmächtigkeiten und Irrtümer[n]" (168) und er hält nichts von Teamarbeit (173–174). Zudem hat er selbst die Flucht Sternbachs „verschuldet" (190). Eine solche Ermittlerfigur sprengt die Erwartungen an den Detektivroman wie an den Polizeiroman.

All dies zusammen genommen lässt sich so umschreiben: Lukastik als zentrale Ermittlerfigur ist unfähig, er lässt den mutmaßlichen Täter nicht nur laufen, sondern vertraut ihm auch noch eine wichtige Zeugin an. Er braucht und bekommt dann eine „zweite Chance" (244), handelt aber wieder eigenmächtig, unvernünftig und unverantwortlich. Er kommt trotz allem zu Resultaten, tappt dann aber am Ende in eine (beinahe) tödliche Falle. Ähnlich wie in Steinfests Romanen mit Markus Cheng handelt es sich auch hier um eine „eigenwillige Konfiguration des Detektivs" (Sturm-Trigonakis 2012, 77). Als Polizeiroman, als der *Nervöse Fische* anfänglich erscheinen könnte, wird er den Erwartungen, d.h. den Gattungskonventionen nicht gerecht. Kommissar und Assistent sind gleichaltrig, sie können sich gegenseitig nicht ausstehen, sie retten sich gegenseitig aus einer Gefahr, wobei die Rettung des Chefs aus Lebensgefahr durch den Assistenten schwerer wiegt als die Rettung des Assistenten aus einer Gefahr, die eigentlich keine war. Die Anlage der Ermittlerfigur deutet bereits darauf hin, dass alle Konventionen des Detektiv- wie des Polizeiromans systematisch unterlaufen werden.

Systematische Verletzungen der Gattungskonventionen

Metafiktionale Demontage des Kriminalromans

Der Begriff Metafiktionalität (und das verwandte aber gleichwohl davon zu unterscheidende Konzept der Metanarration) wird oft verwendet, um postmoderne Texte zu charakterisieren, in denen die Fiktionalität des Dargestellten hervorgehoben werden soll. Die Leser werden also daran erinnert, dass sie sich in einer fiktionalen Welt befinden und dass der erzählerische Diskurs, der diese fiktionale Welt allererst etabliert, eine literarische Konstruktion ist. Eine kurze und klare Definition von Metafiktionalität lautet: „Eine Erzählstrategie oder Äußerung des Erzählers ist metafiktional, wenn sie die Fiktionalität (Erfundenheit bzw. Willkürlichkeit) der Geschichte und des Erzähldiskurses explizit oder implizit thematisiert" (Fludernik 2006, 175). Metafiktionale Elemente verweisen also auf die Gemachtheit des Textes und auch darauf, *wie* er (im Vergleich zu anderen Texten seiner Gattung) gemacht ist. Steinfests *Nervöse Fische* ist ein Paradebeispiel dafür, wie ein Kriminalroman auf seine eigenen Gattungskonventionen verweist und diese dadurch parodistisch in Frage stellt.

Definition von Metafiktionalität

Künstlerische *performances*, Kunstprojekte und ästhetisch angehauchte Rituale durchziehen den Roman leitmotivartig. Gleich zu Anfang empfindet Lukastik das Auffinden der Leiche im Swimmingpool als „Haifischopfer-Inszenierung" (11). Und am Ende heißt es, Sternbach habe „die Inszenierung des eigenen Todes" (290) arrangiert, bevor er Lukastik in den zweifelhaften Genuss dieses Arrangements kommen lassen wollte. Der Begriff der Inszenierung des eigenen Todes oder desjenigen eines anderen rahmt also die Handlung des Romans ein. Er verweist auf die Dramatisierung des Geschehens, also die vermehrt szenische Darstellung gegen das Ende hin und ordnet die – besonders an spannenden Stellen – häufigen Abschweifungen als retardierende Momente in die Handlung ein. Eine Inszenierung ist außerdem eine künstlerische Umsetzung. Ein Handlungselement als inszeniertes hervorzuheben bedeutet daher immer auch, die Gemachtheit dieses Elementes (und damit auch des Romans selber) zu betonen.

„Inszenierung" als Schlüsselwort des Romans

Peter Jordan kann seinen Chef Lukastik am Ende retten, weil er bei einer Suche im Internet auf das Kunstprojekt einer „Gruppe zumeist älterer Damen und Herren" (278) gestoßen ist, die sich durch die Volkhochschule kennen, sich „*Werk-Stadt-Team*" nennen und eine „Livecam-Installation" mit dem

Das Kunstprojekt „odyb"

Namen *„odyb"* verwirklicht haben. Inwieweit hier Erfahrungen von Heinrich Steinfest eingeflossen sind, der selber als Künstler tätig ist, mag dahingestellt bleiben. Jedenfalls hat diese Gruppe „Livecams" an verschiedenen unterirdischen Orten in Wien aufgestellt, die über besagte Webseite in „Echtzeit" (273) dokumentieren, was im Untergrund Wiens vor sich geht. Das ist zunächst ganz konkret gemeint, denn die Kameras zeigen reale Abläufe in U-Bahntunneln, Unterführungen oder Kellern. Die Künstler könnten mit ihrem Projekt aber auch darauf hinweisen, dass Wien eine Stadt sei, „die das Unterirdische ja verkörperte wie ein Hahn den Morgen oder ein Rührei die Zerschlagung dieses Morgens" (273), was eine Fülle von möglichen Bedeutungsräumen, von der Entdeckung des Unbewußten über Korruption, Kriminalität, politische Verschwörungen und andere geheime Machenschaften eröffnet. Das künstlerische Projekt „odyb" oder „Untiefe" zeigt auch das Bild eines unterirdischen Sees, in dem Jordan die Rückenflosse eines Hais glaubt erkannt zu haben. So kommt er Lukastik auf die Spur und kann ihm im letzten Moment das Leben retten. Von der Installation aber heißt es weiterhin: „selbstverständlich war eine der Übertragungen dem mit filmischer Weihe ausgestatteten städtischen Kanalsystem gewidmet" (273). Die filmische „Weihe" der Wiener Kanalisation war, wie der Kenner weiß, in Carol Reeds Filmklassiker *The Third Man* (1949, Drehbuch: Graham Greene) erfolgt, in dem Harry Lime (Orson Welles) als der titelgebende Dritte Mann in der unmittelbaren Nachkriegszeit seine verbrecherischen Pläne in einer geteilten Stadt verwirklicht, indem er die unterirdischen Kanäle Wiens benutzt, um zwischen den westlichen und östlichen Sektoren ungestört hin und her zu wechseln und seinen Häschern zu entgehen. *The Third Man* ist ein Film, der zu den bekanntesten Vertretern des *film noir* gehört, also des Filmthrillers der vierziger Jahre. In der Konstruktion des Tatorts von *Nervöse Fische*, die schon durch ihre Unwahrscheinlichkeit herausgehoben wird, steckt also ein Zitat, das an ein klassisches Filmgenre anknüpft. Andere metafiktionale Passagen des Romans nutzen ähnliche Vergleiche, um den Roman im intermedialen Kontext des Krimis und seiner Geschichte einzuordnen und ihn dadurch zu parodieren.

Fiktionale Welten

Kurz vor seinem letzten Gespräch mit Sternbach sieht Lukastik seinen Chef, Major Albrich, für einen kurzen Moment, bevor dieser in einem der Flure des Sanatoriums wieder verschwindet. Lukastik vergleicht den Moment mit einer klassischen Filmsequenz: „Eine Szene wie aus einem Hitchcock-Film, wenn der Meister höchstpersönlich auf der Leinwand erscheint, nicht anders als ein Gott, der einen kurzen Ausflug in die Welt seiner Geschöpfe unternimmt" (229). Lukastiks Vergleich des kurzen Moments mit einer Szene aus einem Hitchcock-Film hat weiter keine Funktion für die Handlung des Romans, die Leser werden jedoch erneut daran erinnert, dass sie sich einem fiktionalen Text gegenüber befinden. Indem Lukastik als fiktionale Figur (des Romans) einen Vergleich seiner Welt mit einer Szene aus einer anderen fiktionalen Welt (des Films) anstellt, nimmt er scheinbar für sich in Anspruch, in der wirklichen Welt zu leben. Die Leser wissen es aber natürlich besser und verstehen, dass Lukastik nicht nur in einer Welt von fiktionalen „Geschöpfen" lebt, sondern selber eines ist. Dass Steinfest für diese metafiktionale Beobachtung des Protagonisten eine in Hitchcocks Filmen wiederkehrende Szene wählt, nämlich die, in der Hitchcock einen kurzen

Auftritt in seinen eigenen Filmen hat, ist kein Zufall. Zum einen sind diese Szenen der Begegnung des Regisseurs mit seinen Figuren oder „Geschöpfen" klassische Beispiele der Illusionsdurchbrechung bzw. dafür, wie (in diesem Fall) die Zuschauer daran erinnert werden, dass sie einen Film sehen, also eine fiktionale Welt erfahren. Die Komik der Szene aus den Hitchcock-Filmen, die sich aus der Konfrontation der beiden Welten (des Regisseurs und seines Films) ergibt, überträgt sich auf den Roman. Zum anderen ist Hitchcock einer der bekanntesten Regisseure für filmische Thriller wie etwa *The 39 Steps* (1935), *Strangers on a Train* (1951), *North by Northwest* (1959) oder *Marnie* (1964), um hier nur einige zu nennen. Die metafiktionale Thematisierung der Erfundenheit der fiktionalen Welt wird also gerade an der intermedial auftretenden Gattung des *Krimis* festgemacht. Es wird gleichsam festgestellt: Ein Krimi ist immer Fiktion; wenn man sein Spiel mit den Gattungskonventionen treibt, steht man in der Nachfolge der alten „Meister", so wie Hitchcock einer war.

8. Andrea Maria Schenkel: Tannöd (2006)

Entstehungskontexte

Als *Tannöd* im Jahr 2006 erschien, ging plötzlich ein neuer Stern am Himmel des deutschen Krimis auf. Lesepublikum und Kritiker waren sich darin einig, dass hier wie aus dem Nichts ein Talent aufgetaucht war, das neues Terrain für den Kriminalroman erschlossen hatte. Dieser Meinung waren auch die Jurymitglieder der namhaften deutschen Krimipreise: *Tannöd* wurde von der Autorengruppe *Das Syndikat* mit dem *Glauser* für das beste Debüt ausgezeichnet und erhielt im gleichen Jahr 2007 auch den von Kritikern, Literaturwissenschaftlern und Buchhändlern vergebenen *Deutschen Krimi Preis*. Der enorme internationale Erfolg des Erstlingsromans bestätigte diese Einschätzung, zahlreiche Übersetzungen und mehrere ausländische Preise folgten. Von *Tannöd* gibt es eine Hörspielfassung, ein Hörbuch, mehrere Bühnenfassungen und eine Verfilmung (2009).

Vorwurf des Plagiats

Ende August 2007 wurde die Autorin wegen des Vorwurfs des Plagiats verklagt. Ein Journalist und Sachbuchautor behauptete, dass *Tannöd* wesentliche Teilen aus zwei Büchern übernommen hätte, die er über einen mehrfachen Mord publiziert hatte, der sich 1922 in Oberbayern zugetragen hatte und nie aufgeklärt wurde. Die Klage wurde in zwei Instanzen abgewiesen, jeweils mit dem Hinweis darauf, dass es Autoren gestattet sein muss, die literarische Gestaltung bereits bekannter Tatsachen vorzunehmen. Die Autorin hatte darauf bestanden, die Hintergrundinformationen für den Roman aus Aufzeichnungen und Archiven bezogen zu haben, die den authentischen Fall dokumentiert hatten. Diese Arbeitsweise hat sie dann auch in späteren Kriminalromanen wie *Kalteis* (2007), *Finsterau* (2012) und *Täuscher* (2013) angewendet.

Inhalt

Tannöd erzählt die Geschichte eines Mordes, dem eine fünfköpfige Familie und eine Magd auf einem entlegenen Bauernhof in der Oberpfalz zum Opfer fällt. Schenkel verlegt allerdings den Mordfall in die Mitte der fünfziger Jahre und präsentiert am Ende einen Täter. Der Bauernhof wird bewohnt von Hermann Danner, seiner Frau Theresia und ihrer Tochter Barbara, die ihrerseits zwei Kinder, die etwa achtjährige Marianne und der zweijährigen

Joseph hat. Sie alle und auch die gerade erst auf dem Hof eingetroffene Magd Marie werden Opfer des Mörders. Die Reaktionen der von der Grausamkeit und Brutalität der Tat schockierten Nachbarn und der Bewohner des in der Nähe des Bauernhofes liegenden Dorfes werden wiedergegeben. Erst gegen Ende des Romans wird die Vorgeschichte des Verbrechens aufgerollt, die bis in die Kindheit von Barbara zurückreicht: Ihr Vater hatte sie sexuell missbraucht, ihre beiden Kinder sind aus diesem Inzest hervorgegangen und um diese Vorgänge zu verheimlichen, war sie jeweils zum Schein Verhältnisse mit anderen Männern eingegangen. Der erste dieser Männer, den sie geheiratet hatte, war bald aus ihrem Leben verschwunden, der zweite jedoch, der sich als Vater des kleinen Joseph wähnt und ihr verfallen war, nachdem seine Frau nach langer Krankheit gestorben war, kann seine nachmalige Zurückweisung und ihre Verachtung für ihn nicht verarbeiten und bringt in einem Blutrausch die ganze Familie um.

Struktur

Diese Geschichte wird nicht chronologisch und von einer Erzählerfigur berichtet, sondern sie wird in vielen, meist kurzen Kapiteln als Montage aus Befragungen, einem Zeitungsartikel, auktorial erzählten Passagen und solchen, die erlebte Rede verwenden, präsentiert. Dazwischen werden teils längere, teils kürze Abschnitte aus einer „Litanei zum Troste der armen Seelen (zum Privatgebrauch)“ (4), die einem 1922 erschienenen „Brautführer und Andachtsbuch für die christliche Frau“ entnommen sind, eingestreut. Die Trostfunktion der Litanei (griech.: Bitte, Flehen) wird jedoch durch die zahlreichen Anrufungen von Heiligen, Propheten, Aposteln, kirchlichen Würderträgern usw. und durch die ständige eintönige Wiederholung in ihr Gegenteil verkehrt: Statt Trost und Hoffnung werden beim Leser, der von Anfang an weiß, dass etwas Schreckliches passiert sein muss, durch das exzessive Auflisten Hoffnungslosigkeit und Ohnmachtsgefühle erzeugt. Die Montagetechnik mit ihren ständig wechselnden Perspektiven zwingt die Leser dazu, das Geschehen wie ein Mosaik zusammenzufügen. Sie bleiben dabei zuerst im Dunkeln darüber, was eigentlich genau passiert ist. Die Erwähnung des Dorfes als „Morddorf“ (5) im ersten kurzen Kapitel, der folgende lange Abschnitt aus der Litanei und weitere Hinweise deuten an, dass es um eine Bluttat geht, die weitere Erhellung des Tatbestands ergibt sich aber erst allmählich. Der Roman setzt also mit Andeutungen ein, die auf einen Mord verweisen, die genaueren Umstände, die Zahl der Opfer und die Brutalität und Grausamkeit der Tat werden aber nicht mitgeteilt. Damit wird eine breite Skala von Spannungsarten erzeugt, die zwischen Angst, Horror und Neugierde (Rätselspannung) changieren können. Der Beginn des Romans liegt zeitlich gesehen nach dem Mord, dann springt der Text zwischen Zeitpunkten vor und nach der Tat hin und her. Daraus ergibt sich als Effekt ein ständiger Wechsel zwischen einer Vorwärtsbewegung auf die Tat hin und einer Rückbesinnung auf das, was passiert ist. Die Dynamik der zeitlichen Annäherung an die Tat bekommt durch die Wiederholung den Anschein des Unausweichlichen. Der ebenfalls durch Wiederholung (der Zeugenstimmen) immer größer werdende Eindruck der Sinnlosigkeit und Grausamkeit der Tat selber sorgt, im Verein mit ihrer scheinbaren Unausweichlichkeit, für den intensiven Leseeindruck des Textes.

Wechselnde Erzählperspektiven

Die durch die eingangs eingeführte Erzählinstanz durchgeführten Befragungen der Nachbarn und Dorfbewohner werden als Antworten auf nicht mitgeteilte Fragen präsentiert. So ergibt sich erst allmählich ein Bild des Geschehens aus ständig wechselnden Perspektiven und es wird der Eindruck einer Recherche erweckt, die zu einem objektiven Ergebnis führen soll. Dies hat eine gewisse Nähe zur Arbeit eines Journalisten oder eines Ermittlers, das Ziel der Befragungen scheint jedoch eher (selbst-) therapeutischer Art zu sein als auf die Ermittlung des Täters gerichtet. Ein Prozess der Detektion findet nicht statt. Es gibt auch ein Kapitel (20), das auktorial in der dritten Person erzählt wird und die Beobachtungen eines Unbeteiligten wiedergibt, sowie einen Zeitungsartikel, der (erst spät) die vollständigen Namen der Ermordeten und den Zeitpunkt der Tat nennt (103–104). Die Kapitel, die das Geschehen aus der Sicht der Opfer, des Täters und eines Augenzeugen („Mich") wiedergeben, werden in der personalen Erzählweise als erlebte Rede erzählt. Diejenigen Kapitel, die aus der Perspektive der Opfer und des Zeugen erzählt werden, nennen die Namen der jeweiligen Person (Marianne, Marie, Theresia Danner, Hermann Danner, Barbara), während die Kapitel, die aus der Perspektive des Täters erzählen, die Person anonym bleiben lassen. So wird der Eindruck einer unmittelbaren Präsenz des Lesers vor der schrecklichen Tat erweckt, die Leser sind sozusagen hautnah am Geschehen und erleben es mit. Ein Vergleich mit entsprechenden Effekten bei audiovisuellen Medien drängt sich hier auf: Der literarische Text arbeitet ähnlich wie Horrorfilme oder ähnliche Genres, in denen die Zuschauer aus der Perspektive von Opfern und Tätern unmittelbar ins Geschehen hinein versetzt werden.

Ethnographie der Nachkriegszeit

Die kritische Heimatliteratur könnte Vorbild gewesen sein für die stark ausgeprägten ethnographischen Züge von *Tannöd.* Der Roman liefert, mit seiner geschichtlichen und geographischen Verortung, mit seiner historischen Perspektive und einer Raumstruktur, die soziale, ethnische und kulturelle Bedeutungsfunktionen hat, eine Ethnographie der Nachkriegszeit und des ländlich-abgeschiedenen Milieus (worauf bereits der Titel hinweist). *Tannöd* ist also ein ethnographischer Kriminalroman. Die für eine ethnographische Studie typische Befragung der ‚Eingeborenen' kehrt hier wieder, wenn das im ersten Kapitel eingeführte Ich als Außenseiter ins Dorf kommt und die Erzählungen der Bewohner protokolliert. Was dabei zum Vorschein kommt, lässt ein alles andere als idyllisches Bild der ländlichen Umwelt entstehen: Die geographische und soziale Isolierung des Danner-Hofes ist einerseits Resultat des Opportunismus, des Geizes und des Egoismus von Hermann Danner. Der sexuelle Missbrauch, den der alte Danner an seiner Tochter Barbara verübt hat, seit diese zwölf Jahre alt war (62), ist ein offenes Geheimnis, über das es „Gerüchte" (37) im Dorf gibt. Hermann Danner, der sich auf seinem Hof als „das Maß aller Dinge" und als „Herrgott" sieht (64), und seine Familie werden von anderen als „Eigenbrötler" (37, 40, 80) angesehen, die abgesondert von den Nachbarn und der dörflichen Gemeinschaft leben. Der Charakterisierung der Figur des Hermann Danner wird auch hier wieder durch die Mehrzahl der Perspektiven, aus der sie vorgenommen wird, ein Anschein von Objektivität verliehen. Der ethnographische Blick fördert aber nicht nur zutage, was die Familie Danner zu verbergen hat, er deckt auch auf, welche Mißstände in der Dorfgemeinschaft herrschen. Obwohl viele der Nachbarn vom Inzest des alten Danner mit seiner Tochter wissen, wird das Ganze mit Schweigen übergangen, oder, wie die Pfarrersköchin in ihrer religiös-fanatischen Selbstgerechtigkeit sagt: „Aber sagen, oh nein, sagen darf man so was ja nicht“ (106). Dieser Sprachlosigkeit gegenüber jahrelang wiederholten Akten des Kindesmißbrauchs und der sexuellen Gewalt entspricht die Gleichgültigkeit der Umwelt, wenn es darum geht, die Zustände bei der Familie Danner auch nur wahrzunehmen: „Was geht mich das an?“ (92) oder „Mich geht das alles nichts an“ (101) sind die gängigen Reaktionen auf die Fragen der Ich-Erzählinstanz.

Die dörflichen Institutionen

Als „dörfliche“ Institutionen werden hier diejenigen Personen bezeichnet, die durch ihren Beruf oder ihre Funktion in der Dorfgemeinschaft die Aufgabe haben, helfend einzugreifen, wenn sich Mißstände zeigen, also der Arzt, der Lehrer und der Pfarrer. Die Gespräche mit diesen Amtsträgern zeigen aber immer wieder, wie auch sie dem Geschehen vor und nach der Mordtat mit Unverständnis, Ignoranz und Gleichgültigkeit begegnen. Der Lehrer führt sich gleich mit der Bemerkung, dass er erst seit kurzer Zeit im Dorf sei und noch keine Zeit hatte, „die Leute hier auf dem Land besser kennen zu lernen“ (34) ins Gespräch ein. Über Marianne, oder Marie-Anna, „wie sie eigentlich hieß“, hat er nicht viel zu sagen. Seine Kenntnis ihres amtlichen Namens zeigt, dass er das kleine Mädchen besser auf dem Papier kennt als im täglichen Umgang. Der Bürgermeister erweist sich durch seine Redeweise von der Befreiung durch die Allierten im Jahr 1945, die dann aber wenige Sätze später wieder in die Denkweise vom „Zusammenbruch“ umkippt (85) als Mitläufer der Nazis, dem das Umschwenken zum überzeugten Demokraten noch nicht recht gelungen ist (seinen Vorgänger als Bürgermeister, der wahrscheinlich ein überzeugter Nazi gewesen ist, erwähnt er nur als jemanden, der nicht mehr am Leben ist). Sein Verweis auf Besatzungssoldaten, die „[w]ie die Vandalen“ gehaust haben und seine Klage darüber, dass „uns“ durch die Vernichtung der meisten Unterlagen „ein immenser Schaden“ (85) entstanden sei, bezeugt das Verleugnen der Ursachen und die Verwechslung von Opfern und Tätern in der Zeit des Nationalsozialismus. Den Tod einer „Fremdarbeiterin“, die während des Krieges auf dem Hof der Familie Danner gearbeitet hatte, will er nicht diskutieren: „Das ist doch ein Versuch, alte Geschichten wieder aufzufrischen.“ Einen Zusammenhang dieses Todesfalles mit dem Mord an der Familie will er nicht sehen. Mit solchen Äußerungen wie: „Der Krieg ist seit zehn Jahren vorbei. Lassen wir doch diese Geschichten ein für alle Mal ruhen“ (85) und „wir sollten anfangen zu vergessen“ (86) datiert er nicht nur die Romanhandlung, er zitiert auch ein stereotypisch wiederkehrendes Beispiel des Verdrängungssdiskurses dieser Zeit. Der Pfarrer denkt in ähnlichen Bahnen: Auch er stellt, ohne es zu wollen, einen Zusammenhang zwischen der Kriegszeit und dem Mordfall her: „Das Leben hatte sich wieder normalisiert und nun dieser Mord“ (108). Auch er spricht vom „Zusammenbruch“ als einem „ungeheuren Inferno“ (110), als ob diese Zeit nur Teil eines bei Dante nachzulesenden christlichen Reinigungsrituals gewesen sei und die Morde an der Familie Danner einen Rückfall in eine überwunden geglaubte Prüfungszeit seien. Was ihn stört ist: „Das Gemeindeleben hat aufgehört zu existieren. Jeder mißtraut dem anderen“ (108). Dass sich in den Morden die Kontinuität einer barbarischen Mentalität manifestieren könnte, kommt ihm nicht in den Sinn. Eine Analyse des Romans sollte aber gerade diesen Aspekt des Textes nicht vernachlässigen.

Kompromittierte Männlichkeit

Der Täter, Georg Hauer, hat „[a]us dem Krieg" einen „Trommelrevolver" mit nach Hause gebracht (58), er hat also als Soldat die Schrecken und auch die Rebarbarisierungen des Zweiten Weltkriegs erlebt und mitgemacht. Nach der Tat hat er einen immer wiederkehrenden Alptraum, an dessen Ende er „seine Verzweiflung heraus[schreit]. Der Schrei hatte nichts Menschliches mehr, einem waidwunden Tier gleich schreit er seine Verzweiflung heraus" (79). Die Reduzierung auf ein gejagtes und tödlich getroffenes Tier spiegelt die doppelte narzistische Kränkung wider, die er als Mann erlitten hat. Die erste dieser Kränkungen hat er als Soldat und Mitglied eines geschlagenen Militärs erlitten. Die zweite narzistische Kränkung erhielt er, als er eine Liebesbeziehung mit Barbara Spangler, der Tochter von Hermann und Theresia Danner eingegangen war. Nachdem er seine Funktion, als Vater des kleinen Joseph zu gelten, erfüllt hatte (während der wahre Vater Hermann Danner ist), wurde er von Barbara verächtlich zurückgewiesen, sie behandelte ihn, „wie einen streunenden Hund" (122). Diese Zurückweisung hat er also wie die Verwandlung in ein unreines Tier erlebt. Nach dem langen und qualvollen Tod seiner Frau war er von Barbara „abhängig" geworden, er war ihr „hörig" gewesen (122). Die Tat selber war im Affekt passiert, als er Barbara konfrontiert hatte und sie ihn als „nach Alkohol stinkende[n] Waschlappen" „ausgelacht" und verhöhnt" (122) hatte. Die Beschimpfungen und Demütigungen, die Infragestellung seiner Potenz als Mann durch eine Frau, die ein ihm unerreichbares Sexualobjekt ist (denn er weiß, „dass sie ihm nie gehören würde"), sind zuviel für ihn. Als es ihm nicht gelingt, sie zu erwürgen (denn sie „war eine kräftige Frau, sie wehrte sich", 123), ergreift er eine neben ihm liegende Spitzhacke und erschlägt sie. Dann geriet er in einen „Rausch" und hat die anderen Mitglieder der Familie und die unbeteiligte Magd ermordet: „keiner sollte überleben. Keiner. Alle wollte er sie töten." Der „Zwang", unter dem er handelt, erscheint ihm als Entsprechung seiner sexuellen Begierde mit dem Wunsch zu töten: „Hörig war er dieser Stimme, wie er der Barbara hörig gewesen war. Genauso maßlos in seinem Verlangen, sie alle zu töten, wie er zuvor in seinem Verlangen nach ihrem Körper gewesen war" (124). Die Parallele zwischen Sexualität und mörderischer Gewalt, die hier gezogen wird, setzt den mehrfachen Mord als Ersatz für das unerreichbare Objekt der Begierde ein. Sexuelle Frustration und narzistische Kränkung resultieren in einem Blutrausch, der keine Gnade kennt: Auch die Magd Marie, die gerade erst einen Tag auf dem Hof war, wird nicht verschont, obwohl er sie beinahe übersehen hätte. Doch er fühlt sich schon als „Herr über Leben und Tod, der er war in jener Nacht" (124). Die Morde und sein Blutrausch verschaffen ihm also Allmachtsgefühle, die er seiner verletzten Männlichkeit und den durch Barbara zugefügten Demütigungen entgegenhalten kann. Die oben festgestellte Nähe von Sexualität und Gewalt in seinen Gedanken in der Rauschhaftigkeit und Hörigkeit seines Verhältnisses zu Barbara hatte er schon in einem früheren Kapitel reflektiert. Dort war er sich darüber klar gewesen, dass er „sich verändert [hatte]. Hatte sich in eine nie zuvor gekannte Abhängigkeit begeben, in einen Rausch" (98). Mit Feststellungen dieser Art kann man aber nicht nur sein Verhältnis zu Barbara beschreiben, sie sind auch auf die politische Situation während des „Dritten Reiches" übertragbar. Dort war das Sich-Ausliefern an den „Führer" als rauschhaftes Aufgehen in einer gleichgeschalteten Masse mit deutlichen sexuellen Untertönen erfahren worden.

Lebensperspektiven von Frauen

Der Roman ist bevölkert von Frauen, die in die Rolle des bloßen Sexualobjektes und des Opfers von männlicher Gewalt gedrängt werden. Das beginnt bei Theresia Danner, die „in einer kalten, bigotten Umgebung" aufwächst und ihren späteren Mann nur deshalb heiratet, damit sie keine „alte Jungfer" bleibt (61). Schon kurz nach der Hochzeit wird sie von ihm misshandelt und führt dann ein ganzes „Leben voller Demütigungen, Erniedrigungen und Schläge" (60), aus dem sie sich in die Religion flüchtet. Ein weiteres Opfer männlicher Gewalt, allerdings in einem umfassenderen Kontext ist Amelie, die als „Fremdarbeiterin" aus Polen während des Krieges auf dem Hof der Familie Danner gearbeitet hat. Auch sie wurde von Hermann Danner sexuell missbraucht und hat sich, weil sie keinen anderen Ausweg mehr wusste, „aufgehängt". Der Ort dieses Selbstmordes ist signifikant: „Im Stadel hat sie sich aufgehängt. Im Stadel, da wo sie jetzt den Danner und die Seinigen gefunden haben" (82). Der Mord an der Familie Danner erscheint hier wie die späte Rache des Schicksals und nimmt damit das wichtigste Strukturmerkmal des Schauerromans (*gothic novel*) wieder auf, wo immer eine störende oder zerstörerische Rückkehr der Vergangenheit in die Gegenwart stattfindet (Scaggs 2005, 15). Wenn der Bürgermeister das Schicksal Amelies mit den Worten: „Nur weil eine polnische Halbjüdin sich aufgehängt hat" kommentiert (87), dann verdeutlicht er damit nur das Fortbestehen einer faschistischen Mentalität, die (polnische) Frauen zu Untermenschen gemacht hat. An zentraler Stelle in der weiblichen Figurenreihe des Romans steht Barbara, die von ihrem Vater seit ihrer Kindheit missbraucht wurde, die von ihrer Mutter keine Hilfe bekam, bei allem doch nur „eine ‚gute Tochter' sein" wollte und ihrem Vater blind vertraut hatte. Schließlich war er „der ‚Herrgott' auf dem Hof" (113), und durch religiös-patriarchalische Denkweisen war sie geprägt worden. Noch die inzestuöse Gewalt, die ihr angetan wird, relativiert sie durch die Erinnerung an die „Geschichte von Lot und seinen Töchtern", die ihm Kinder geboren hatten (114). Erst als sie älter wurde, nahm ihr „Abscheu vor ihrem Vater und Männern insgesamt […] immer mehr zu" (115). Ihr Wunsch „frei zu sein, auch frei von einer Sünde, die sie nie aus freien Stücken auf sich geladen hätte", bestimmt immer stärker ihr Leben. Als sie ihren Vater dazu gebracht hat, ihr den Hof zu überschreiben, wähnt sie sich am Ziel ihrer Wünsche: „Sie ist ihr eigener Herr, ihr Herr" (112). Noch im grammatischen Geschlecht allerdings („Herr", statt „ihre eigene Herrin") verrät sich die Macht der patriarchalischen Prägung, der sie nicht entkommen kann. Auch wenn sie dem selbstgefälligen Pfarrer kurz vor ihrem Tod das Gespräch und die Bitte um Absolution verweigert, der mörderischen Gewalt des Patriarchats wird sie nicht entgehen, sie wird umgebracht, weil sie sich endlich nicht mehr als Objekt männlicher Willkür und Begierde missbrauchen lassen will. Der mehrfache Mord, der sich in Tannöd zuträgt, hat seine Ursache im Wunsch einer Frau, ihr eigenes Leben zu bestimmen. Barbaras Versuch, sich aus der Opfer-Rolle zu befreien, löst beim Täter eine pathologische Reaktion von unkontrollierbarer Gewalt aus.

Zeitleiste

1734–1743	François Gayot de Pitaval gibt seine Sammlung von berühmt-berüchtigten Gerichtsfällen heraus.
1749	Henry Fielding, Friedensrichter und Autor des Romans *Tom Jones* organisiert die „Bow Street Runners“ als erste Polizeitruppe Londons.
1773	Der *Newgate Calendar*, eine Sammlung von Verbrechensgeschichten, erscheint zum ersten Mal.
1792	In „Der Verbrecher aus verlorener Ehre“ schildert Friedrich Schiller die sozialen und psychologischen Hintergründe eines Verbrechers.
1794	William Godwins *Things as they Are, or The Adventures of Caleb* Williams (dt. *Die Abenteuer des Caleb Williams oder: Die Dinge wie sie sind*) erscheint.
1819	„Das Fräulein von Scuderi“ von Ernst Theodor Amadeus Hoffmann erscheint im *Taschenbuch für das Jahr 1820* (später dann im dritten Band des Novellenzyklus *Die Serapions-Brüder* 1820).
1827–1828	Der Ex-Sträfling und spätere Chef der Pariser Sûreté, Eugène François Vidocq, veröffentlicht seine Memoiren.
1828	Robert Peel gründet die *Metropolitan Police* in London, deren *constables* in Irland „peelers“ und in England „bobbies“ genannt werden.
1828	Die Erzählung „Der Kaliber. Aus den Papieren eines Kriminalbeamten“ von Adolph Müllner erscheint.
1841	Edgar Allan Poe veröffentlicht „The Murders in the Rue Morgue“ in der von ihm selbst herausgegebenen Zeitschrift *Graham's Magazine* in Philadelphia.
1842	Das „detective bureau“ der *Metropolitan Police* wird eingeführt, aus dem später das „Criminal Investigation Department (CID)“ hervorgeht.
1842	„Die Judenbuche“ von Annette von Droste-Hülshoff erscheint.
1852	Allan Pinkerton gründet die *National Detective Agency*, die erste private Detektei, in den USA.
1853	*Bleak House* von Charles Dickens erscheint. Es gibt zwar eine Ermittlerfigur (Inspektor Bucket), sie spielt aber noch keine große Rolle in diesem Roman.
1855	In der Zeitschrift *Gartenlaube* wird die Kriminalnovelle „Schlom Weißbart“ von Jodocus Donatus Hubertus Temme abgedruckt. Zahlreiche weitere solcher Novellen des Autores folgen in dieser und anderen Zeitschriften.
1860	William Wilkie Collins' *The Woman in White*, der erste wichtige Sensationsroman, der einige Elemente des Detektivromans hat, erscheint.

1865	*The Notting Hill Murder* wird unter dem Pseudonym „Charles Felix“ veröffentlicht.
1866	Émile Gaboriaus *L'Affaire Lerouge* (dt. Die Affaire Lerouge) wird veröffentlicht.
1867	Mit *The Dead Letter* wird der erste von einer Frau geschriebene Kriminalroman in den USA publiziert. Hinter dem Pseudonym „Seeley Regester“ verbirgt sich die Autorin Metta Fuller.
1868	Wilkie Collins' Roman *The Moonstone* erscheint.
1878	Anna Katherine Green publiziert ihren ersten Roman: *The Leavenworth Case.*
1885	Theodor Fontanes *Unterm Birnbaum* erscheint.
1887	Mit *A Study in Scarlet* erscheint in *Beeton's Christman Annual* der erste Roman mit Sherlock Holmes as Protagonist.
1891	Die erste Sherlock Holmes-Erzählung „A Scandal in Bohemia“ wird im *Strand Magazine* gedruckt.
1903	*The Riddle of the Sands* von Erskine Childers ist einer der ersten Agentenromane.
1905	Maurice Leblanc schreibt die erste Geschichte mit dem Meisterdieb Arsène Lupin. Zwei Jahre später erscheint der Roman *Arsène Lupin, gentleman-cambioleur* (dt. *Arsene Lupin der Gentelman-Gauner*).
1907	In *Le Mystère de la Chambre Jaune* (dt. *Das Geheimnis des gelben Zimmers*) von Gaston Leroux wird das Motiv des geschlossenen Raumes (*locked room*) voll entwickelt.
1907	Richard Austin Freemans erster Roman mit dem Forensiker Dr. John Thorndyke, *The Red Thump Mark,* erscheint.
1911	Die erste Sammlung von Father Brown-Geschichten, *The Innocence of Father Brown,* von Gilbert Keith Chesterton, erscheint.
1913	E. C. Bentleys *Trent's Last Case* eröffnet das „Goldene Zeitalter“ (*golden age*) des Detektivromans.
1915	John Buchan schreibt mit *The Thirty-Nine Steps* (dt. *Die neununddreißig Stufen*) einen Klassiker des Agentenromans, der 1935 von Alfred Hitchcock verfilmt wird.
1920	Agatha Christie schreibt mit *The Mysterious Affair at Styles* ihren ersten Detektivroman. Der Protagonist ist Hercule Poirot.
1923	Mit *Whose Body?* von Dorothy Sayers erscheint der erste Roman mit Lord Peter Whimsey als Protagonist.
1923	Dashiell Hammett schreibt seine ersten Geschichten mit einem Privatdetektiv (*private* eye) als Helden. Sie werden in dem Magazin *The Black Mask* gedruckt.
1925	Earl Derr Biggers führt in *The House without a Key* (dt. *Das Haus ohne Schlüssel*) die Figur Charlie Chan als ersten multikulturellen (Polizei-)Detektiv ein.
1928	In der September-Ausgabe des *American Magazine* erscheinen die „Twenty Rules for Writing Detective Stories“ von S. S. Van Dine (Willard Huntington Wright).

1928 Jakob Wassermanns Roman *Der Fall Mauritius* arbeitet einen realen Mordfall auf.

1929 *Red Harvest,* der erste Roman von Dashiell Hammett erscheint. In ihm wird der „Continental Op(erative)“ eingeführt.

1930 In Agatha Christies *Murder at the Vicarage* (dt. *Mord im Pfarrhaus*) ermittelt zum ersten Mal Miss Marple.

1931 Die ersten Maigret-Romane von Georges Simenon erscheinen in Buchform.

1931 Mit Francis Iles' (Ps. für Anthony Berkeley Cox) *Malice Aforethought* (dt. *Vorsätzlich*) wird einer der ersten Kriminalromane, bei denen der Täter schon von Anfang an feststeht und wo es nicht mehr um das „whodunit“ geht, veröffentlicht.

1932 Raymond Chandler veröffentlich seine ersten *private eye*-Geschichten in *Black Mask.*

1935 In John Dickson Carrs Roman *The Three Coffins* (auch unter dem Titel *The Hollow* Man) hält der Detektiv Dr. Gideon Fell im siebzehnten Kapitel seinen Vortrag über den Mord in einem verschlossenen Raum (*locked room mystery*), in dem er sämtliche Möglichkeiten, dieses Paradox zu umgehen, auflistet.

1936 Mit *Wachtmeister Studer* erscheint der erste Kriminalroman von Friedrich Glauser mit Studer als Protagonisten.

1939 In Raymond Chandlers Roman *The Big Sleep* (dt. *Der große Schlaf*) hat der Privatdetektiv Philip Marlowe seinen ersten Auftritt.

1943 Margaret Millars *Wall of Eyes* (dt. *Blinde Augen sehen mehr*) ist der erste amerikanische Psychothriller.

1952 Die Buchausgabe von Friedrich Dürrenmatts *Der Richter und sein Henker* erscheint. Ein Jahr später folgt *Der* Verdacht, der zweite Krimi mit Kommissar Bärlach, und 1956 erscheint *Das Versprechen. Requiem auf den Kriminalroman.*

1953 Ian Flemings erster Roman mit James Bond, *Casino Royale,* erscheint.

1955 Patricia Highsmith veröffentlicht ihren ersten Roman mit Tom Ripley, *The Talented Mr. Ripley.*

1956 Das erste *police procedural* von Ed McBain (Evan Hunter) erscheint: *Cop Hater* (dt. *Blutiger Asphalt/ Polizisten leben gefährlich*).

1959 Der erste Roman des Harlem-Zyklus mit den beiden Polizisten Grave Digger Jones und Coffin Ed Johnson von Chester Himes, *For Love of Imabelle* (auch u.d.T. *A Rage in Harlem,* dt. *Die Geldmacher von Harlem*) erscheint auf Englisch (frz. Ausgabe schon 1958).

1962 Richard K. Flesch wird neuer Herausgeber der Reihe „rororo Thriller“.

1964 Harry Kemelman schreibt den ersten Roman mit Rabbi Small als Hauptfigur: *Friday the Rabbi Slept Late* (dt. *Am Freitag schlief der Rabbi lang*).

1965-1975	Maj Sjöwall und Per Wahlöö schreiben die zehn Romane des Zyklus *Roman über ein Verbrechen*, dessen erster Band, *Die Tote im Götakanal*, 1965 erscheint.
1965	Der erste Kriminalroman von Hansjörg Martin, *Gefährliche Neugier*, leitet den „Neuen deutschen Kriminalroman" ein.
1970	Der Roman *Taxi nach Leipzig* von Friedhelm Werremeier erscheint. Im gleichen Jahr wird der erste *Tatort* als Fernsehspielversion des Romans gesendet.
1972	*An Unsuitable Job for a Woman* (dt. *Kein Job für eine Dame*) von P.D. James ist der erste feministische Kriminalroman.
1977	Marcia Mueller veröffentlicht mit *Edwin of the Iron Shoes* (dt. *Es ist nicht alles Gold...*) die erste feministische Adaption des *hard-boiled* Krimis.
1977	*A Morbid Taste for Bones* (dt. *Im Namen der Heiligen*), der erste Roman der Serie mit dem Mönch Cadfael von Ellis Peters, erscheint und startet den Boom des historischen Krimis.
1980	Umberto Ecos *Der Name der Rose* erscheint im italienischen Original. Die deutsche Übersetzung folgt drei Jahre später.
1985	Der vom „Bochumer Krimi Archiv" ausgelobte Deutsche Krimi Preis wird zum ersten Mal verliehen.
1985	Sue Grafton startet mit *A is for Alibi* (dt. *Nichts zu verlieren. A wie Alibi*) ihre Serie mit der *hard-boiled* Detektivin Kinsey Millhone.
1985	Patrick Süskinds *Das Parfum. Die Geschichte eines Mörders* erscheint und wird ein Welterfolg.
1987	Mit *The Black Dahlia* (dt. *Die schwarze Dahlie*) erscheint der erste Band von James Ellroys *L.A.-Quartett*.
1987	Der von der Autorengruppe deutschsprachige Kriminalliteratur „Syndikat" ausgelobte Friedrich-Glauser-Preis („Glauser") wird zum ersten Mal verliehen.
1987	In *Report for Murder* (dt. *Die Reportage*) von Val McDermid tritt die lesbische Amateurdetektivin Lindsay Gordon auf.
1987	Jörg Fauser verunglückt tödlich. 1981 war sein Roman *Der Schneemann* veröffentlicht worden.
1987	*Selbs Justiz* von Bernhard Schlink und Walter Popp erscheint.
1988	*The Silence of the Lambs* (dt. *Das Schweigen der Lämmer*) von Thomas Harris erscheint.
1990	*Devil in a Blue Dress* (dt. *Teufel in Blau*), der erste Roman in der Easy Rawlins-Reihe von Walter Mosley, wird publiziert.
1991	Der erste der Wallander-Krimis von Henning Mankell erscheint im schwedischen Original. Die deutsche Übersetzung *Mörder ohne Gesicht* erscheint zwei Jahre später.
2005	Der erste Band der *Millenium*-Trilogie von Stieg Larsson wird veröffentlicht. Die deutsche Übersetzung *Verblendung* erscheint 2006.
2006	Mit *Tannöd* landet die bis dahin unbekannte Andrea Maria Schenkel einen Überraschungserfolg mit ihrem ersten Roman. Ein Jahr später gewinnt sie dafür den Deutschen Krimi Preis.

Literaturverzeichnis

[*Die wichtigsten Einführungen, Sammelbände und Übersichtsdarstellungen zum Thema Kriminalroman sowie die am Ende des Literaturverzeichnisses aufgeführten Internetseiten sind mit kurzen Kommentaren versehen.*]

Primärliteratur

Adams, Charles Warren (Ps. Charles Felix): The Notting Hill Mysterty. London 2010 [EA 1865].

Borges, Jorge Lius: Der Tod und der Kompaß. In: J. L. B.: Fiktionen. Erzählungen 1939–1944. übers. Karl August Horst, Wolfgang Luchting und Gisbert Haefs. Frankfurt am Main 1992, S. 117–130 [EA 1942].

Cain, James M.: The Postman Always Rings Twice. New York 1989 [EA 1934].

Chandler, Raymond: The Simple Art of Murder. New York 1988 [EA 1950].

Cornwell, Patricia: Postmortem. New York 1990.

Dürrenmatt, Friedrich: Der Richter und sein Henker. Hamburg 1955.

Dürrenmatt, Friedrich: Theater. Essays und Reden. Zürich 1980.

Gaboriau, Émile: Die Affäre Lerouge. Frankfurt am Main 1981 [1970, EA 1863].

Glauser, Friedrich: Matto regiert. Zürich 1989 [EA 1936].

Green, Anna Katharine: The Leavenworth Case. New York 2010 [EA 1878].

Highsmith, Patricia: The Talented Mr. Ripley. New York, London 2008 [EA 1955].

Hoffmann, Ernst Theodor Amadeus: Das Fräulein von Scuderi. In: Die Serapions-Brüder. Hrsg. Wulf Segebrecht. Frankfurt am Main, 2008, S. 780–853.

Kutscher, Volker: Der nasse Fisch. Köln 2011 [EA 2008].

Mankell, Henning: Die fünfte Frau. München 2000 [EA 1997].

McBain, Ed: Cop Hater. An 87th Precinct Novel. Las Vegas 2012 [EA 1956].

Schenkel, Andrea Maria: Tannöd. Hamburg 2006.

Schiller, Friedrich: Merkwürdige Rechtsfälle als ein Beitrag zur Geschichte der Menschheit. Vorrede. In: Sämtliche Werke. Fünfter Band: Erzählungen, Theoretische Schriften. Hrsg. Gerhard Fricke und Herbert H. Göpfert. München 1960, S. 864–866.

Shelley, Mary: Frankenstein. The 1818 text, contexts, criticism. Hrsg. J. Paul Hunter. New York, London 2012.

Simenon, Georges: Maigret und Pietr der Lette. Aus dem Französischen von Wolfram Schäfer. Zürich 1999 [EA 1929].

Simenon, Georges: La première enquête de Maigret (1913). Paris 1967 [dt. Maigrets erste Untersuchung. Zürich 2008].

Steinfest, Heinrich: Nervöse Fische. München 2004.

Süskind, Patrick: Das Parfum. Die Geschichte eines Mörders. Zürich 1985.

Briefe, Biographien, Bibliographien, theoretische Schriften, Essays, Fachlexika, Handbücher, Sammelbände

Anz, Thomas: Literatur und Lust. Glück und Unglück beim Lesen. München 2002 [EA 1998].

Assouline, Pierre: Simenon. A Biography. New York 1997 [OA: Simenon. Biographie. Paris 1992].

Barthes, Roland: Einführung in die strukturale Analyse von Erzählungen. In: R. B.: Das semiologische Abenteuer. Frankfurt am Main 1988, S. 102–143 [EA 1966].

Bhabha, Homi K.: The Location of Culture. London und New York 1994.

Becker, Peter: Dem Täter auf der Spur. Eine Geschichte der Kriminalistik. Darmstadt 2005.

Bode, Christoph: Der Roman. Eine Einführung. Tübingen und Basel, 2011.

Braun, Michael: Die deutsche Gegenwartsliteratur. Köln, Weimar, Wien 2010.

Brooks, Peter: Reading for the Plot. Design and Intention in Narrative.Cambridge/MA, London, 1992.

Burgess, Michael und Jill H. Vassilakos: Murder in Retrospect. A Selective Guide to Historical Mystery Fiction. Westport, London 2005.

Cawelti, John G.: Adventure, Mystery, and Romance. Formula Stories as Art and Popular Culture. Chicago und London, 1976.

Collins, Wilkie: The Moonstone. A Romance.New York 1982 [EA 1868].

Deleuze, Gilles und Félix Guattari: Rhizom. Berlin 1977 [EA 1976].

Doyle, Arthur Conan: Memories and Adventures and Western Wanderings. Newcastle upon Thyne 2009 [EA 1924].

Eco, Umberto: Nachschrift zum „Namen der Rose". München 1986 [EA 1983].

Fauser, Jörg: Der Strand der Städte. Blues für Blondinen. Zürich 2009 [EA 1978 und 1984].

Fauser, Jörg: Der Schneemann. Zürich 2009 [EA 1981].

Fludernik, Monika: Einführung in die Erzähltheorie. Darmstadt 2006.

Foucault, Michel: Überwachen und Strafen. Die Geburt

des Gefängnisses. Frankfurt am Main 1977 [frz. EA 1975].

Freud, Sigmund: Vorlesungen zur Einführung in die Psychoanalyse. In: Studienausgabe Band I, Vorlesungen zur Einführung in die Psychoanalyse. Neue Folge der Vorlesungen zur Einführung in die Psychoanalyse. Frankfurt am Main 1982, S. 34–445 [EA 1916–1917].

Freud, Sigmund: Das Unheimliche. In: Studienausgabe Band IV, Psychologische Schriften. Frankfurt am Main 1982, S. 241–274 [EA 1919].

Geeraert, Nicole: Georges Simenon. Reinbek 1991.

Glauser, Friedrich: Briefe 2. 1935–1938. Zürich 1991.

Glauser, Friedrich: Gesprungenes Glas. Das erzählerische Werk, Band IV: 1937–1938. Zürich 2001 [EA 1993].

Hubin, Allen J.: Crime Fiction II: A Comprehensive Bibliography, 1749–1990. New York 1994.

Jockers, Angelika und Reinhard Jahn (Hrsg.): Lexikon der deutschsprachigen Krimi-Autoren. München 2005.

Kästner, Dieter: Bibliographie der Kriminalerzählungen 1948-2000. Köln 2001.

Lacan, Jacques: Das Seminar über E.A. Poes „Der entwendete Brief." In: Jacques Lacan: Schriften I, Hrsg. Norbert Haas. Weinheim, Berlin 1986, S. 7–60 [frz. Orig. 1966].

Lange, Günter (Hrsg.): Deutsche Kriminalgeschichten der Gegenwart (Texte und Materialien für den Unterricht). Stuttgart 1990.

Lange, Günter (Hrsg.): Kriminalgeschichten II (Texte und Materialien für den Unterricht). Stuttgart 1998.

Lange, Günter (Hrsg.): Perfekte Morde: Eine Krimi-Anthologie. Texte und Materialien. Stuttgart 2004.

Mayr, Otto: Kriminalgeschichten: Neue Texte mit ausgearbeiteten Stundenbildern, Arbeitsblättern und Bildmaterial. Donauwörth 2013.

Mittelberg, Ekkehart (Hrsg.): Klassische Schullektüre, Klassische und moderne Kriminalgeschichten. Berlin 1999.

Nünning, Ansgar: Von historischer Fiktion zu historiographischer Metafiktion: Theorie, Typologie und Poetik des historischen Romans. 2 Bände. Trier 1995.

Penzel, Matthias und Ambros Waibel: Rebell im Cola-Hinterland. Jörg Fauser – Eine Biographie. Berlin 2004.

Propp, Vladimir: Morphologie des Märchens. Frankfurt am Main 1975 [EA 1928].

Przybilka, Thomas: Krimi-Frauen. Frauen-Krimi. Eine Auswahlbibliographie der Sekundärliteratur zu weiblichen Autoren und Detektivfiguren der Kriminalliteratur. Bonn 1989.

Przybilka, Thomas: Krimis im Fadenkreuz. Kriminalromane, Detektivgeschichten, Thriller, Verbrechens- und Spannungsliteratur der Bundesrepublik und der DDR 1949–1990/92: Eine Auswahlbibliographie der deutschsprachigen Sekundärliteratur. Köln 1998.

Rippl, Gabriele und Simone Winko (Hrsg.): Handbuch Kanon und Wertung. Theorien, Instanzen, Geschichte. Stuttgart, Weimar 2013.

Rutschky, Michael: Erfahrungshunger. Ein Essay über die siebziger Jahre. Köln 1980.

Schädel, Mirko: Illustrierte Bibliographie der Kriminalliteratur 1796-1945 im deutschen Sprachraum. 2 Bände. Butjadingen 2006.

Seeßlen, Georg: Filmwissen: Detektive (Grundlagen des populären Films). Marburg 2011.

Seeßlen, Georg: Filmwissen: Thriller (Grundlagen des populären Films). Marburg 2011 [2011a].

Theweleit, Klaus: Männerphantasien. Band 1. Frauen, Fluten, Körper, Geschichte. Reinbek 1980 [EA 1977].

Walkhoff-Jordan, Klaus-Dieter: Bibliographie der Kriminal-Literatur 1945–1984 im deutschen Sprachraum. Frankfurt/M., Berlin, Wien 1985.

Walkhoff-Jordan, Klaus-Dieter: Bibliographie der Kriminal-Literatur 1985–1990 im deutschen Sprachraum. Frankfurt/M., Berlin 1991.

Weber, Dietrich: Theorie der analytischen Erzählung. München 1975. [*Mittlerweise in die Jahre gekommen aber immer noch ein Standardwerk zur Theorie des analytischen Erzählens. Besonders für die Analyse von Detektivromanen unverzichtbar*].

Weber, Ulrich: Friedrich Dürrenmatt oder Von der Lust, die Welt nochmals zu erdenken. Bern, Stuttgart, Wien 2006.

Winks, Robin W.: The Historican as Detective. Essays on Evidence. New York, Evanston, London 1968.

Žižek, Slavoj: Looking Awry. An Introduction to Jacques Lacan through Popular Culture.Cambridge/MA, London 1991.

Sekundärliteratur zur Kriminalliteratur

Alberts, Jürgen, Frank Göhre: Kreuzverhöre: Zehn Krimiautoren sagen aus. Hildesheim 1999.

Alder, Bill: Maigret, Simenon, France: Social Class and Social Change in the 1930s Maigrets Narratives of Georges Simenon. In: Clues, A Journal of Detection 29.2 (2011), S. 47–57.

Alewyn, Richard: Ursprung des Detektivromans. In: Richard Alewyn: Probleme und Gestalten. Essays. Frankfurt am Main 1982, S. 341–360 [EA 1963].

Alewyn, Richard: Anatomie des Detektivromans. In: Vogt 1998, S. 52–72 [EA 1968/1971].

Alewyn, Richard: Nachwort. In: Gaboriau, Émile: Die Affäre Lerouge. Frankfurt am Main 1981 [1970], S. 360–363.

Altnoeder, Sonja: Transforming Genres: Subversive Potential and the Interface between Hard-Boiled Detective Fiction and Chick Lit. In: Effron 2011, S. 82–96.

Arend, Helga: Nette alte Damen mit Leiche im Keller: Ingrid Nolls Kriminalromane als Unterrichtsthema. In: Birkle/Matter-Seibel/Plummer 2001, S. 273–286.

Arnold, Armin, Josef Schmidt: Reclams Kriminalromanführer. Stuttgart 1978.

Arnold, Armin: Die Quellen von Dürrenmatts Kriminalromanen. In: Gerhard P. Knapp, Gerd Labroisse (Hrsg.): Facetten. Studien zum 60. Geburtstag Friedrich Dürrenmatts. Bern, Frankfurt am Main, Las Vegas 1981, S. 153–174.

Ascari, Maurizio: A Counter-History of Crime Fiction. Basingstoke, New York, 2007.

Aspetsberger, Friedbert und Daniela Strigl (Hrsg.): Ich kannte den Mörder wußte nur nicht wer er war. Zum Kriminalroman der Gegenwart. Innsbruck et al. 2004.

Auden, Wystan Hugh: Das verbrecherische Pfarrhaus. In: Žmegač 1971, S. 133–147 [EA 1948].

Bailey, Frankie: African-American Detection and Crime Fiction. In: Rzepka/Horsley 2010, S. 270–282.

Beck, Sandra: Jenseits der *Rue Morgue*. Der *Neue Pitaval* und die frühe deutsche Kriminalliteratur. In: Thielking/Vogt 2014, S. 33–50.

Bell, Ian A.: Literature and Crime in Augustean England. London 1991.

Berglund, Birgitta: Desires and Devices: On Women Detectives in Fiction. In: Chernaik/Swales/Vilain 2000, S. 138–152.

Bertens, Hans und Theo D'haen: Contemporary American Crime Fiction. Basingstoke, New York, 2001.

Betz, Phyllis M.: Lesbian Detective Fiction. Woman as Author, Subject and Reader. Jefferson/NC und London 2006.

Birke, Dorothee, Stella Butter, Marion Gymnich: ‚Sprechende Körper': Kathy Reichs. In: Nünning 2008, S. 135–149.

Birkle, Carmen, Sabina Matter-Seibel, Patricia Plummer (Hrsg.): Frauen auf der Spur. Kriminalautorinnen aus Deutschland, Großbritannien und den USA. Tübingen 2001.

Birkle, Carmen, Barbara Hedderich: „Blanche is my political heroine": Interview mit Barbara Neely. In: Birkle/Matter-Seibel/Plummer 2001, S. 125–133.

Bloch, Ernst: Philosophische Ansicht des Detektivromans. In: Vogt 1998, S. 38–51 [EA 1960/1965].

Blödorn, Andreas: Schaulust statt Verbrechen. Über den Versuch einer Krimi- als Mediengeschichte. (Rezension über: Gabriela Holzmann: Schaulust und Verbrechen. Eine Geschichte des Krimis als Mediengeschichte. Stuttgart, Weimar 2001). In: IASLonline [2.8.2003] URL:http://www.iaslonline.de/ Datum des Zugriffs: 6.6.2015.

Boileau, [Pierre], [Thomas] Narcejac: Der Detektivroman. Neuwied und Berlin 1967 [OA: Le roman policier. Paris 1964].

Borgmeier, Raimund: Historische Kriminalromane aus Sicht der Gegenwart: Josephine Tey. In: Nünning 2008, S. 75-89.

Brittnacher, Hans Richard: Die Engel der Morgue. Über den Trend zur Forensik im amerikanischen Kriminalroman. In: Franceschini/Würmann 2004, S. 101–118.

Brodersen, Kai (Hrsg.): Crimina. Die Antike im modernen Kriminalroman. Berlin 2009.

Broich, Ulrich: Der entfesselte Detektivroman. In: Vogt 1998, S. 97-110 [EA 1978].

Brönnimann, Jürg: Der Soziokrimi: ein neues Genre oder ein soziologisches Experiment? Eine Untersuchung des Soziokriminalromans anhand der Werke der schwedischen Autoren Maj Swöwall und Per Wahlöö und des deutschen Autors -ky. Wuppertal 2004.

Browne, Ray B. und Lawrence A. Kreiser (Hrsg.): The Detective as Historian. History and Art in Historical Crime Fiction. Bowling Green 2000.

Brück, Ingrid, Andrea Guder, Reinhold Viehoff, Karin Wehn (Hrsg.): Der deutsche Fernsehkrimi. Eine Programm- und Produktionsgeschichte von den Anfängen bis heute. Stuttgart 2003.

Brück, Ingrid: Alles klar, Herr Kommissar? Aus der Geschichte des Fernsehkrimis in ARD und ZDF. Bonn 2004.

Buchloh, Paul G., Jens P. Becker: Der Detektivroman. Studien zur Geschichte und Form der englischen und amerikanischen Detektivliteratur. Darmstadt 1990 [EA 1973].

Caillois, Roger Der Kriminalroman oder Wie sich der Verstand aus der Welt zurückzieht, um seine Spiele zu spielen, und wie darin dennoch die Probleme der Gesellschaft behandelt werden. In: Vogt 1998, S. 157–180 [EA 1941].

Campbell, Bruce B., Alison Guenther-Pal, Vibeke Rützou Petersen: Detectives, Dystopias, and Poplit. Studies in Modern German Genre Fiction. Rochester 2014.

Chernaik, Warren, Martin Swales, Robert Vilain (Hrsg.): The Art of Detective Fiction. New York 2000.

Chesterton, Gilbert Keith: Verteidigung von Detektivgeschichten. In: Vogt 1971, S. 95–98 [EA 1902].

Christian, Ed: Introducing the Post-Colonial Detective: Putting Marginality to Work. In: Christian, Ed (Hrsg.): The Post-Colonial Detective. Basingstoke, New York 2001, S. 1–16.

Christian, Ed: Ethnic Postcolonial Crime and Detection (Anglophone). In: Rzepka/Horsley 2010, S. 283–295.

Claßen, Isabella: Darstellung von Kriminalität in der deutschen Literatur, Presse und Wissenschaft 1900 bis 1930. Frankfurt am Main 1988.

Collins, Paul: The Case of the First Mystery Novelist. In: The New York Times. 7. Januar 2011.

Compart, Martin: Crime TV. Lexikon der Krimiserien. Berlin 2000.

Dallmann, Antje: Hard-Boiled Etnic Sleuths: Chester Himes. In: Nünning 2008, S. 91–104.

Dappert, Dagmar: Der historische Kriminalroman als hybrides Genre. In: Brodersen 2009, S. 127–142.

Dietze, Gabriele: Hardboiled Women. Geschlechterkrieg im amerikanischen Kriminalroman. Hamburg 1997.

Dietze, Gabriele: Genre und Gender: *Mainstreaming feminism* im weiblichen *hard-boiled* Code. In: Birkle/Matter-Seibel/Plummer 2001, S. 39–73.

Düsing, Wolfgang (Hrsg.): Experimente mit dem Kriminalroman. Ein Erzählmodell in der deutschsprachigen Literatur des 20. Jahrhunderts. Frankfurt am Main et al. 1993.

Eco, Umberto: Die Erzählstrukturen bei Ian Fleming. In: Vogt 1998, S. 181–207 [EA 1964].

Eco, Umberto und Thomas A. Sebeock (Hrsg.): The Sign of Three. Dupin, Holmes, Peirce. Bloomington und Indianapolis 1988 [EA 1983).
Effron, Malcah (Hrsg.): The Millennial Detective. Essays on Trends in Crime Fiction, Film and Television, 1990–2010. Jefferson/NC und London 2011.
Egloff, Gerd: Detektivroman und englisches Bürgertum. Konstruktionsschema und Gesellschaftsbild bei Agatha Christie. Düsseldorf 1974.
Ermert, Karl und Wolfgang Gast (Hrsg.): Der neue deutsche Kriminalroman. Beiträge zu Darstellung, Interpretation und Kritik eines populären Genres. Rehburg-Loccum 1985.

Falk, Claudia: Starke Frauen: Val McDermid. In: Nünning 2008, S. 151–164.
Feuchert, Sascha: *Police Procedurals* als hybrides Genre: Ian Rankin. In: Nünning, 2008, S. 165–180.
Fischer-Hornung, Dorothea, Monika Mueller (Hrsg.): Sleuthing Ethnicity. The Detective in Multiethnic Crime Fiction.Cranbury/NJ, London, Mississauga 2003.
Fischer-Hornung, Dorothea: Doppelt marginalisiert: Barbara Neely. In: Nünning 2008, S. 105–119.
Flückinger, Alex: Lexikon der internationalen Krimiautoren. Norderstedt 2005.
Franceschini, Bruno und Carsten Würmann (Hrsg.): Verbrechen als Passion. Neue Untersuchungen zum Kriminalgenre. Berlin 2004.
Freese, Peter: The Ethnic Detective. Chester Himes, Harry Kemelman, Tony Hillerman. Essen 1992.
Freund, Winfried: Die deutsche Kriminalnovelle von Schiller bis Hauptmann. Einzelanalysen unter sozialgeschichtlichen und didaktischen Aspekten. Paderborn et.al. 1980.
Frizzoni, Brigitte: Verhandlungen mit Mordsfrauen. Geschlechterpositionierungen im „Frauenkrimi". Zürich 2009.
Fündling, Jörg: Perlen vor die Säue oder Einäugige unter Blinden? Was (Alt-)Historiker an historischen Krimis reizt. In: Brodersen 2009, S. 49–108.

Gavin, Adrienne E.: Feminist Crime Fiction and Female Sleuths. In: Rzepka/Horsley 2010, S. 258–269.
Gates, Philippa: Criminal Investigation on Film. In: Rzepka/Horsley 2010, S. 344–355.
Gellner, Christoph: *Kismet, Letzte Sure, Mord im Zeichen des Zen.* Interkulturelle Krimikonstellationen – mehr als Mystifikation und exotische Kullisse? In: Mauz/Portmann 2012, S. 121–141.
Gerber, Richard: Verbrechensdichtung und Kriminalroman. In: Vogt 1998, S. 73–83 [EA 1966].
Germer, Dorothea: Von Genossen und Gangstern. Zum Gesellschaftsbild in der Kriminalliteratur der DDR und Ostdeutschlands von 1974–1994. Essen 1998.
Gerteis, Walter: Detektive. Ihre Geschichte im Leben und in der Literatur. München 1953.
Giacobazzi, Cesare: „Mit Kind, Hund, warmen Decken und Leiche." Die Normalität des Mordes in Ingrid Nolls Kriminalromanen. In: Moraldo 2005, S. 41–49.
Ginzburg, Carlo: Indizien. Morelli, Freud und Sherlock Holmes. In: Vogt 1998, S. 274–296 [EA 1979].
Gladfelder, Hal: Criminality and Narrative in Eighteenth-Century England. Beyond the Law. Baltimore und London 2001.
Grella, George: The Hard-Boiled Detective Novel. In: Winks 1980, S. 103–120 [EA 1970].
Grella, George: The Formal Detective Novel. In: Winks 1980, S. 84–102 [EA 1976].
Gruesser, John: Walter Mosley (1952-). In: Rzepka/Horsley 2010, S. 531–538.

Harrington, Ellen Burton: Nation, identity and the fascination with forensic science in Sherlock Holmes and *CSI*. In: International Journal of Cultural Studies 10.3 (2007), S. 365–382.
Harrowitz, Nancy: The Body of the Detective Model: Charles S. Peirce and Edgar Allan Poe. In: Eco/Sebeock 1988 [EA 1983], S. 179–197.
Haycraft, Howard (Hrsg,): The Art of the Mystery Story. A Collection of Critical Essays. New York 1983 [EA 1946].
Head, Beth: A Normal Pathology? Patricia Cornwell's Third-Person Novels. In: Effron 2011, S. 36–49.
Heidtmann, Horst: Krimi-Hörspielserien sind Kult: Eine Marktübersicht. In: Josting/Stenzel 2002, S. 107–117.
Hickethier, Knut: Der Alte Deutsche Kriminalroman. Von vergessenen Traditionen. In: Die Horen 144 (1986), S. 15–23.
Hickethier, Knut (Hrsg.): Kriminalfilm (Filmgenres). Stuttgart 2005.
Hillich, Reinhard: Krimi in der DDR – DDR im Krimi. In: Franz Huberth (Hrsg.): Die DDR im Spiegel ihrer Literatur. Beiträge zu einer historischen Betrachtung der DDR-Literatur. Berlin 2005, S. 105–116.
Hirsch, Bernd: Thriller: Patricia Highsmith. In: Nünning 2008, S. 57–71.
Hoffmann, Josef: Philosophien der Kriminalliteratur. Wien 2013.
Hoffmann, Nele: A Taste for Crime. Zur Wertung von Kriminalliteratur in Literaturkritik und Wissenschaft. Salzhemmendorf 2012.
Hoffmann, Nele: Das Beispiel Kriminalroman. In: Gabriele Ripps, Simone Winko (Hrsg.): Handbuch Kanon und Wertung. Theorien, Instanzen, Geschichte. Stuttgart, Weimar 2013, S. 335–340.
Holquist, Michael: Whodunit and Other Questions: Metaphysical Detective Stories in Postwar Fiction. In: New Literary History 3 (1971/72), S. 135–156.
Holzmann, Gabriela: Schaulust und Verbrechen. Eine Geschichte des Krimis als Mediengeschichte. Stuttgart, Weimar 2001.
Holzmann, Gabriela: Von Morden und Medien. Wie neue Medien ein altes Genre immer wieder neu erfinden. In: Vogt 2005, S. 13–32.
Horsley, Lee: Twentieth-Century Crime Fiction. Oxford 2005.
Howe, Alexander N.: It Didn't Mean Anything. A Psychoanalytic Reading of American Detective Fiction. Jefferson/NC, London 2008.
Hügel, Hans-Otto: Untersuchungsrichter, Diebsfänger, Detektive. Theorie und Geschichte der deutschen Detektiverzählung im 19. Jahrhundert. Stuttgart 1978.

Jäger, Manfred: Zeitlassen beim Absterben. Die Metamorphosen des DDR-Krimi. In: Schütz 1978, S. 86–112.

Jäger, Manfred: Die Legitimierung der Unterhaltungsliteratur. In: Hans-Jürgen Schmitt (Hrsg.): Die Literatur der DDR (Hansers Sozialgeschichte der deutsche Literatur, Band 11). München 1983, S. 229–260.

Jahn, Reinhard: Jesus, Buddha, der Müll und der Tod. Spurensicherung in Sachen Soziokrimi. In: Walter Delabar und Erhard Schütz (Hrsg.): Deutschsprachige Literatur der 70er und 80er Jahre: Autoren, Tendenzen, Gattungen. Darmstadt 1997, S. 38–52.

Josting, Petra und Gudrun Stenzel (Hrsg.): Auf heißer Spur in allen Medien. Kinder- und Jugendkrimis zum Lesen, Hören, Sehen und Klicken. Beiträge Jugendliteratur und Medien 13. Beiheft. Weinheim 2002.

Kaemmel, Ernst: Literatur unterm Tisch. Der Detektivroman und sein gesellschaftlicher Auftrag. In: Vogt 1971, S. 516–523 [EA 1962].

Kehrberg, Brigitte: Der Kriminalroman der DDR 1970–1990. Hamburg 1998.

Keitel, Evelyne: Kriminalromane von Frauen für Frauen. Unterhaltungsliteratur aus Amerika. Darmstadt 1998.

Keitel, Evelyne: Vom *golden age* zum *New golden age*: Kriminalromane von Frauen für Frauen. In: Birkle/Matter-Seibel/Plummer 2001, S. 19–37.

Klein, Kathleen Gregory: The Woman Detective. Gender & Genre.Urbana und Chicago 1995 [EA 1988].

Klein, Kathleen Gregory (Hrsg.): Diversity and Detective Fiction. Bowling Green 1999.

Klein, Kathleen Gregory, Joseph Keller: Der deduktive Detektivroman: Ein Genre, das sich selbst zerstört. In: Vogt 1998, S. 428–443 [EA 1986].

Knight, Stephen: Form and Ideology in Crime Fiction. Bloomington 1980.

Knight, Stephen: The golden age. In: Priestman 2003, S. 77–94.

Knight, Stephen: Crime Fiction 1800–2000. Detection, Death, Diversity. Basingstoke, New York 2004. [*Kenntnisreicher und umfassender Überblick über die Geschichte der Kriminalliteratur von den Anfängen bis zur Gegenwart. Besonders interessant in den Kapiteln acht und neun die Ausführungen zu Minderheiten in der neueren Kriminalliteratur*].

Knight, Stephen: Crimes Domestic and Crimes Colonial: The Role of Crime Fiction in Developing Postcolonial Consciousness. In: Matzke/Mühleisen 2006, S. 17–33.

Knox, Ronald A.: Detective Story Decalogue. In: Haycraft 1983, S. 194–196 [EA 1929].

Köllhofer, Hanna: Totgesagte hört man länger. Einige Anmerkungen zum Kriminalhörspiel. In: Vogt 2005, S. 68–88.

Korte, Barbara und Sylvia Palatschek (Hrsg.): Geschichte im Krimi. Beiträge aus den Kulturwissenschaften. Köln, Weimar, Wien 2009.

Kracauer, Siegfried: Der Detektiv-Roman. Ein philosophischer Traktat. Frankfurt am Main 1979 [EA 1925].

Krajenbrink, Marieke, Kate M. Quinn (Hrsg.): Investigating Identities. Questions of Identity in Contemporary International Crime Fiction. Amsterdam, New York 2009.

Kutch, Lynn K. und Todd Herzog (Hrsg.): Tatort Germany. The Curious Case of German-Language Crime Fiction. Rochester 2014.

Landfester, Ulrike: Das Recht des Erzählers. Verbrechensdarstellung zwischen Exekutionsjournalismus und Pitaval-Tradition 1600–1800. In: Uwe Böker, Christoph Houswitschka (Hrsg.): Literatur, Kriminalität und Rechtskultur im 17. und 18. Jahrhundert. Essen 1996, S.155–183.

Landfester, Ulrike: Das Geschlecht der Irene Adler, oder: Der geheimnisvolle Fall der schreibenden Frau in der deutschen Kriminalliteratur. In: Jahrbuch für finnisch-deutsche Literaturbeziehungen 28 (1996), S. 54–65 [Landfester 1996a].

Lange, Bernd-Peter: Anti-Kriminalromane: Paul Auster. In: Nünning 2008, S. 211–223.

Laski, Audrey: The Detective as Clown: a Taxonomy. In: Chernaik/Swales/Vilain 2000, S. 90–103.

Lee, Maurice S.: Edgar Allan Poe (1809–1849). In: Rzepka/Horsley 2010, S. 369–380.

Leonhardt, Ulrike: Mord ist ihr Beruf. Eine Geschichte des Kriminalromans. München 1990.

Liard, Véronique (Hrsg.): Verbrechen und Gesellschaft im Spiegel von Literatur und Kunst. München 2010.

Linder, Joachim, Jörg Schönert: Verständigung über „Kriminalität“ in der deutschen Literatur 1850–1880. Vermittelnde Medien, leitende Normen, exemplarische Fälle. In: Schönert 1983, S. 184–238.

Linder, Joachim, Claus-Michael Ort (Hrsg.): Verbrechen – Justiz – Medien. Konstellationen in Deutschland von 1900 bis zur Gegenwart. Tübingen 1999.

Linder, Joachim: Feinde im Innern. Mehrfachtäter in deutschen Kriminalromanen der Jahre 1943/44 und der „Mythos Serienkiller.“ In: Internationales Archiv für Sozialgeschichte der deutschen Literatur 28.2 (2003), S. 190–227.

Lorenzer, Alfred: Zum Beispiel „Der Malteser Falke.“ Analyse der psychoanalytischen Untersuchung literarischer Texte. In: Vogt 1998, S. 398–415 [EA 1981].

Mandel, Ernest: Delightful Murder. A Social History of Crime. Minneapolis 1984 (dt. Ein schöner Mord. Sozialgeschichte des Kriminalromans. Bodenheim 1988).

Mangham, Andrew: Wilkie Collins (1824-1889). In: Rzepka/Horsley 2010, S. 381–389.

Marcus, Laura: Detection and literary fiction. In: Priestman 2003, S. 245–267.

Marling, William: James M. Cain (1892-1977). In: Rzepka/Horsley 2010, S. 427–437.

Marsch, Edgar: Die Kriminalerzählung. Theorie, Geschichte, Analyse. München 1983. [*Verdienstvolle Einführung in das Thema. Mit einem theoretischen ersten Teil, einem zweiten Teil, in dem das kriminalistische Erzählen im Anschluss an die Pitaval-Tradition vorgestellt wird und einem aus Einzelanalysen bestehenden umfänglichen dritten Teil, der von Kleist bis Handke reicht*].

Marsch, Edgar (Hrsg.): Im Fadenkreuz. Der Neue Schweizer Kriminalroman. Zürich 2007.

Marsch, Edgar: Erzählen nach Schema? Über analytisches Schreiben im Neuen Schweizer Kriminalroman. In: Marsch 2007, S. 163-184.

Matzke, Christine und Susanne Mühleisen (Hrsg.): Postcolonial Postmortems. Crime Fiction from a Transcultural Perspective.Amsterdam 2006.

Maurer, Susanne: Von Bella (Block) zu Hannelore (Hoger) oder: Was geschieht auf dem Weg vom Buch zum Film? In: Birkle/Matter-Seibel/Plummer 2001. S. 305–327.

Mauz, Andreas, Adrian Portmann (Hrsg.): Unerlöste Fälle. Religion und zeitgenössische Kriminalliteratur. Würzburg 2012.

Meier, Albert: „Wie also sieht er aus, der Verbrecher"? Kriminalitätsdarstellung im frühen DDR-Roman. In: Linder/Ort 1999, S. 339–354.

Merivale, Patricia und Susan Elizabeth Sweeney (Hrsg.): Detecting Texts. The Metaphysical Detective Story from Poe to Postmodernism. Philadelphia 1999.

Merivale, Patricia: Postmodern and Metaphysical Detection. In: Rzepka/Horsley 2010, S. 308–320.

Messent, Peter: The Crime Fiction Handbook. Chichester 2013. [*Nach einer kurzen Einführung in Teil 1 wird in Teil 2 ein Überblick über die Untergattungen des Kriminalromans und über wichtige thematische und ästhetische Kategorien gegeben. Im längsten Teil des Buches werden dann Einzelanalysen einer Reihe von Schlüsseltexten der Gattung von Edgar Allan Poe bis Stieg Larsson geboten*].

Miller, D. A.: The Novel and the Police. Berkeley 1988.

Mittmann, Wolfgang: Es begann mit einer Heftreihe. Anmerkungen zur Kriminalliteratur in der DDR. In: Schindler 1997, S. 114–127.

Moody, Nickianne: Crime in film and on TV. In: Priestman 2003, S. 227–243.

Moraldo, Sandro M. (Hrsg.): Mord als kreativer Prozess. Zum Kriminalroman der Gegenwart in Deutschland, Österreich und der Schweiz. Heidelberg 2005.

Most, Glenn W. und William W. Stowe (Hrsg.): The Poetics of Murder. Detective Fiction and Literary Theory. San Diego, New York, London 1983.

Munt, Sally R.: Murder by the Book? Feminism and the Crime Novel. London und New York 1994.

Murphy, Bruce F.: The Encyclopedia of Murder and Mystery. New York 2001.

Naumann, Dietrich: Zur Typologie des Kriminalromans. In: Žmegač 1971, S. 241–260.

Neuhaus, Volker: Vorüberlegungen zu einer Geschichte des detektorischen Erzählens. In: arcadia. Zeitschrift für Vergleichende Literaturwissenschaft 12.3 (1977), S. 258–272.

Neuhaus, Volker: Richard Alewyns Forschungen zum Detektivroman. In: Garber, Klaus und Ute Széll (Hrsg.): Das Projekt Empfindsamkeit und der Ursprung der Moderne. Richard Alewyns Sentimentalismusforschungen und ihr epochaler Kontext. München 2005, S. 253–261.

Nicol, Bran: Patricia Highsmith (1921–1995). In: Rzepka/Horsley 2010, S. 503–509.

Nünning, Vera (Hrsg): Der amerikanische und britische Kriminalroman. Genres – Entwicklungen – Modellinterpretationen. Trier 2008.

Nusser, Peter: Überlegungen zum neuen deutschen Kriminalroman. In: Jahrbuch für finnisch-deutsche Literaturbeziehungen 28 (1996), S. 42–53.

Nusser, Peter: Der Kriminalroman. 4., aktualisierte und erweiterte Ausgabe. Stuttgart, Weimar 2009. [*Zuerst 1980 erschienene Einführung mit einer in der aktuellen Auflage umfangreichen Bibliographie. Methodisch nicht mehr auf dem neusten Stand*].

Ogden, Bethany: Hard-boiled ideology. In: Critical Quarterly 34.1 (1992), S. 71–87.

Osterwalder, Sonja: Düstere Aufklärung. Die Detektivliteratur von Conan Doyle bis Cornwell. Wien, Köln, Weimar 2011.

Pailer, Gaby: „Weibliche" Körper im „männlichen" Raum. Zur Interdependenz von Gender und Genre in deutschsprachigen Kriminalromanen von Autorinnen. In: Weimarer Beiträge 46.4 (2000), S, 564–581.

Palmer, Jennifer S.: Mysteries of the Ages. Four Millennia of Murder and Mayhem in Historical Mysteries. In: The Armchair Detective (30) 1997, S. 156–164.

Panek, Leroy L.: Post-war American Police Fiction. In: Priestman 2003, S. 155–171.

Pepper, Andrew: Black Crime Fiction. In: Priestman 2003, S. 209–226.

Perrier, Petra: Verbrechen als Spiegel männlicher Bedrohung. Exemplarische Untersuchung zum deutschen Frauenkrimi. In: Liard, Véronique, Marion George (Hrsg.): Dürrenmatt und die Weltliteratur – Dürrenmatt in der Weltliteratur. München 2011, S. 205–219.

Plummer, Patricia: „Mir gefällt, dass Bella ein unabhängiges Leben führt": Interview mit Doris Gercke. In: Birkle/Matter-Seibel/Plummer 2001, S. 77–85.

Polt-Heinzl, Evelyne: Frauenkrimis – Von der besonderen Dotation zu Detektion und Mord. In: Aspetsberger/Strigl 2004, S. 144–170.

Porter, Dennis: The Pursuit of Crime. Art and Ideology in Detective Fiction. New Haven und London 1981.

Priestman, Martin: Crime Fiction from Poe to the Present. Plymouth, 1998. [*Auf knappstem Raum werden die wichtigsten Entwicklungen des Kriminalromans von einem der besten Kenner der Gattung zusammengefasst. Gut zur ersten Orientierung*].

Priestman, Martin (Hrsg.): The Cambridge Companion to Crime Fiction. Cambridge 2003.

Pundt, Christian: Der deutsche Fernsehkrimi: Eine gesellschaftliche Familiengeschichte. In: Franceschini/Würmann 2004, S. 69–81.

Pykett, Lyn: The Sensation Novel: From the Woman in White to The Moonstone. Plymouth 1994.

Raskin, Richard: The Pleasures and Politics of Detective Fiction. In: Clues 13 (1992), S. 71–113 [EA 1983].

Reddy, Maureen T.: Sisters in Crime. Feminism and the Crime Novel.New York 1988.

Reddy, Maureen T.: Die feministische Gegentradition im

Kriminalroman. Über Cross, Grafton, Paretsky und Wilson. In: Vogt 1998, S. 444–460 [EA 1990].

Revzin, Isaak B.: Zur semiotischen Analyse des Detektivromans am Beispiel der Romane Agatha Christies. In: Vogt 1998, S. 154–156 [EA 1964].

Richter, Jochen: „Um ehrlich zu sein, ich habe nie viel von Kriminalromanen gehalten." Über die Detektivromane von Friedrich Dürrenmatt. In: Düsing 1993, S. 141–153.

Rix, Walter: Krimis in der DDR: Sozialistischer Seiltanz. In: Die Horen 144 (1986), S. 71–77.

Rzepka, Charles J.: Detective Fiction. Cambridge/UK 2005.

Rzepka, Charles J., Lee Horsley (Hrsg.): A Companion to Crime Fiction. Chichester 2010. [*Umfassende Sammlung von Artikeln zur Geschichte und Theorie der Kriminalerzählung im weitesten Sinn, mit Einträgen zu allen Untergattungen und Erscheinungsformen in anderen Medien wie Film, Comics und Graphic Novel. Im letzten Teil informative Artikel zu ausgewählten Autoren und Autorinnen von William Godwin bis Walter Mosley. Eine Rezension findet sich bei: Jochen Vogt: »Genre of Thousand Faces«. Ein neues Handbuch zur Kriminalliteratur beschränkt sich leider auf die angloamerikanische Tradition. In: IASLonline [20.9.2011]URL: <http://www.iaslonline.de/index.php?vorgang_id=3313> Datum des Zugriffs: 16.1.2015*].

Saupe, Achim: Der Historiker als Detektiv – der Detektiv als Historiker. Historik, Kriminalistik und der Nationalsozialismus als Kriminalroman. Bielefeld 2009.

Sayers, Dorothy L.: The Omnibus of Crime, In: Winks 1980, S. 53–83 [EA 1928].

Sayers, Dorothy L.: Aristoteles über Detektivgeschichten. Vorlesung in Oxford am 5. März 1935. In: Vogt 1998, S. 13–22 [EA 1951].

Scaggs, John: Crime Fiction. London und New York, 2005.[*Sehr nützliche, auf knappem Raum eine Fülle von Informationen bietende Einführung, die auch methodisch auf dem neusten Stand der Forschung ist*].

Schärf, Christian: Spannend schreiben. Krimi, Mord- und Schauergeschichten. Mannheim, Zürich 2013. [*Knappe Anleitung zum Schreiben spannender Geschichten. Konzentriert sich auf Erzählstrategien zur Spannungserzeugung, also darauf, wie solche Texte gemacht sind und liefert damit eine Fülle von wertvollen Hinweisen, wie man sie analysieren kann*].

Schaur, Sandra: „Die Verbindung Militarismus und Kapital wird offenkundig" – Zum Geschichtsrekurs in Friedrich Karl Kauls DDR-Kriminalroman *Mord im Grunewald* (1953). In Korte/Palatschek 2009, S. 205–226.

Schindler, Nina (Hrsg.): Das Mordsbuch. Alles über Krimis. Hildesheim 1997.

Schindler, Nina: Rosalila Krimis. In: Schindler 1997, S. 322–327.

Schmidt, Jochen: Gangster, Opfer, Detektive. Eine Typengeschichte des Kriminalromans. Hillesheim 2009. [*Sammlung von Inhaltsangaben und kritischen Würdigungen einer Unmenge von Autoren und Texten der Gattung Kriminalroman. Nicht aus literaturwissenschaftlicher Sicht geschrieben sondern von einem Literaturkritiker, der sicher zu den besten Kennern der Gattung gehörte. Als Übersichtswerk vor allem auch zur internationalen Krimi-Produktion hilfreich*].

Schmidt, Mirko F.: Der Anti-Detektivroman. Zwischen Identität und Erkenntnis. Paderborn 2014.

Schmidt-Henkel, Gerhard: Die Leiche am Kreuzweg. In: Gerhard Schmidt-Henkel et al. (Hrsg.): Trivialliteratur. Aufsätze. Berlin 1964, S. 142–161 [EA 1962].

Schmölders, Claudia und Christian Strich (Hrsg.): Über Simenon. Zürich 1978.

Schönert, Jörg (Hrsg.): Literatur und Kriminalität. Die gesellschaftliche Erfahrung von Verbrechen und Strafverfolgung als Gegenstand des Erzählens. Deutschland, England und Frankreich 1850–1880. Tübingen 1983.

Schönert, Jörg: Zur Ausdifferenzierung des Genres „Kriminalgeschichten" in der deutschen Literatur vom Ende des 18. bis zum Beginn des 20. Jahrhunderts. In: Schönert 1983, S. 96–125 [Schönert 1983a].

Schönert, Jörg (Hrsg.): Erzählte Kriminalität. Zur Typologie und Funktion von narrativen Darstellungen in Strafrechtspflege, Publizistik und Literatur zwischen 1770 und 1920. Tübingen 1991.

Schönert, Jörg: Kriminalgeschichten in der deutschen Literatur zwischen 1770 und 1890. Zur Entwicklung des Genres in sozialgeschichtlicher Perspektive. In: Vogt 1998, S. 322–339 [EA 1983].

Schütz, Erhard (Hrsg.): Zur Aktualität des Kriminalromans. Berichte, Analysen, Reflexionen zur neueren Kriminalliteratur. München 1978.

Schulz-Buschhaus, Ulrich: Formen und Ideologien des Kriminalromans. Ein gattungsgeschichtlicher Essay. Frankfurt am Main, 1975.

Schulz-Buschhaus, Ulrich: Funktionen des Kriminalromans in der post-avantgardistischen Erzählliteratur. In: Vogt 1998, S. 523–548 [EA 1997].

Shepherd, Michael: Sherlock Holmes und der Fall Sigmund Freud. Rheda-Wiedenbrück 1986 [engl. Orig. 1985].

Sieg, Katrin: Women in the Fortress Europe: Feminist Crime Fiction as Antifascist Performance. In: differences: A Journal of Feminist Cultural Studies 16.2 (2005), S. 138–166.

Sims, Michael: Introduction. In: Green, Anna Katharine: The Leavenworth Case. New York 2010 (EA 1878). S. ix–xxi.

Šklovskij, Viktor: Die Kriminalerzählung bei Conan Doyle. In: Vogt 1998, S. 142–153 [EA 1929].

Soitos, Stephen F.: The Blues Detective. A Study of African American Detective Fiction. Amherst 1996.

Spedicato, Eugenio: Schweizer, wie sie sein sollten. Zu Friedrich Dürrenmatts *Der Pensionierte* im Kontext seiner Detektivromane. In: Moraldo 2005, S. 145–153.

Steenberg, Lindsay: „A Natural Instinct for Forensics": Trace Evidence and Embodied Gazes in *The Bone Collector*. In: Eftron 2011, S. 112–127.

Stewart, Faye: German Feminist Queer Crime Fiction. Politics, Justice and Desire. Jefferson/NC, 2014.

Stingelin, Martin: „Matto regiert" – Psychiatrie und Psychoanalyse in Leben und Werk von Friedrich Glauser (1896–1938). In: Heinz, R./Kamper, D./Sonnemann U. (Hrsg.): Wahnwelten im Zusammenstoß: Die Psychose als Spiegel der Zeit. Berlin 1993, S. 81–104.

Sturm-Trigonakis, Elke: Der Wiener Privatdetektiv Markus Cheng – Charlie Chan in Österreich? In: Journal of Austrian Studies 45.1–2 (2012), S. 69–92.

Suerbaum, Ulrich: Der gefesselte Detektivroman. Ein gattungstheoretischer Versuch. In: Vogt 1998, S. 84–96 [EA 1967].

Suerbaum, Ulrich: Krimi. Eine Analyse der Gattung. Stuttgart 1984.

Suerbaum, Ulrich: Kriminalroman. In: Dieter Lamping (Hrsg.): Handbuch der literarischen Gattungen. Stuttgart 2009, S. 438–446.

Suits, Bernard: Die Detektivgeschichte: Eine Fallstudie über Spiele in der Literatur. In: Vogt 1998, S. 255–273 [EA 1985].

Symons, Julian: Am Anfang war der Mord. Eine Geschichte des Kriminalromans. München 1972 [OA: Bloody Murder. From the Detective Story to the Crime Novel: A History. London 1972].

Tani, Stefano: The Doomed Detective. The Contribution of the Detective Novel to Postmodern Italian and American Fiction. Carbondale 1984.

Tapper, Michael: "More than ABBA and skinny-dipping in mountain lakes": Swedish dystopia, Henning Mankell and the British *Wallander* series. In: film international 7.2 (2009), S. 60–69.

Thielking, Sigrid, Jochen Vogt (Hrsg.): ‚Beinahekrimis' – Beinahe Krimis!? Bielefeld 2014.

Tielinen, Kirsimarja: Ein Blick von außen. Ermittlungen im deutschsprachigen Frauenkriminalroman. In: Franceschini/Würmann 2004, S. 41–68.

Todorov, Tzvetan: Typologie des Kriminalromans. In: Vogt 1998, S. 208–215 [EA 1966].

Van Dine, S.S. (Willard Huntington Wright): Zwanzig Regeln für das Schreiben von Detektivgeschichten, In: Vogt 1971, S. 143–147 [EA 1928].

Venske, Regula: Auf Kinder schießen sie normalerweise nicht. Kinder als Opfer und Täter. In: Schindler 1997, S. 336–345.

Viehoff, Reinholf: Der Krimi im Fernsehen. Überlegungen zur Genre- und Programmgeschichte. In: Vogt 2005, S. 89–110.

Vogt, Jochen (Hrsg): Der Kriminalroman. Zur Geschichte und Theorie einer Gattung. 2 Bände. München 1971.

Vogt, Jochen: Kriminalroman. In: Volker Meid (Hrsg.): Literatur-Lexikon. Band 13. Gütersloh 1992, S. 495–498.

Vogt, Jochen (Hrsg.): Der Kriminalroman. Poetik, Theorie, Geschichte. München 1998.[*Als zweibändige Ausgabe zuerst 1971 erschienen, dann stark überarbeitet und mit Texten aus kulturwissenschaftlicher, semiotischer, sozialhistorischer, literatursoziologischer, psychoanalytischer und feministischer Perspekive versehene Sammlung von Texten zur Ästhetik und Poetik des Kriminalromans. Unverzichtbares Standardwerk zum Thema Kriminalroman*].

Vogt, Jochen (Hrsg.): MedienMorde. Krimis International. München 2005.

Vogt, Jochen: Krimi – international. Einführung in das Themenheft. In: Der Deutschunterricht 2 (2007), S. 2–6.

Vogt, Jochen: Erweiterte Erzählform und zeitgeschichtliche Perspektive: Robert Wilson. In: Nünning 2008, S. 225–239.

Vogt, Jochen: Eine ununterbrochene Erschütterung aller Zustände. Über die Erzählerin Patricia Highsmith. In: Peter Gasser, Elio Pellin, Ulrich Weber (Hrsg.): „Es gibt kein größeres Verbrechen als die Unschuld". Zu den Kriminalromanen von Glauser, Dürrenmatt, Highsmith und Schneider. Göttingen 2009, S. 91–102.

Vogt, Jochen: „Alles total groovy hier". Oder: Wie das Ruhrgebiet im Krimi zu sich selbst kam. In: Der Deutschunterricht 2 (2010), S. 20–28.

Vogt, Jochen: Krimis, Antikrimis, „Gedanken"-Krimis. Wie Friedrich Dürrenmatt sich in ein gering geschätztes Genre einschrieb. In: Liard, Véronique, Marion George (Hrsg.): Dürrenmatt und die Weltliteratur – Dürrenmatt in der Weltliteratur. München 2011, S. 215–235.

Vogt, Jochen: „Ich brauche mein tägliches Quantum". Brecht und die Krimis. In: Peter Weiss Jahrbuch 20 (2011 [2011a]), S. 61–93.

Vogt, Jochen: Jörg Fauser: Der Schneemann. In: Marion Bönninghausen, Jochen Vogt (Hrsg.): Literatur für die Schule. Paderborn 2014 [2014a], S. 198–199.

Vogt, Jochen: Friedrich Glauser: Matto regiert. In: Bönnighausen, Marion/Vogt, Jochen (Hrsg.): Literatur für die Schule. Ein Werklexikon zum Deutschunterricht. Paderborn 2014, S. 242–243.

Vogt, Jochen und Steffen Richter (Hrsg.): Krimi – international. Der Deutschunterricht 2 (2007).

Waine, Anthony: Anatomy of a Serious Thriller: Jörg Fauser's *Der Schneemann*. In: Neophilologus 77.1 (1993), S. 99–112.

Waldmann, Günter: Kriminalroman – Antikriminalroman. Dürrenmatts Requiem auf den Kriminalroman und die Anti-Aufklärung. In: Vogt 1971, S. 206–227 [EA 1961].

Walton, Priscilla L. und Manina Jones: Detective Agency. Women Rewriting the Hard-Boiled Tradition. Berkeley, Los Angeles, London 1999.

Weber, Elisabeth: Zum Kriminalhörspiel in der Bundesrepublik Deutschland. In: Ermert/Gast: 1985, S. 182–189.

Wenke, Gabriele: Sisters in Crime in deutschen Krimis. In: Schindler 1997, S. 283–293.

Wilke, Sabine: Wilde Weiber und dominante Damen: Der Frauenkrimi als Verhandlungsort von Weiblichkeitsmythen. In: Birkle/Matter-Seibel/Plummer 2001, S. 255–271.

Willems, Gottfried: Die postmoderne Rekonstruktion des Erzählens und der Kriminalroman. Über den Darstellungsstil von Patrick Süskinds *Das Parfum*. In: Düsing 1993, S. 223–244.

Winks, Robin W. (Hrsg.): Detective Fiction. A Collection of Critical Essays. Englewood Cliffs, 1980.

Wölcken, Fritz: Der literarische Mord. Eine Untersuchung über die englische und amerikanische Detektivliteratur. Nürnberg 1953.

Wörtche, Thomas: It Does Make Sense! Chester Himes und das 20. Jahrhundert. In: Wespennest. Zeitschrift für brauchbare Texte und Bilder 113 (1999), S. 38–45.

Wörtche, Thomas: Kriminalroman. In: Harald Fricke et al. (Hrsg): Reallexikon der deutschen Literaturwissenschaft. Band II. Berlin 2007 [EA 2000], S. 342–345.

Wörtche, Thomas: Das Möderische neben dem Leben. Ein Wegbegleiter durch die Welt der Kriminalliteratur. Lengwil 2008.

Wörtche, Thomas: Ein Konzept stößt an seine Grenzen. (Rezension über: Peter Nusser: Der Kriminalroman. 4., aktualisierte und erweiterte Auflage. Stuttgart 2009). In: IASLonline [23.08.2010]) URL: http://www.iaslonline.de/ Datum des Zugriffs: 2.10.2013.

Wörtche, Thomas: Tod und Kontingenz. Der Kriminalroman als Trutzburg der Sinnhaftigkeit, als Trostbüchlein gar? In: Mauz/Portmann 2012, S. 55–71.

Worthington, Heather: The Rise of the Detective in Early Nineteenth-Century Popular Fiction. Basingstoke, New York, 2005.

Worthington, Heather: From The Newgate Calendar to Sherlock Holmes. In: Rzepka/Horsley 2010, S. 13–27.

Würmann, Carsten: Zum Kriminalroman im Nationalsozialismus. In: Franceschini/Würmann 2004, S. 143–186.

Yang, Amy: Psychoanalysis and Detective Fiction. A Tale of Freud and Criminal Storytelling. In: Perspectives in Biology and Medicine 53.4 (2010), S. 596–604.

Ziemßen, Joachim: Patrick Süskind: Das Parfum. In: Marion Bönninghausen, Jochen Vogt (Hrsg.): Literatur für die Schule. Paderborn 2014, S. 778–779.

Žmegač, Viktor (Hrsg.): Der wohltemperierte Mord. Zur Theorie und Geschichte des Detektivromans. Frankfurt am Main 1971.

Žmegač, Viktor: Aspekte des Detektivromans. In: Žmegač 1971, S. 9–34 [Žmegač 1971a].

Fachzeitschrift

Clues. A Journal of Detection: www.mcfarlandpub.com/clues.html [*Erschien zunächst seit 1980 im Druck, dann zeitweise eingestellt; erscheint seit 2008 vierteljährlich*].

Webseiten

Bonner Krimi Archiv Sekundärliteratur (BoKAS) und Thomas Przybilkas Krimi-Tipp (KTP):http://www.bokas.de/ [*Bibliographien zu Neuerscheinungen der Sekundärliteratur zur Kriminalliteratur (BoKAS) und „Neuerscheinungen deutschsprachiger Kriminal- und Spannungsliteratur". Druckt kurze Verlagstexte zu neuen Kriminalromanen mit biographischen Angaben zu den Autoren und Autorinnen ab. Bei den Neuerscheinungen zur Sekundärliteratur kommentiert der Herausgeber den Inhalt und ergänzt diese Angaben durch Anmerkungen zum Autor oder zur Autorin. Sehr hilfreich, wenn man einen Überblick über die gegenwärtige Entwicklung der Forschung und der Gattung gewinnen will*].

Crimeculture: http://www.crimeculture.com/ [*Aus akademischer Perspektive gestaltete Internetseiten mit nützlichen kurzen Einführungsartikeln zu Untergattungen des (hauptsächlich angloamerikanischen) Kriminalromans und des „Crime Films" (mit Einträgen zu u.a. „Female Detectives" und „Asian Detectives"). Buchbesprechungen, Autoreninterviews und einige wissenschaftliche Artikel*].

CrimeMag (als Teil von CultMag): http://culturmag.de/category/crimemag [*wöchentlich erscheinendes, von Thomas Wörtche herausgegebenes Magazin mit Rezensionen zu neuen Kriminalromanen. Mit einem Veranstaltungskalender, der Lesungen von Krimiautoren und -autorinnen verzeichnet*].

IASL online: http://www.iaslonline.de/, Fachteil „Kriminalität und Medien" [*Ausführliche Rezensionen zu wissenschaftlichen Neuerscheinungen auf den Gebieten Kriminalliteratur, Kriminalität, Kriminalistik, Kriminalgeschichte, Gewalt und Medien*].

kaliber38. krimis im internet: http://www.kaliber38.de/ [*Sehr informative Seite zu aktuellen Entwicklungen der Kriminalliteratur*].

Krimi-Couch: http://www.krimi-couch.de/ [*Besonders gut geeignet zur Suche nach Krimis aufgrund von Kriterien wie Autor/Autorin, Schauplatz oder Weltregion. Informiert über Neuerscheinungen und Krimi-Hörbücher*].

Lexikon der deutschen Krimi-Autoren: http://www.krimlexikon.de/ [*Das Internet-Lexikon des Bochumer Krimi Archivs, mit Angaben zur Person, Preisen und Veröffentlichungen; besonders hilfreich: es gibt ausführliche Listen der Arbeiten zu Film, Funk und Fernsehen, die einmal mehr deutlich machen, dass die meisten Autoren von Kriminalromanen heute medienübergreifend arbeiten*].

Syndikat. Autorengruppe deutschsprachige Kriminalliteratur: http://www.das-syndikat.com/ [*Informationen u.a. zu Bestseller-Listen, Krimi-Festivals, Krimi-Preisen und zum Thema „Krimi schreiben"*].

tatort-fundus: http://www.tatort-fundus.de/ [*Private Internetseite mit Produktionsdaten, Inhaltsangaben und Besetzungslisten zu allen Tatort-Folgen seit 1970. Sendetermine von Originalsendungen und Wiederholungen, Statistiken, Ranglisten und Diskussionsforum*].

50 Jahre Deutscher Fernsehkrimi: http://server4.medienkomm.uni-halle.de/krimi/default.html [*Webseite zum Thema mit ausführlichen Informationen zu Fernsehserien und einem Theorieteil, der das DFG-Forschungsprojekt „Das Kriminalsujet im ost-, west- und gesamtdeutschen Fernsehen. Die Programmgeschichte des deutschen Fernsehkrimis" (1995–1999) vorstellt. Mit umfänglichen bibliographischen Angaben, allerdings seit dem 1.1.2007 nicht mehr aktualisiert*].

Personenregister

Sachregister